CRAFT SIGN

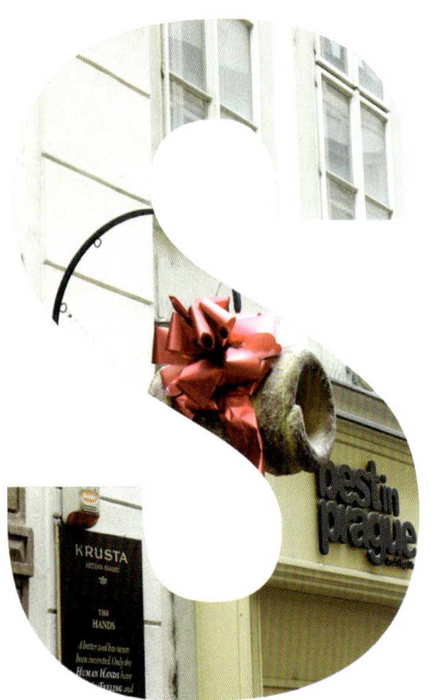
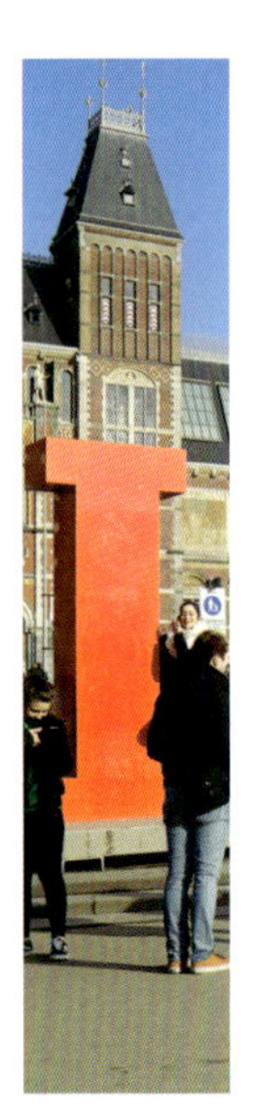
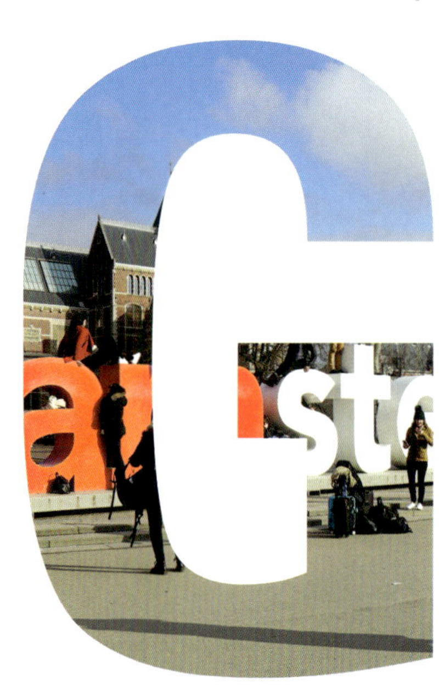
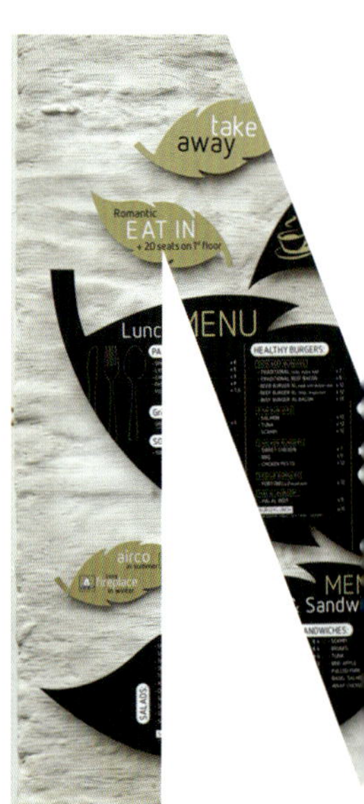

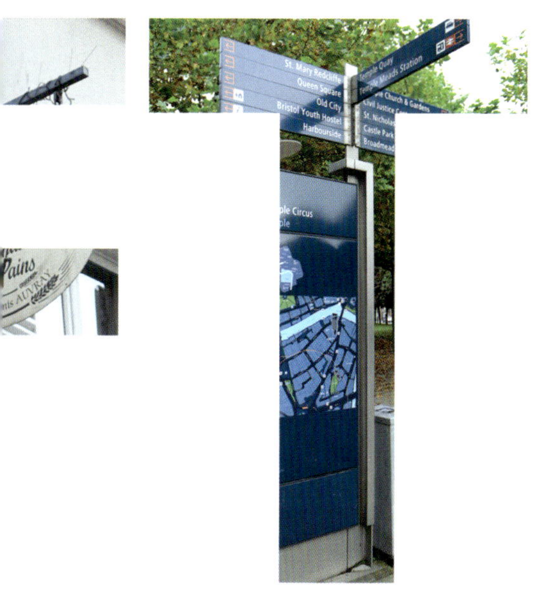

ignage design of European craft
ignage design of European craft
ignage design of European craft
ignage design of European craft
ignage design of European craft
ignage design of European craft
ignage design of European craft
ignage design of European craft
ignage design of European craft
ignage design of European craft
ignage design of European craft 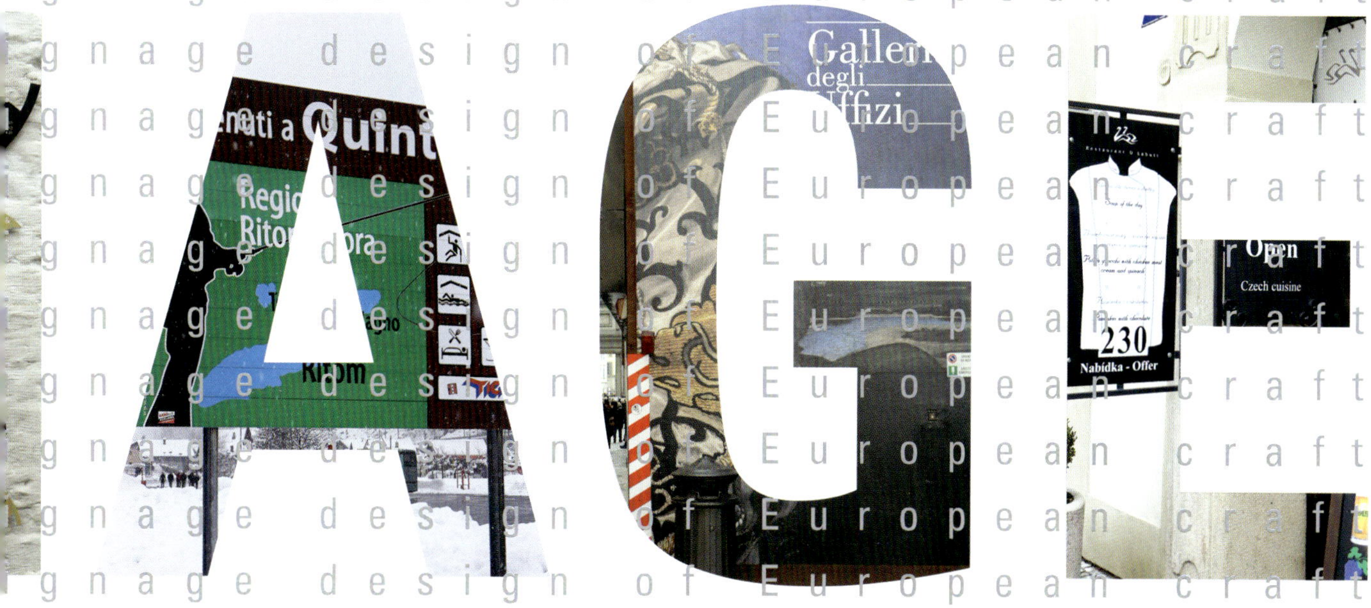
ignage design of European craft

인 쇄 _ 2018년 1월 25일 1판 1쇄
발 행 _ 2018년 1월 30일 1판 1쇄
지 은 이 _ 장효민
펴 낸 곳 _ 도서출판 미세움
주 소 _ (150-838) 서울시 영등포구 도신로51길 4
전 화 _ 02-703-7507
팩 스 _ 02-703-7508
등 록 _ 제313-2007-000133호
홈페이지 _ www.misewoom.com

정가 _ 15,000원

* 2017년 한국교통대학교 지원을 받아 수행하였음.

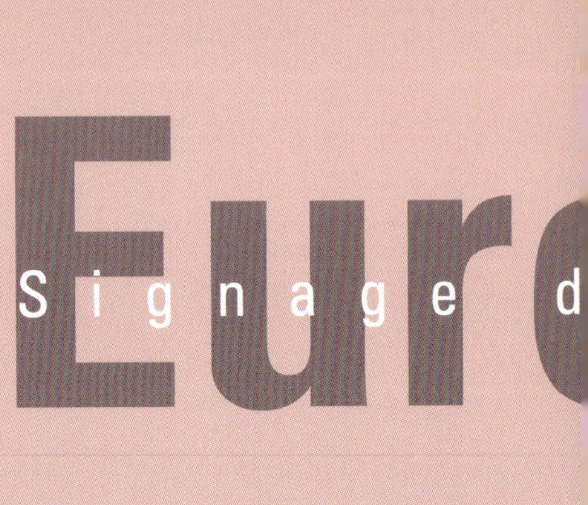

유 럽
공 예 사 인
디 자 인

pean craft

sign of European craft

Signage
Eur

유　　럽
공 예 사 인
디 자 인

Contents

pean craft

sign of European craft

서문

유럽 등 유서 깊은 선진국을 여행하면서 가장 인상 깊었던 점은 잘 정돈된 거리와 함께 과거와 현대의 적절한 조화 · 연출이었다. 옛것을 그대로 지키면서 그 멋을 더 빛나게 하는 현대적인 요소들의 조화, 다양하면서 은근히 드러내는 개성과 심미적인 아름다움의 표출은 시각적으로는 물론 심리적으로도 낯선 여행객에게 안정감과 친숙함으로 다가온다. 세계의 도시는 그 도시의 정체성을 표현하고 상징하는 여러 가지 특징들을 가지고 있는데, 건축과 조형물은 물론 다양한 그래픽요소, 자연환경과 문화 등이 바로 그것이다. 대부분의 여행객들은 그 나라와 도시를 방문하기 전에 이미 그 도시에 대한 정보와 이미지를 다양한 매체를 통하여 갖고 있다. 도시의 건축물과 가로환경, 각종 사인(간판)과 조형물, 그래피티, 공원, 휴식 공간, 그리고 다양한 문화시설과 관광명소가 여행객은 물론 도시사용자들의 감성을 자극하고 그것이 도시의 특성이자 한나라의 경쟁력으로 중요한 역할을 하고 있다.

우리가 알고 있는 도시이미지는 한 도시가 가지고 있는 물리적·문화적 모습의 상징으로 도시를 평가하는 결정적 요소이며, 그 도시의 일부분 또는 전체에 대하여 도시사용자들이 갖게 되는 느낌 및 인상 등을 말하는 것으로서 도시의 이미지 전략의 중요한 부분이라고 할 수 있다. 국내의 경우 일부 자치단체들도 그 지역만의 도시이미지를 정립하기 위해 다각도로 노력하고 있으며 도시브랜드, 도시환경, 문화산업, 관광산업, 지역특산물 포장디자인은 물론 브랜드디자인에 이르기까지 디자인을 접목하여 통합적인 서비스디자인을 실시하려는 노력들이 진행되고 있다. 그러나 집행과정과 결과는 여러 가지 문제점으로 인해 완성도 높은 결과물을 보여주지 못하고 있다. 우리가 선진국의 전반적인 모범사례를 살펴보고 잘된 사례를 벤치마킹하는 것은 우리의 현실에 접목 가능한 아이템들을 찾아서 상황과 여건에 적합하게 구성하여 시행착오를 줄이려는 것이다. 지난 10여 년간 세계 40여 개국 90개 정도의 도시들을 방문하였고, 그 도시를 걸어 다니며 단편적으로나마 공공디자인 자료를 조사하고 연구하면서 내가 생활하고 있는 지역과 비교해보게 된다. 아름다운 산책로와 다양한 문화시설, 지속적으로 개발되는 도시규모 등 긍정적인 도시환경 조성에 반하여 과연 지역의 정체성 있는 이미지와 랜드 마크적인 건축물은 무엇인지 쉽게 떠오르지 않는다. 그리고 우리가 생활하고 있는 도시이미지 전략과 공공디자인은 어떻게 진행되고 있는지 궁금하다. 글로벌 시대 이지만 다양한 계층의 관광객들이 방문하였을 때 인지하기 쉬운 체계적인 관광안내 사인의 부재, 시각적인 공해요소인 거리의 어수선한 간판들, 런던 테임즈 강변의 대형 관람차 (London eyes)처럼 쉽게 각인되고 도시 전체를 조망할 수 있는 확실한 랜드 마크 하나 없는 지극히 평범한 도시로 인식되고 있지는 않은지 생각해본다.

이제 우리의 사회구조 전반에서 인식의 대 전환을 요구받고 있다. 스마트 미디어 시대의 도시사용자들은 단순한 DIY를 넘어서서 창조적으로 만들고 개발하는 Maker's Movem-ent로 진화하고 있기 때문이다. 그렇기에 어떤 문제를 새롭게 바라보고, 새로운 대안을 모색하는 '디자인 씽킹(Design Thinking)'을 디자이너 뿐 만 아니라 기획자, 엔지니어, 마케터, 공무원 등 다양한 계층에게 요구하고 있다. 이것이 곧 서비스 디자인의 목적이자 기본과제다. 디자인적 사고는 우리가 처해있는 여러 문제들을 해결하는데 합리적이고 유용한 방향을 제시해준다. 아울러 침체되어 있는 우리 사회 전반에 활력을 불어넣어 주는 디자인적 사고의 토대를 제공해 주는데, 디자인적 사고는 '창조적 사고로 남들이 생각하지 못한 완전히 새로운 방식으로 문제를 다르게 풀어가는 사고'라고 할 수 있다. 저자의 경우, 최근 10년간 국내외 공공디자인과 사인 디자인에 대하여 연구하면서 모아온 자료가 디자인 씽킹에 큰 도움이 되고 있다. 문화 · 디자인적으로 우리보다 앞선 유럽의 도시 전반의 디자인 자료를 통하여 우리 '도시디자인'에 적극적으로 연구되고 적용되었으면 하는 마음이다.

도시의 이미지를 변모시키는 합리적인 참여와 정책은 효율적인 스페이스 마케팅(Space Marketing)이나 플레이스 브랜딩(Place Branding)이라고 생각된다. 국가, 도시, 거리, 건물, 매장 등 모두가 스페이스라는 영역 안에서 이루어지는 스페이스 마케팅은 전 세계의 다양한 공간들이 도시와 장소를 상징하면서 방문객을 불러 모은다. 거리에서 쉽게 보는 사인도 도시 이미지의 일부분이다. 오늘날의 도시환경에서 사인은 지역의 정보를 전달하고 도시사용자들과 커뮤니케이션 할 수 있는 중요한 미디어이다. 사인 디자인 역시 좋은 사례를 분석하고 검토하여 재창조하려는 노력이 필요하다. 유럽을 여행하며 촬영한 예술 작품 같은 공예사인을 모아서 정리해 보았다.우리의 정책과 실행은 선진국에 비해 항상 일관성과 합리성이 부족한 것이 현실이다. 미래를 위하여 지속가능하고 살기 좋은 환경에 대한 욕구가 절실히 요구되고 있는 지금, '좋은 디자인이 마케팅이다'라는 말과 같이 그 도시만의 정체성 있는 톤 앤 매너(Tone and Manner)와 룩 앤 필(Look and Feel)을 잘 관리하고 유니버설 · 인클루시브 디자인이 잘 적용된 도시의 이미지는 전 세계인들에게 다시 찾고 싶은 도시로 영원히 기억될 것이다.

2018, 1   충주 연구실에서 **장 효 민**

European craft

United Kingdom
France
Germany

유럽 공예 사인
European Craft Design

1. 영국, 프랑스, 독일

동 · 서유럽을 비롯하여 유서 깊은 선진국을 여행하면서 가장 인상 깊었던 점은 잘 정돈된 거리와 함께 과거와 현대의 적절한 조화, 연출이 아닌가 생각된다. 옛것을 그대로 지키면서 그 멋을 더 빛나게 하는 현대적인 요소들과의 조화, 다양하면서도 은근히 드러내는 개성과 심미적인 아름다움의 표출은 시각적으로는 물론 심리적으로도 낯선 여행객에게도 친숙함과 안정감으로 다가온다. 마치 디자인이 기술, 사회, 환경 등 우리 삶과 밀접한 부문들에서 불편함을 해소하고 문제 해결의 실마리를 제공하려고 끊임없이 노력해왔듯이, 유럽의 역사와 문화는 단기간에 이루어진 결과물이 아닌 예술작품과 같이 오랜 기간에 걸쳐 그 의미와 완성도를 더해 온 결과라고 다시 한 번 생각하게 된다.

세계의 도시는 그 도시의 정체성을 표현하고 상징하는 여러 가지 특징들을 가지고 있는데, 건축과 조형물은 물론 다양한 그래픽 요소, 자연환경과 문화 등이 바로 그것이다. 대부분의 여행객들은 그 나라와 도시를 방문하기 전에 이미 그 도시에 대한 정보와 이미지를 다양한 매체를 통하여 갖고 있다. 도시의 건축물과 가로환경, 각종 사인(간판)과 조형물, 그래피티(낙서화), 공원, 휴식 공간, 그리고 다양한 문화시설과 관광명소가 여행객은 물론 도시사용자들의 감성을 자극하고 그것이 도시의 특성이자 한 나라의 경쟁력으로 중요한 역할을 하고 있다. 우리가 알고 있는 도시이미지는 한 도시가 가지고 있는 물리적 · 문화적 모습의 상징으로 도시를 평가하는 결정적 요소이며, 그 도시의 일부분 또는 전체에 대하여 도시사용자들이 갖게 되는 느낌 및 인상 등을 말하는 것으로서 도시의 이미지 전략의 중요한 부분이라고 할 수 있다. 국내의 경우 일부 자치단체들도 그 지역만의 도시이미지를 정립하기 위해 다각도로

노력하고 있으며 도시브랜드, 도시환경, 문화산업, 관광산업, 지역특산물 패키지디자인은 물론 브랜드디자인에 이르기까지 디자인을 접목하여 통합적인 서비스디자인을 실시하려는 노력들이 진행되고 있다. 그러나 집행 과정과 결과는 여러 가지 문제점으로 인해 올바른 모습을 보여주지 못하고 있다. 우리가 선진국의 전반적인 모범사례를 살펴보고 잘된 사례를 벤치마킹하는 것은 우리의 현실에 접목 가능한 아이템들을 찾아서 상황과 여건에 적합하게 구성하여 시행착오를 줄이려는 것이다. 그 모범적인 사례가 영국 등 유럽 각국과 호주이다. 그럼 유럽 스타일의 디자인은 어떤 모습일까? 다양하고 넓은 유럽 국가들의 스타일을 단순히 구분하기는 쉽지 않지만 보통 유럽 스타일의 이미지를 연상하여 살펴보면 다음과 같은 표현과 유사하지 않을까 생각된다. 고급스럽고 우아하며, 조화롭고 패셔너블하며, 색다른 이미지와 분위기를 잘 연출하는, 갖고 싶은 마음을 자아내고 최신의 트렌드를 선도하는, 컬러와 배색의 조화와 액센트 컬러를 잘 활용하는, 형태와 기능의 완벽한 조화, 오랜 역사와 장인정신의 표출, 평범 속의 비범, 명품과 매스티지, 자연의 유기적인 표현 등등. 이렇듯 사회전반에 예술 · 문화 · 디자인의 생활화와 여유롭게 즐기는 욜로(YOLO : You Only Live Once) 적인 모습이 유럽 선진국의 특징이라고 보인다.

아울러 공공 디자인과 도시 디자인 측면에서 유럽의 거리에서 흔히 보는 사인도 하나의 문화이며 예술이 된다. 세계문화 도시의 잘 디자인된 사인은 거리의 예술품으로 도시 사용자들에게 다가오는데, 단순히 기호나 시각 전달매체로서의 디자인 결과물이 아니라 그 나라와 지역의 문화와 숨결이 느껴지는 문화예술품으로 보여주고 있는 것이다. 런던을 비롯하여 서유럽

국가들의 사인 역시 '건축과 도시환경'을 중시하여
도시경관과의 조화를 최우선으로 고려하여 디자인하
였는데, 매력적인 도시공간을 창출하기 위한 도시의
사인 디자인은 여러 사용자간에 상호 커뮤니케이션을
할 수 있는 중요한 미디어이자 지역의 정보를 전달한다.
또한 지역 문화를 반영한 조화로운 사인 디자인은 어느
지역이나 매우 중요한 요소이다. 유럽의 경우 이러한
합목적적인 개념이 잘 적용되어 그 기능성(내구성,
재질감, 컬러나 글자체등)과 디자인의 일관성, 통일성은
물론 현대적인 아름다움을 잘 표현해주고 있다.

현대의 정보화 시대는 디자인이 모든 분야에 접목되어
그 힘을 발휘하고 있으며 그 역할 또한 광범위하다.
사인 디자인도 그중의 하나로 시각적 공해로 인식되지
않기 위해서는 도시사용자 모두가 먼저 사인 디자인의
중요성을 인식하여야 한다. 그리고 사인은 정보전달
기능 외에 도시 발전과 그에 수반하는 경관변화, 갖가지
시스템 변화등도 도시환경과 연관하여 생각하고 계획
되어져야한다. 옥외 공공 사인도 도시환경에 지대한
영향을 미친다는 사회적 인식과 도시특성을 살려 더
나은 도시경관을 조성하고 새로운 공공 사인 문화 정착
을 위해 개선되어야할 중요한 과제이다. 아울러 우리의
자치단체들은 그 지역만의 정체성 확립과 홍보, 좀 더
살기 좋은 도시환경 구축을 위해 종합적인 도시마케팅
개념의 공공디자인 조직구성과 함께 효율적이고 수공예
작품 같은, 특색 있는 사인의 적극적인 활용과 정착이
글로벌 시대의 선결 과제라고 생각된다.

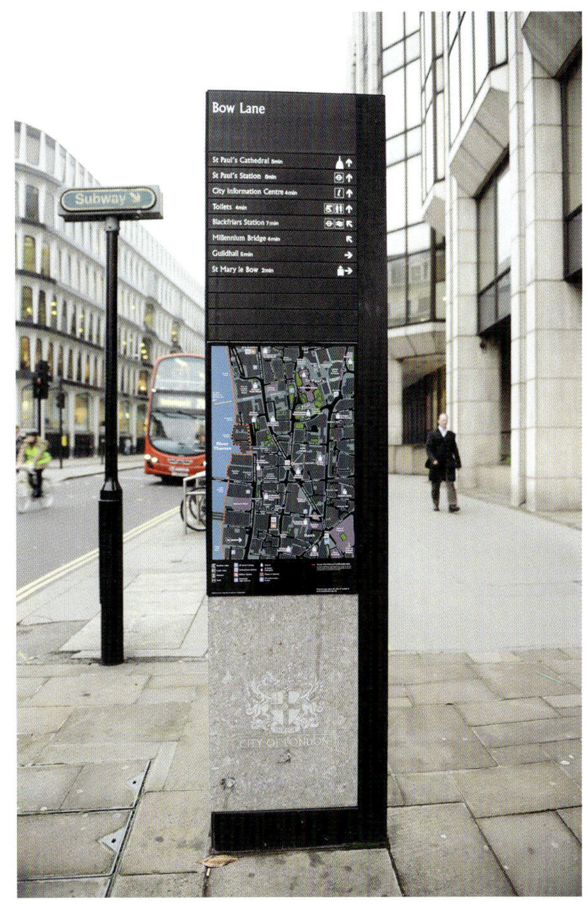

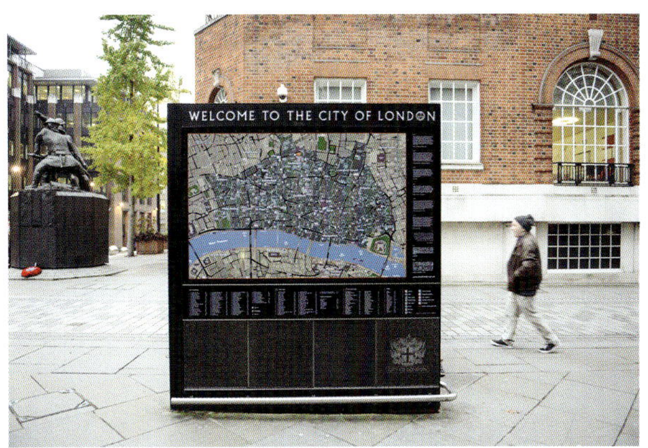

세계의 관광안내 사인 중 런던시의 종합안내 사인시스템이 길찾기와 디자인
개념에 가장 효율적으로 디자인되어 있다.

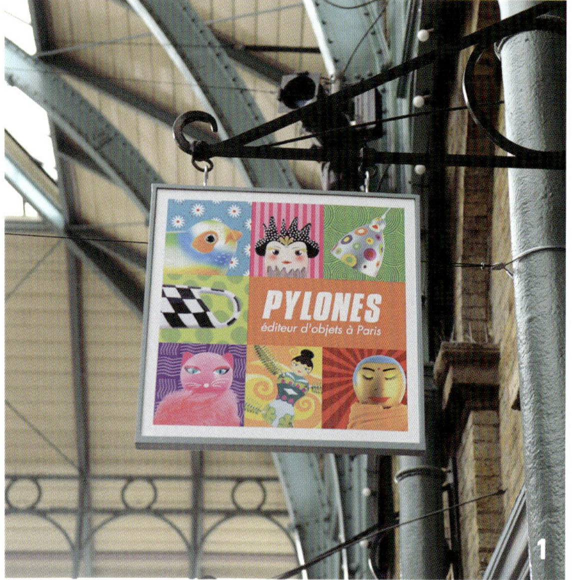

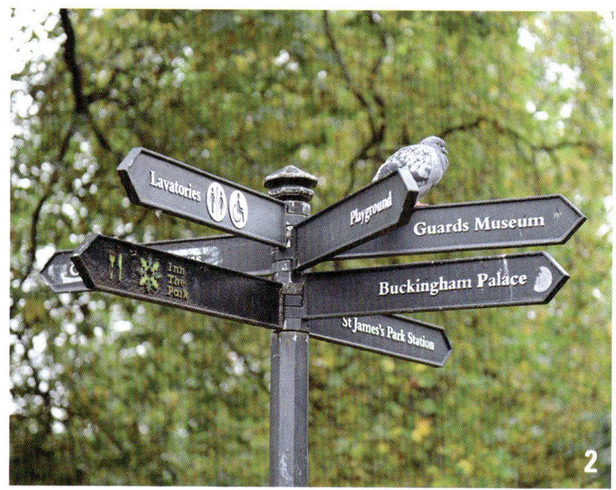

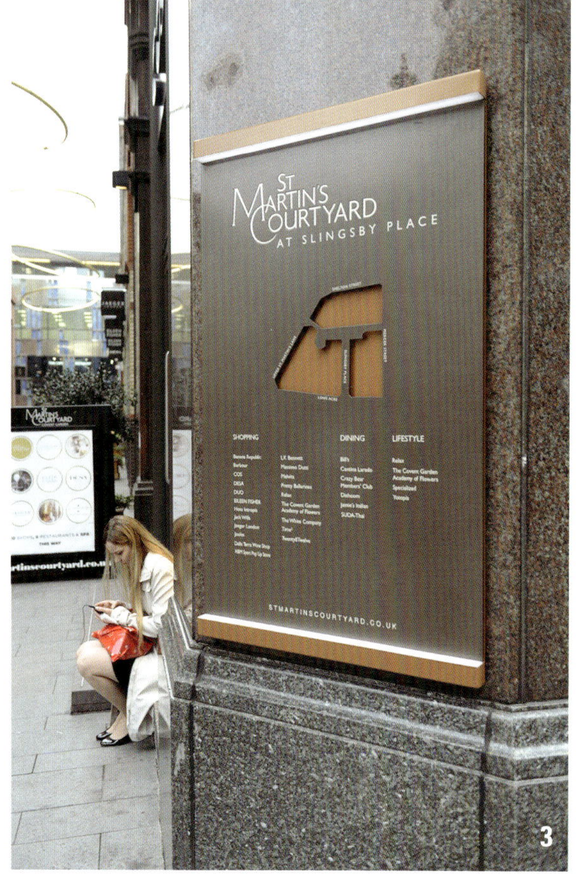

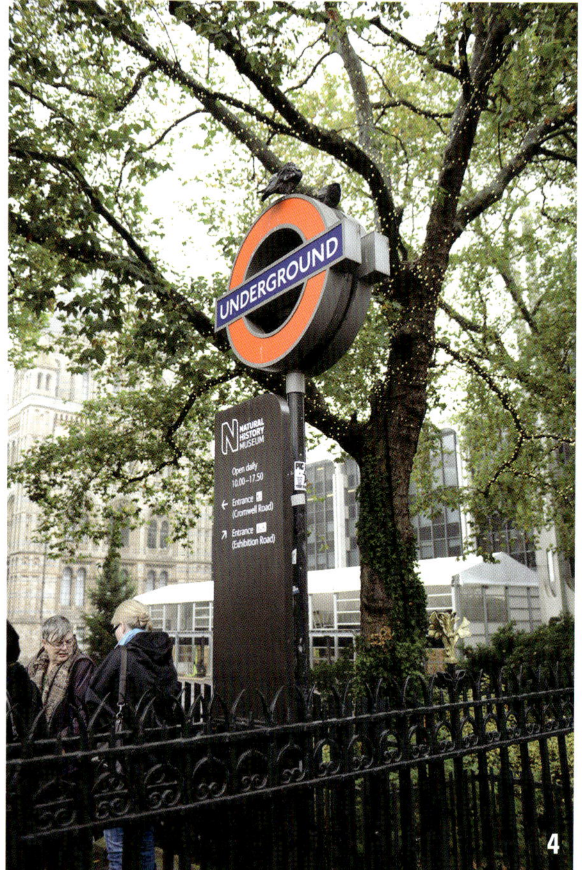

2 버킹검 궁전앞의 공원에는 고전적인 형태의 방향안내 사인이 설치되어 있다.

3, 4 런던 시내 어느 복합건물의 배치도와 지하철 사인과 함께있는 국립역사박물관의 지주형 사인은 단순하지만 세련된 조형미를 보여준다.

1, 5 유명한 거리 공연과 뮤지컬 그리고 오래된 재래시장과 상가로 유명한 런던 코벤트 가든(Covent Garden)의 단순하면서도 조형적인 돌출 사인.

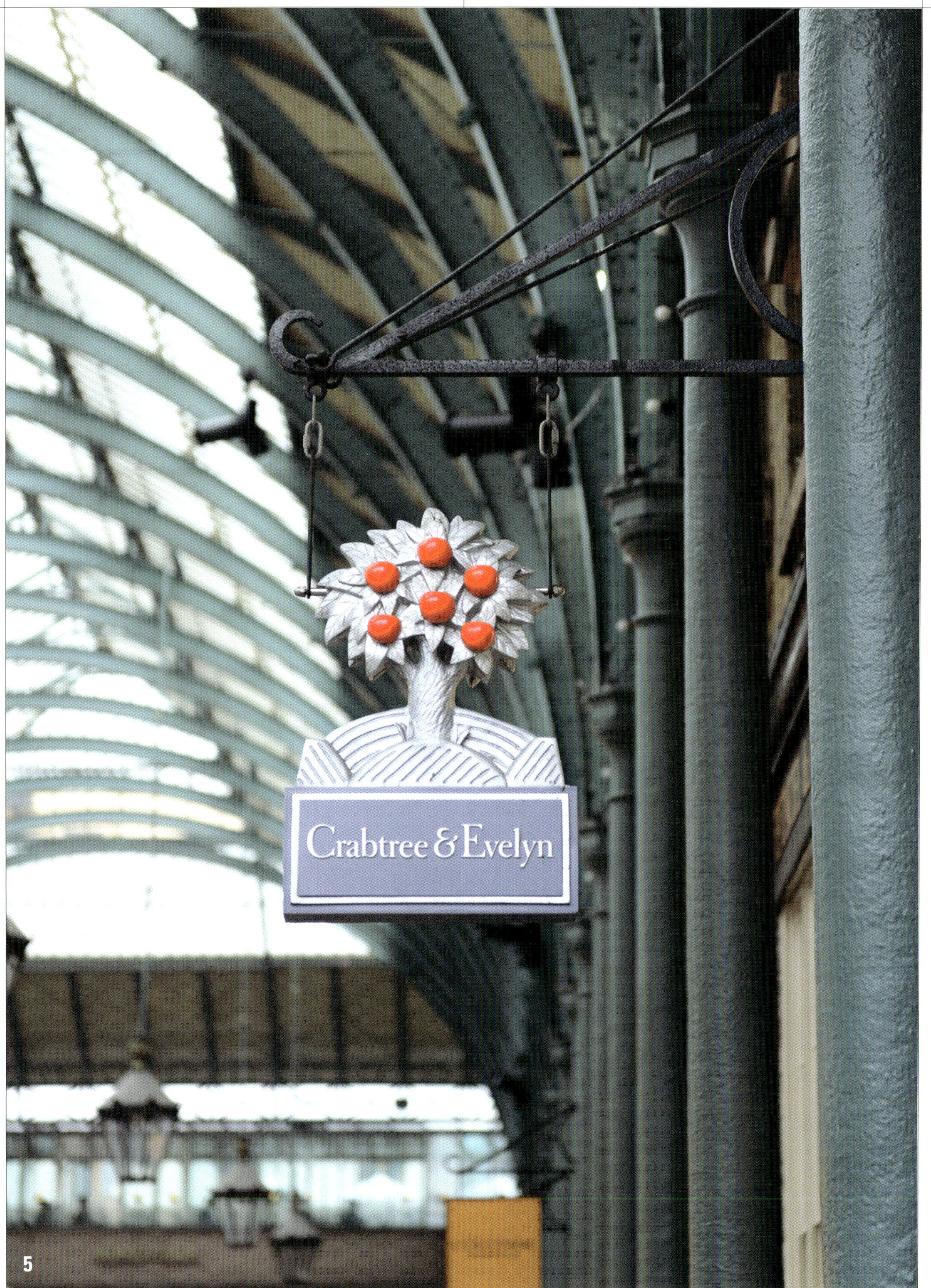
Crabtree & Evelyn

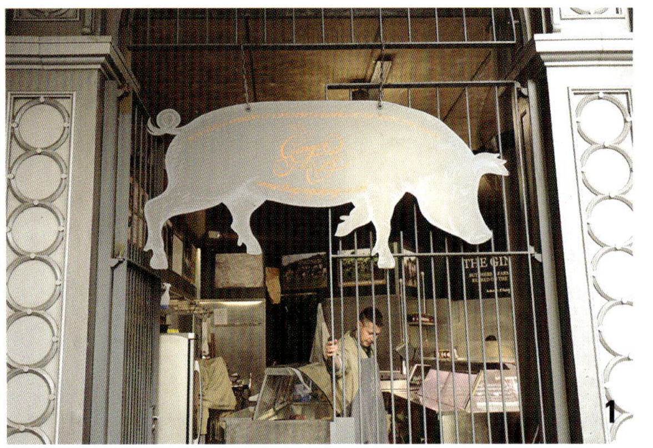

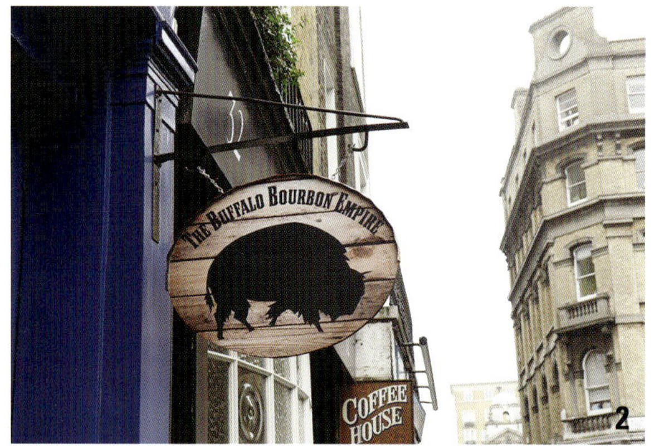

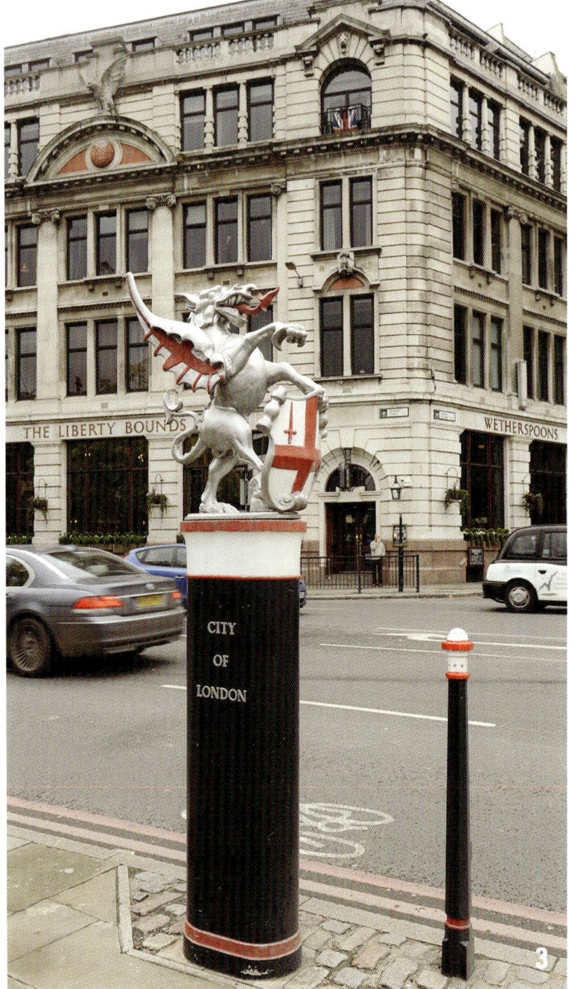

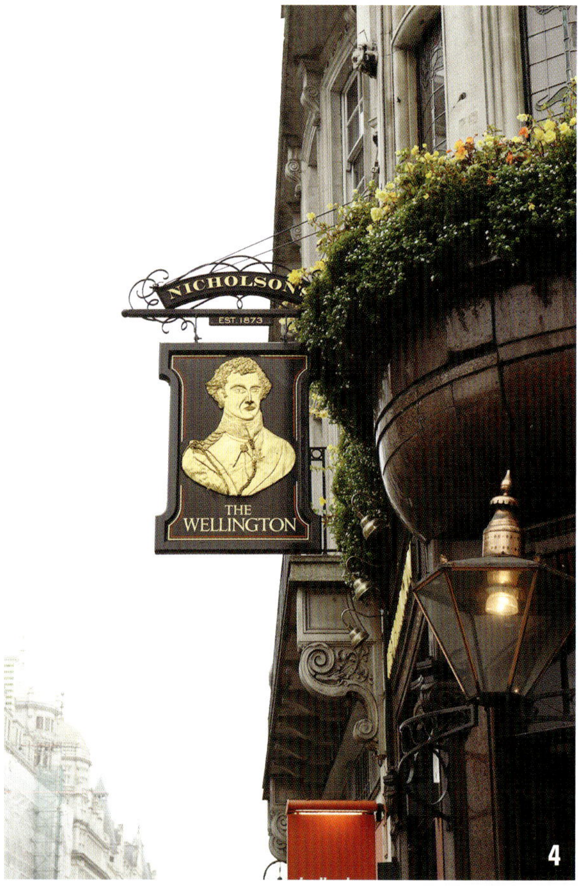

1 런던에서 가장 오래된 전통시장인 보로우 마켓에서 본 정육점 사인.

2, 3, 4 런던 시내 곳곳에는 수작업 형태의 조형사인과 각 업소의
개성미를 표현하고 있는 돌출사인을 자주 볼 수 있다.

5 국립역사박물관의 단순하지만 세련된 조형미를 표현하고 있는 지주형
사인.

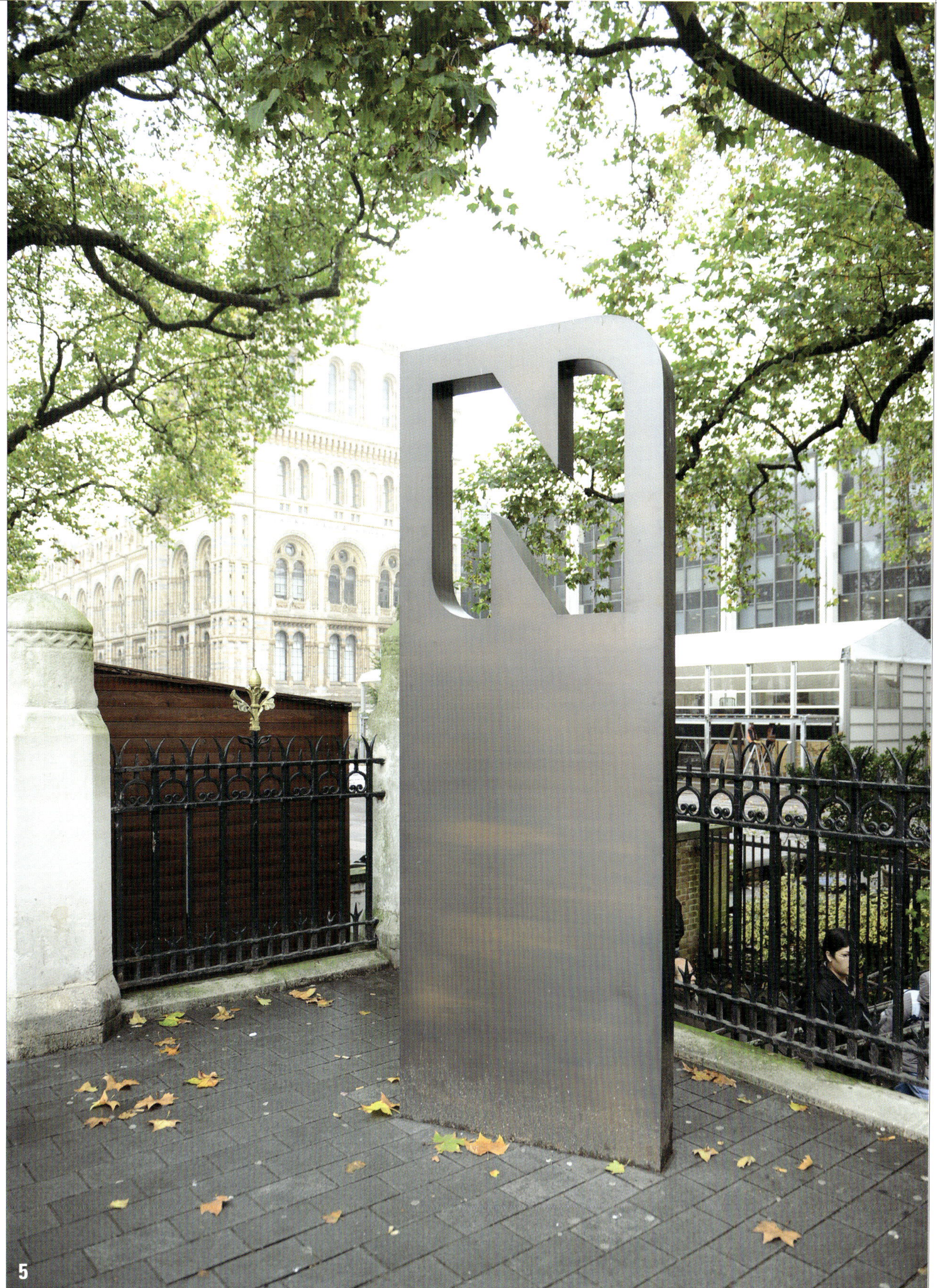

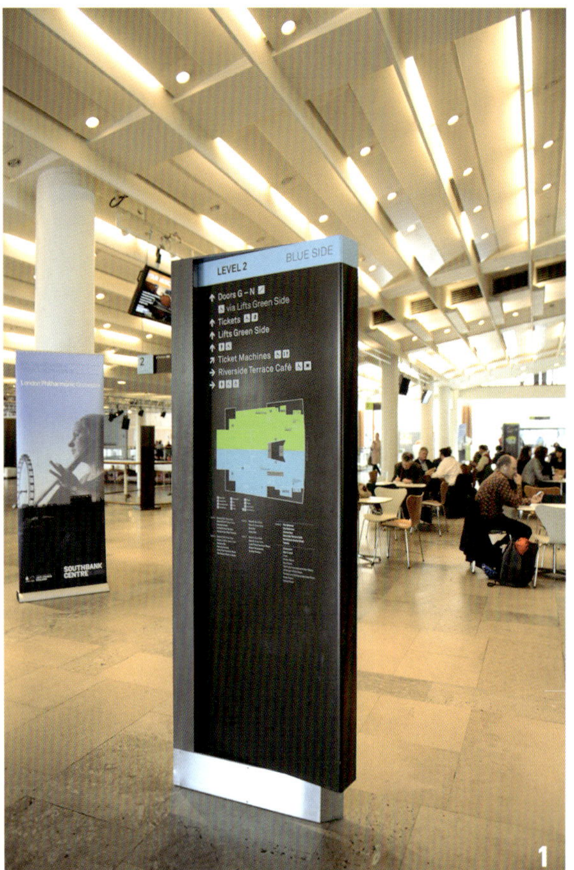

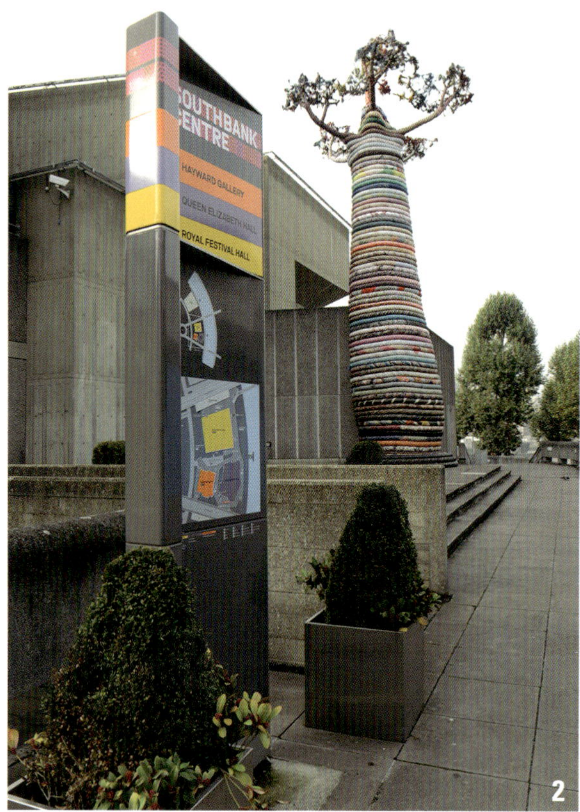

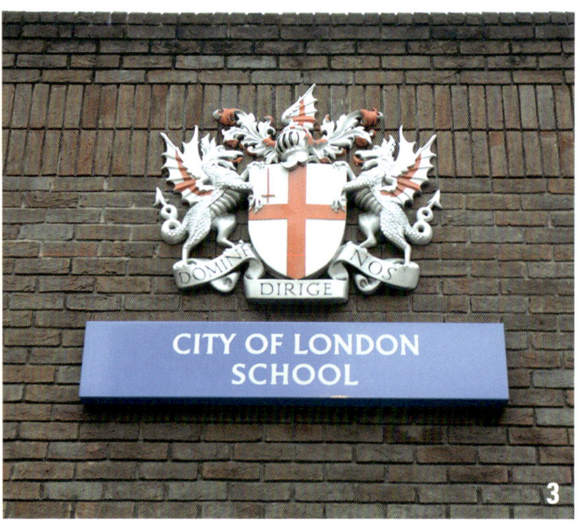

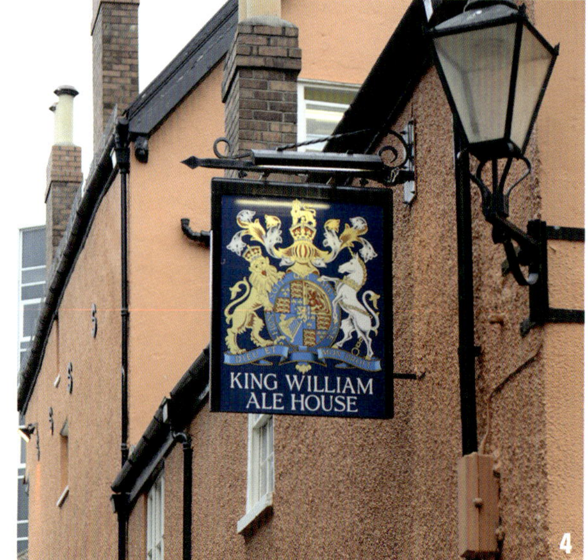

1, 2 문화시설이 밀집되어 있는 사우스 뱅크의 감각적인 실내외 사인들.

3 런던 시티내에 위치한 학교의 고전적이면서도 조형적인 사인.

4 영국 브리스톨 시내 곳곳에는 수작업 형태의 조형사인과 각 업소의
개성미를 표현하고 있는 돌출사인을 자주 볼 수 있다.

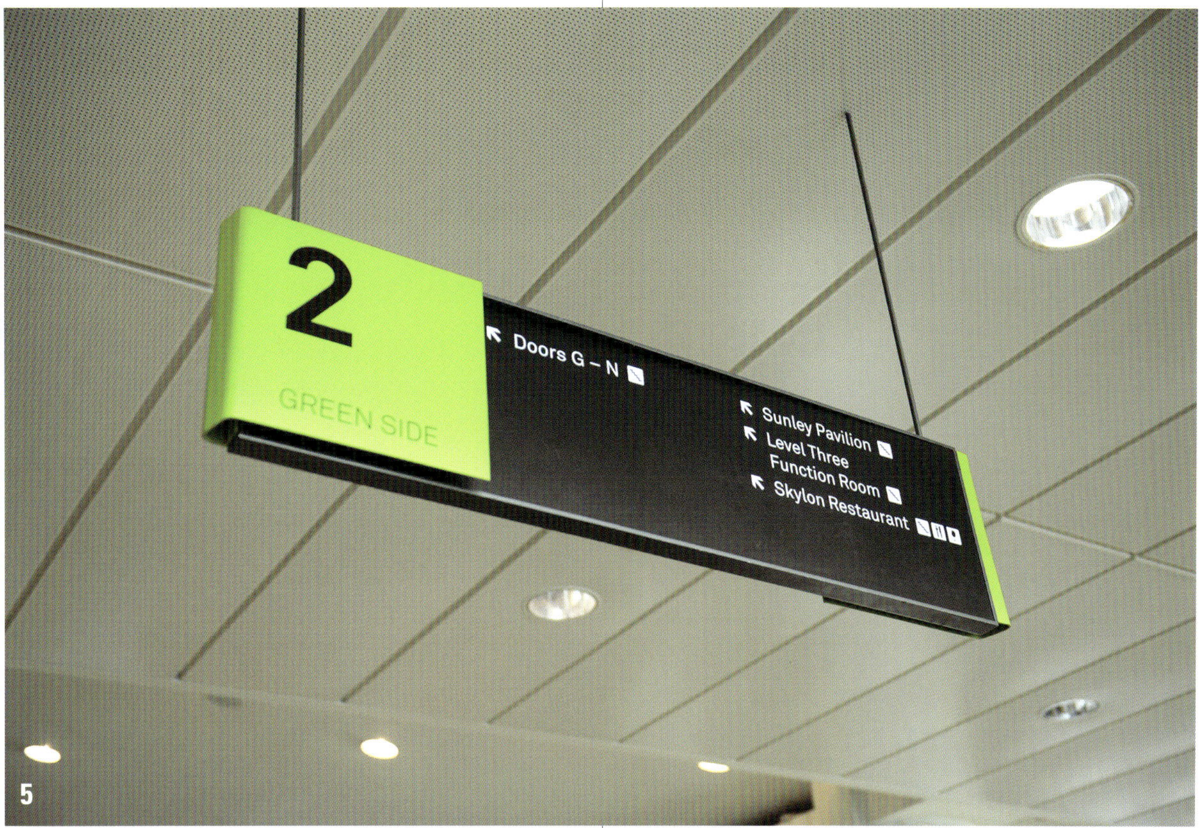

5

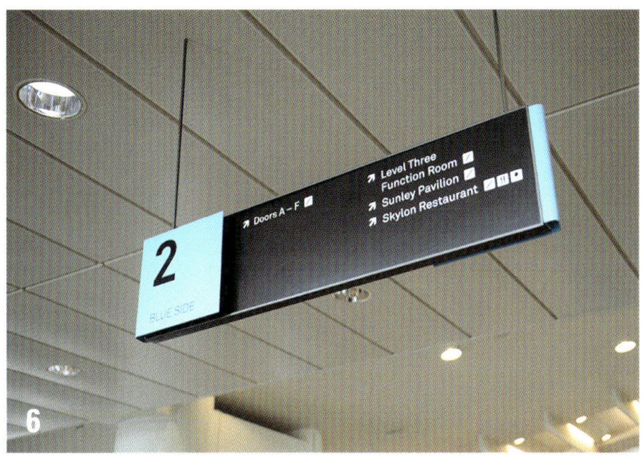

6

5, 6 테임즈 강변에 위치한 사우스 뱅크에는 다양한 문화시설들이 모여 있는데, 단순하지만 감각적인 실내외 사인들이 정보를 명확하게 전달하고 있다.

7 브리스톨 지역 역시 런던과 마찬가지로 각 업소의 개성미를 표현하고 있는 수작업 형태의 돌출사인을 자주 볼 수 있다.

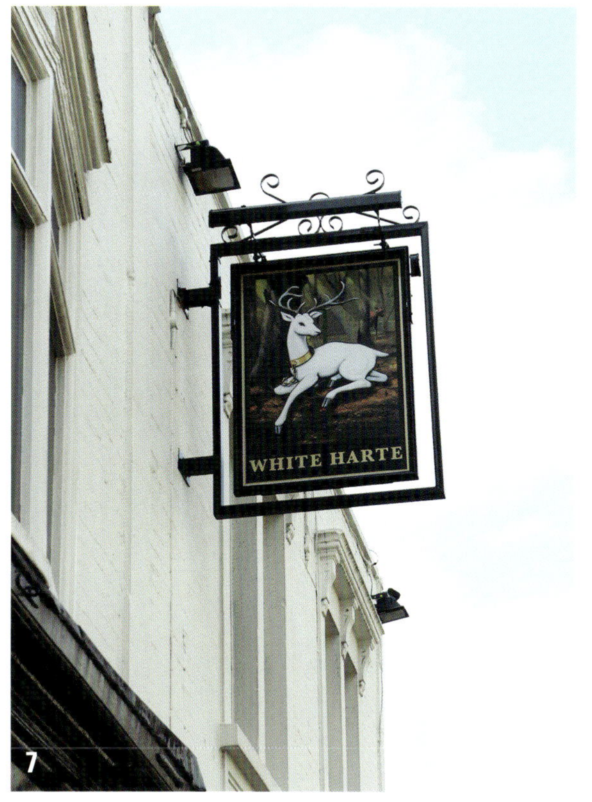

7

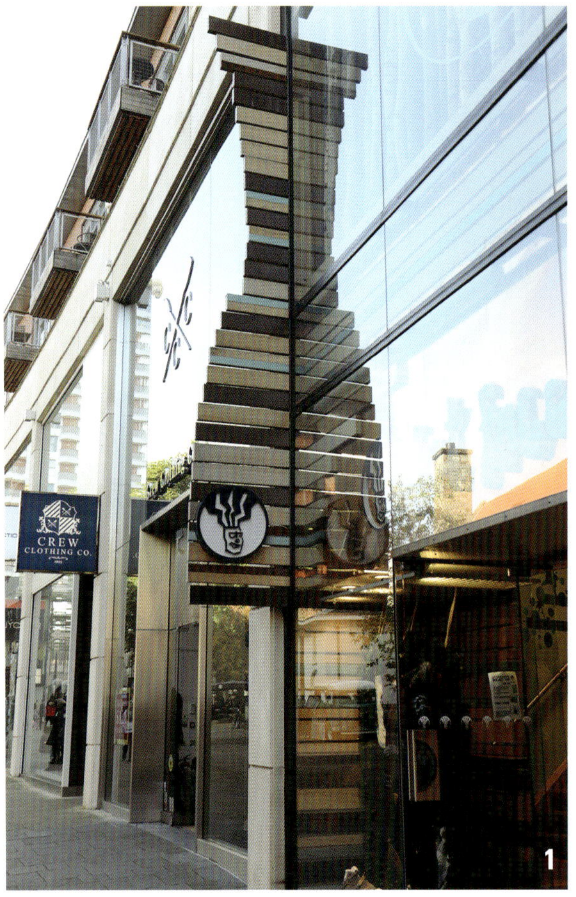
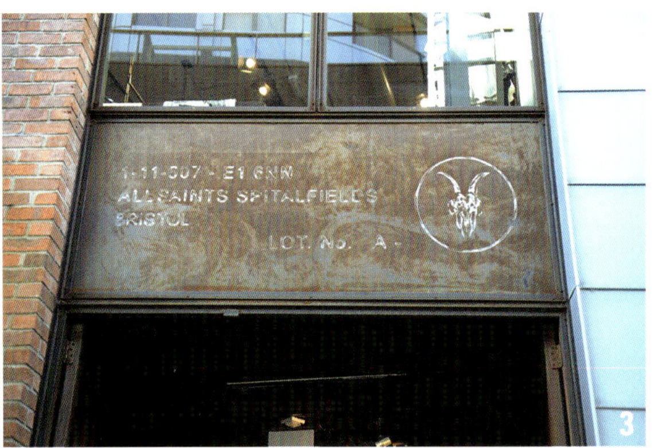
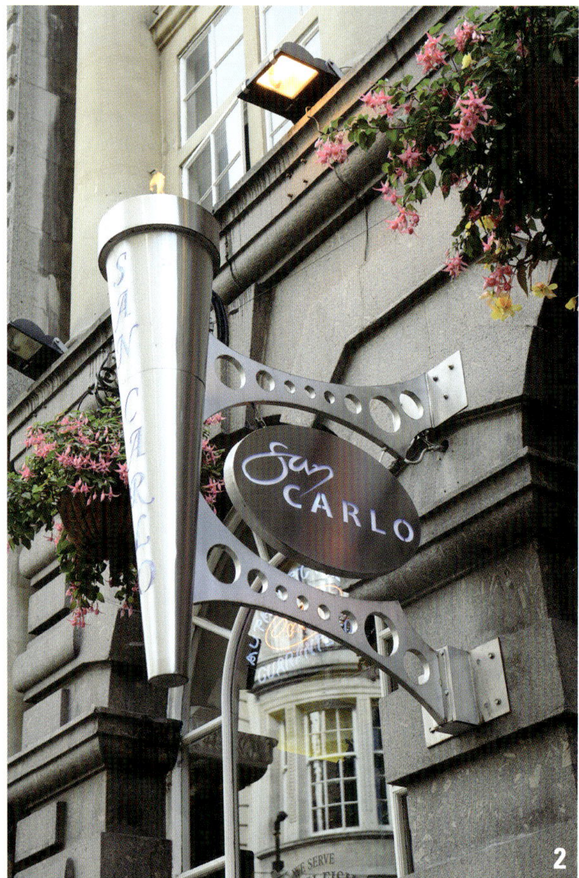

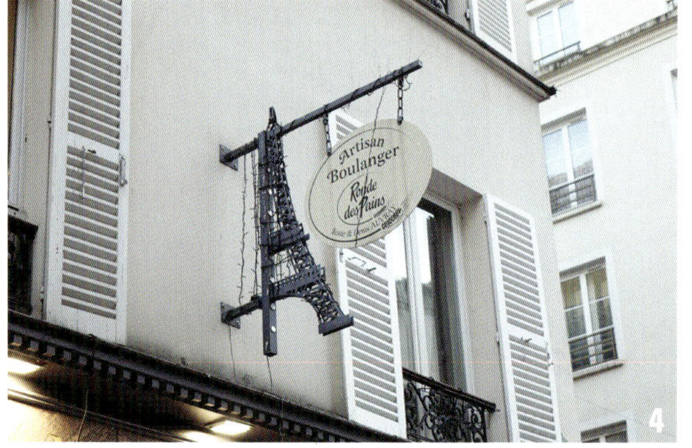

1, 2, 3 브리스톨 시내 곳곳에는 조형적이면서도 감각적인 실내외 사인들을 자주 만날 수 있다.

4 프랑스 파리 시내 어느 골목에서 마주친 에펠탑 형태의 조형사인.

5 영국 브리스톨은 공공디자인과 브리스톨대학교로 유명한 영국의 항구도시이다. 브리스톨 거리 곳곳에는 런던과 마찬가지로 도시 정보안내 사인이 일정한 간격으로 설치되어 있다.

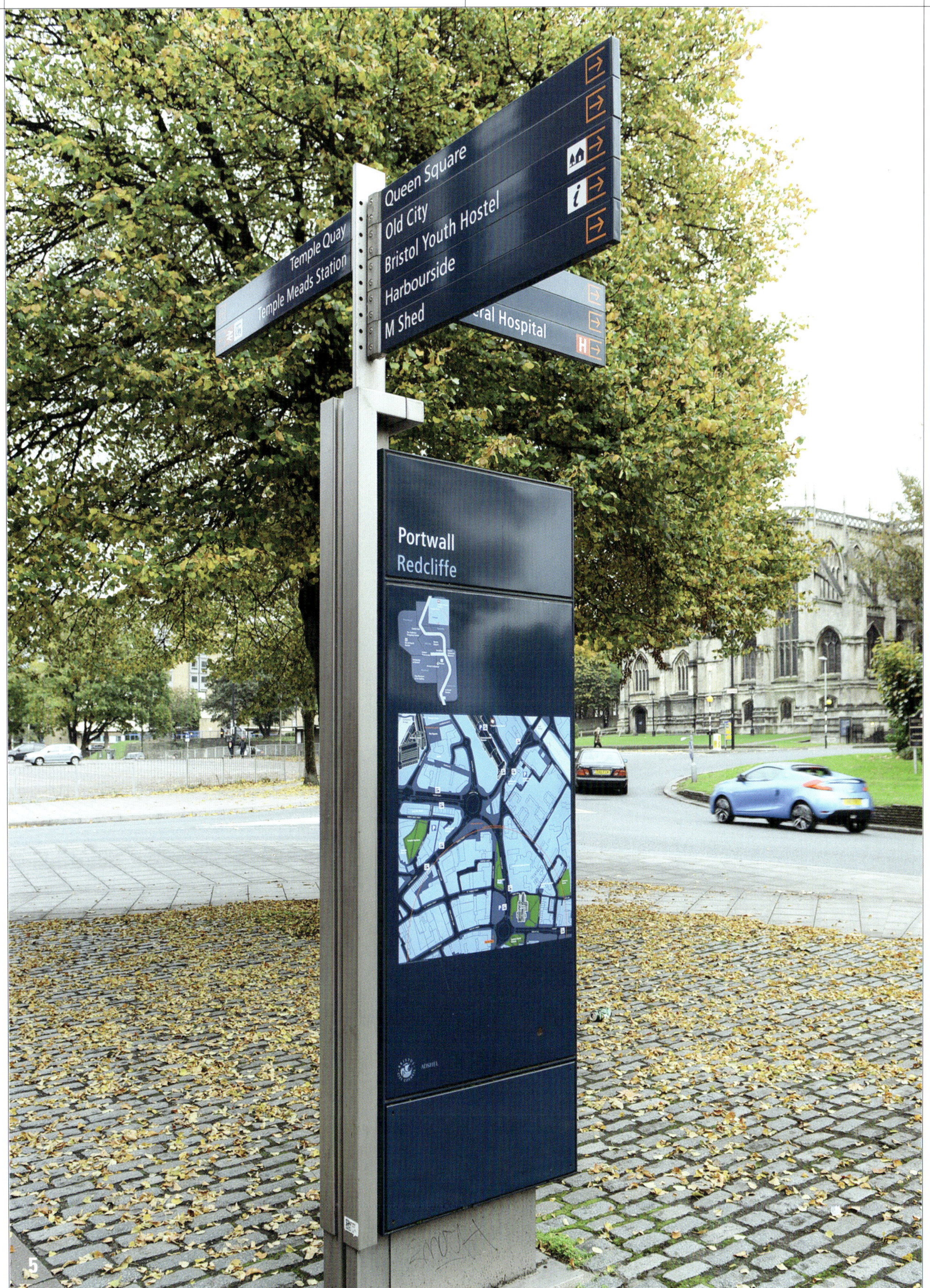

Queen Square
Old City
Bristol Youth Hostel
Harbourside
M Shed
Temple Quay
Temple Meads Station
eral Hospital
Portwall
Redcliffe

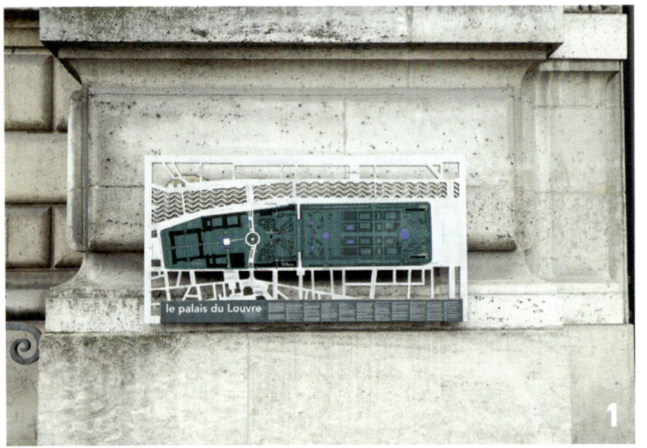

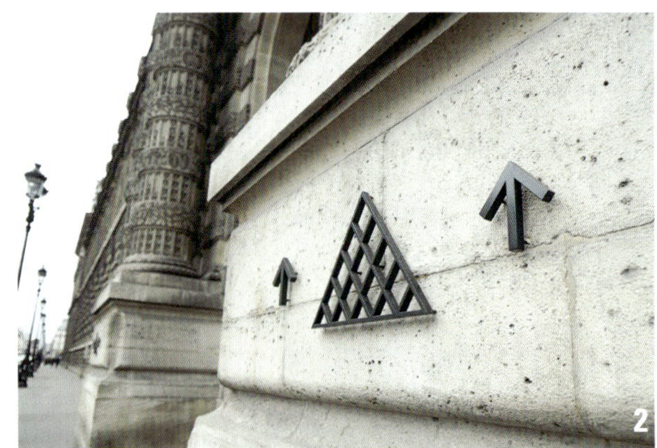

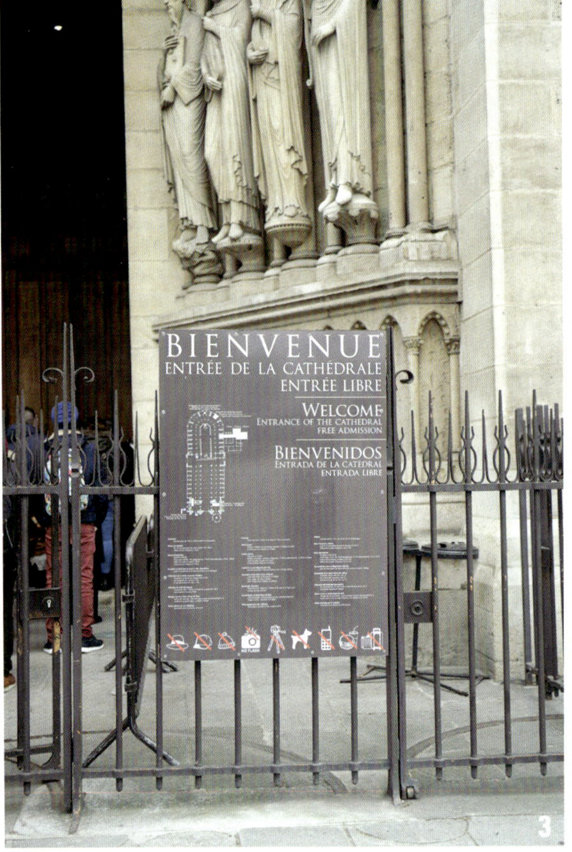

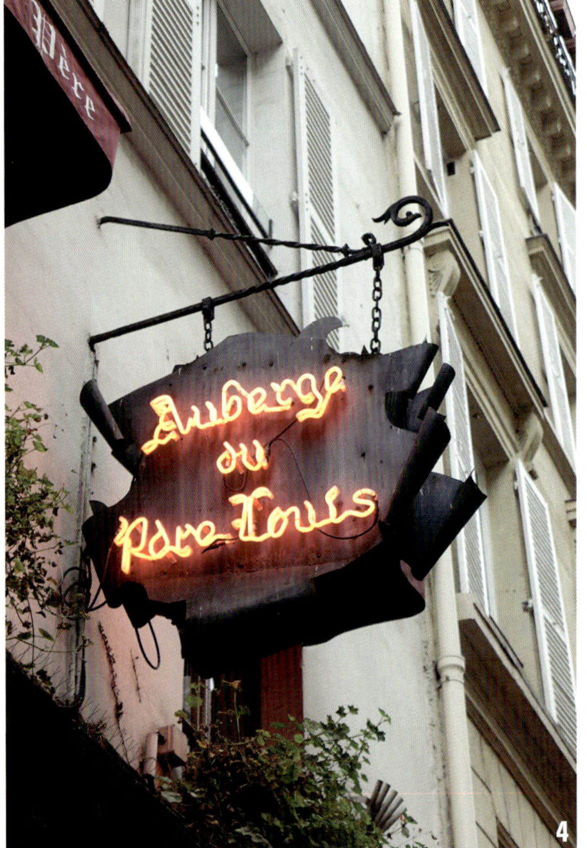

1, 2 세계적인 관광도시 파리에 위치한 루브르 박물관의 외부 사인.

3 파리의 노틀담 성당 사인은 현대적이고 단순한 형태이다.

4 프랑스 파리 시내 어느 골목에서 마주친 고전적인 형태의 네온관을 이용한 돌출사인.

5 파리 노틀담 성당 근처의 역사적인 시설을 안내하는 공공사인은 와인잔 형태의 고전적인 이미지로 제작되어 있다.

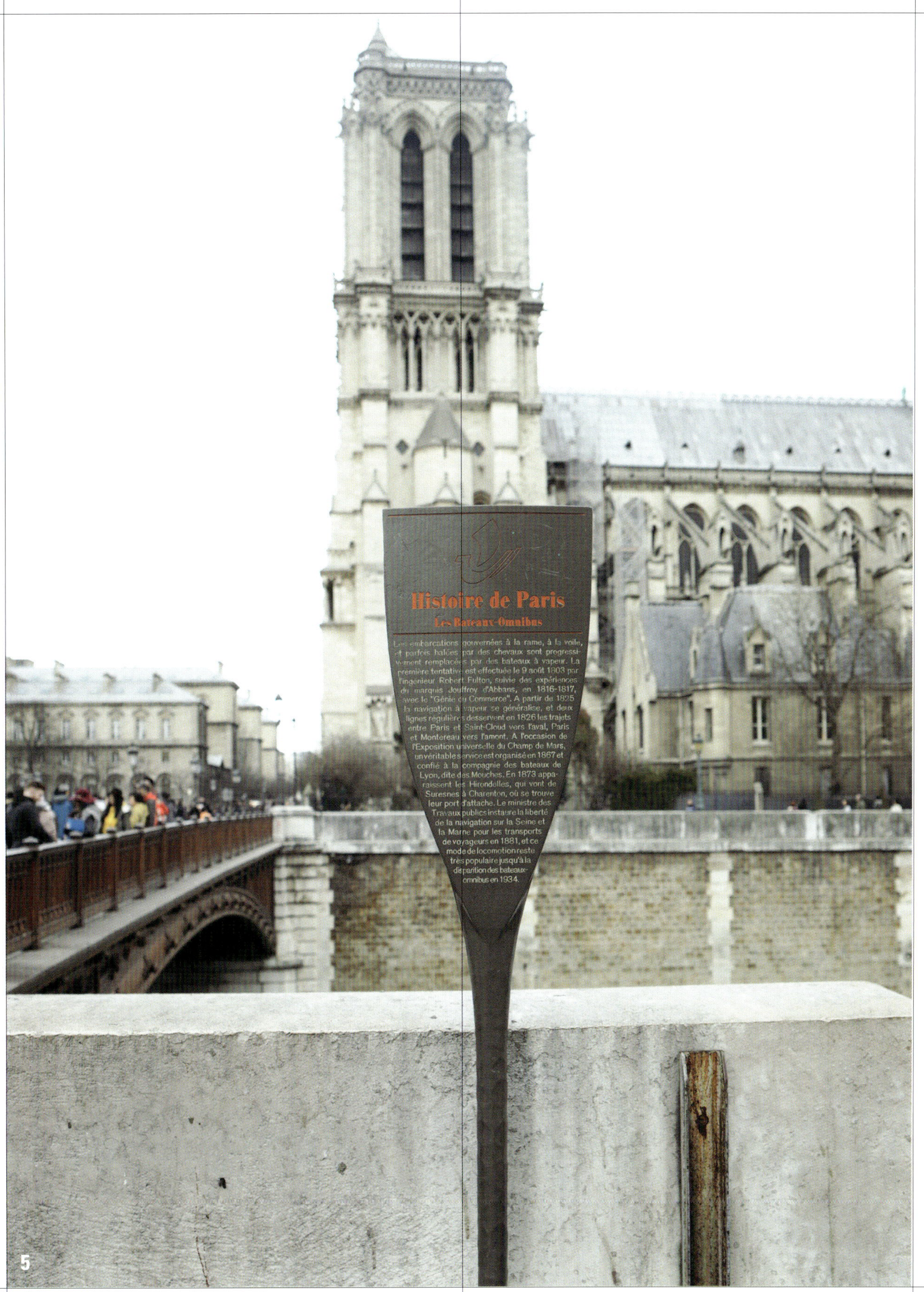
Histoire de Paris
Les Bateaux-Omnibus
Les embarcations gouvernées à la rame, à la voile, et parfois halées par des chevaux sont progressivement remplacées par des bateaux à vapeur. La première tentative est effectuée le 9 août 1803 par l'ingénieur Robert Fulton, suivie des expériences du marquis Jouffroy d'Abbans, en 1816-1817, avec le "Génie du Commerce". A partir de 1825 la navigation à vapeur se généralise, et deux lignes régulières desservent en 1826 les trajets entre Paris et Saint-Cloud vers l'aval, Paris et Montereau vers l'amont. A l'occasion de l'Exposition universelle du Champ de Mars, un véritable service est organisé en 1867 et confié à la compagnie des bateaux de Lyon, dite des Mouches. En 1873 apparaissent les Hirondelles, qui vont de Suresnes à Charenton, où se trouve leur port d'attache. Le ministre des Travaux publics instaure la liberté de la navigation sur la Seine et la Marne pour les transports de voyageurs en 1881, et ce mode de locomotion reste très populaire jusqu'à la disparition des bateaux-omnibus en 1934.

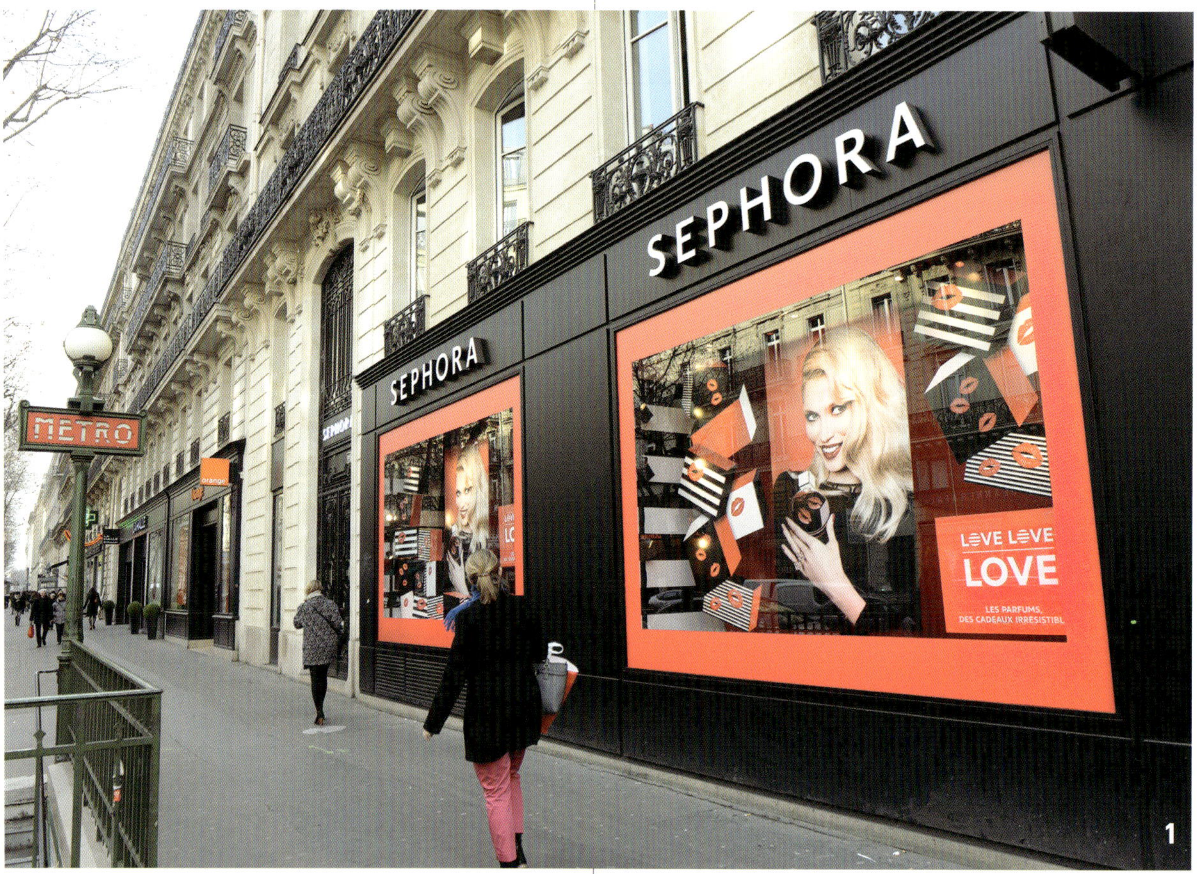

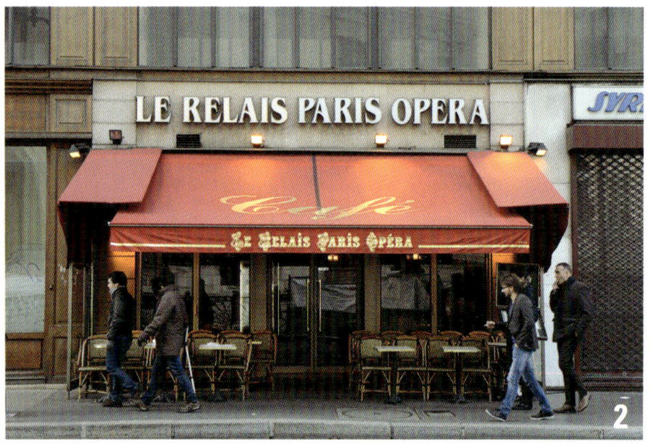
METRO
SEPHORA
SEPHORA
LOVE LOVE
LOVE
LES PARFUMS,
DES CADEAUX IRRÉSISTIBL
orange

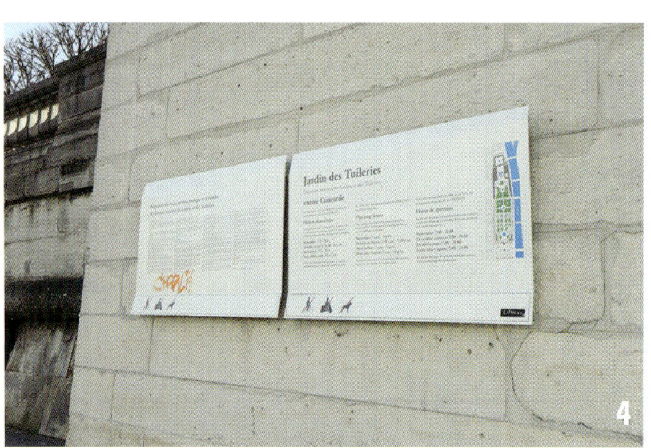
LE RELAIS PARIS OPERA
SYR
Café
Le Relais Paris Opéra
2

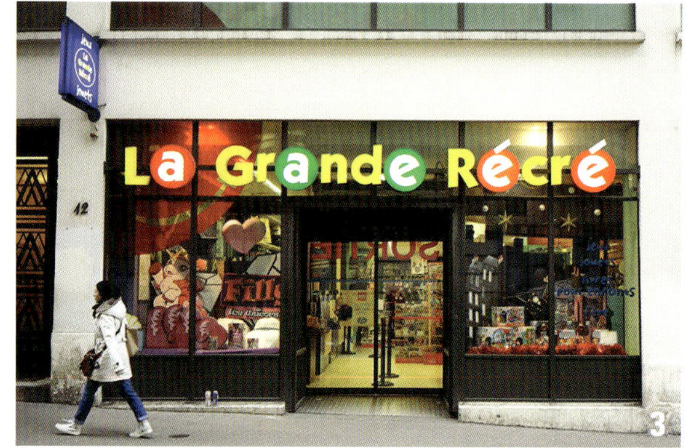
La Grande Récré
42
3

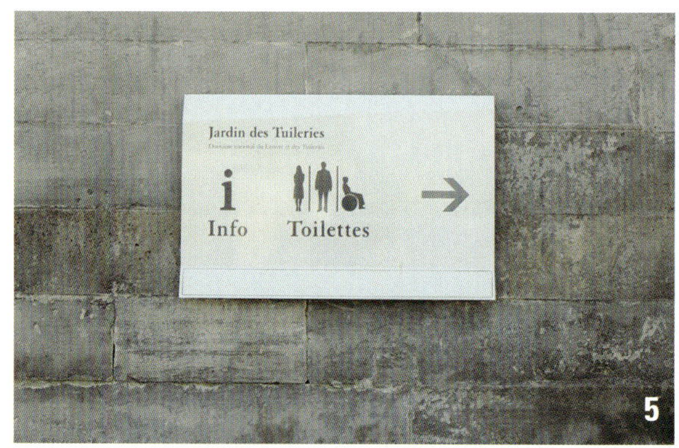
Jardin des Tuileries
4

Jardin des Tuileries
Info   Toilettes
5

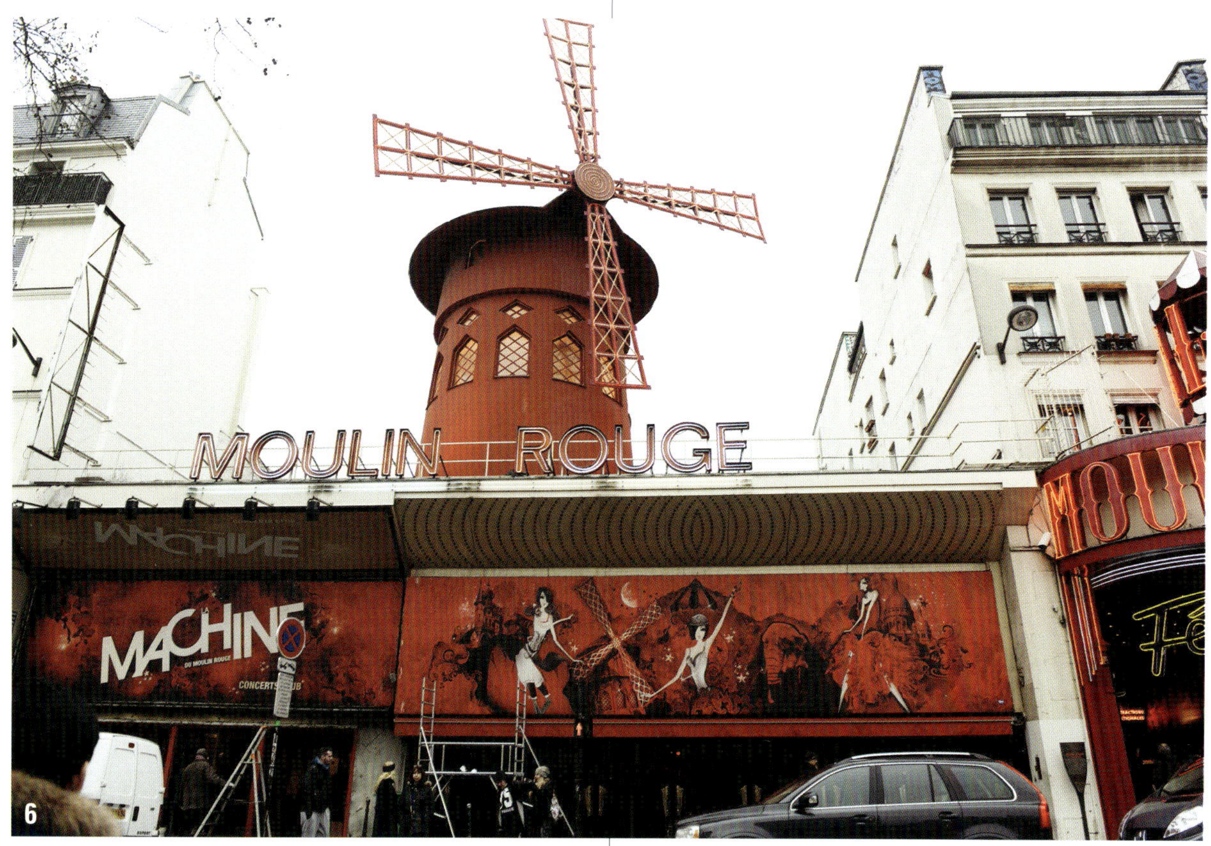

6

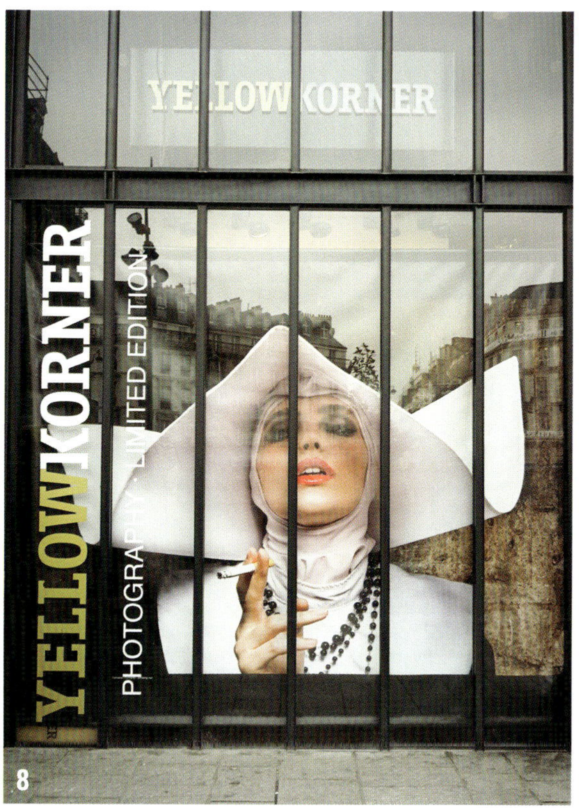

8

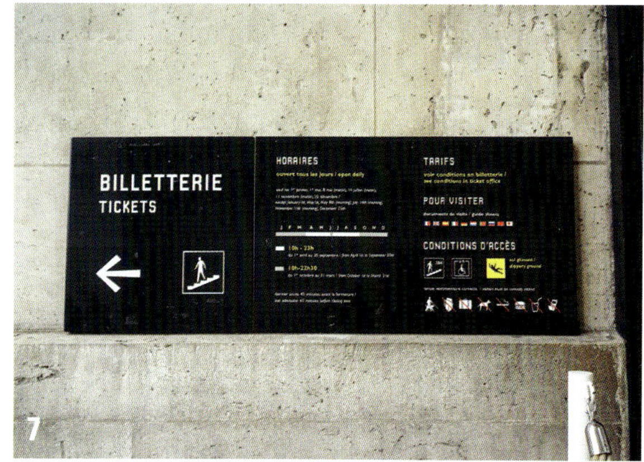

7

1, 2, 3 파리 시내 곳곳에는 원색과 다양한 현대적인 타입들이 고전적인 건축물과 함께 부조화와 조화의 단면을 보여주고 있다.

4, 5 파리 세느강 인근의 오페라극장 앞의 공원을 안내하는 현대적인 공공사인.

6 파리의 명소인 물랑루즈는 열정적인 레드 컬러의 건축과 네온사인으로 장식되어 있다.

7, 8 파리 개선문의 안내판 사인으로 전체적인 사인들이 블랙바탕으로 구성되어 있다. 어느 상가의 윈도우를 광고 사진작품으로 장식하고 있는 모습.

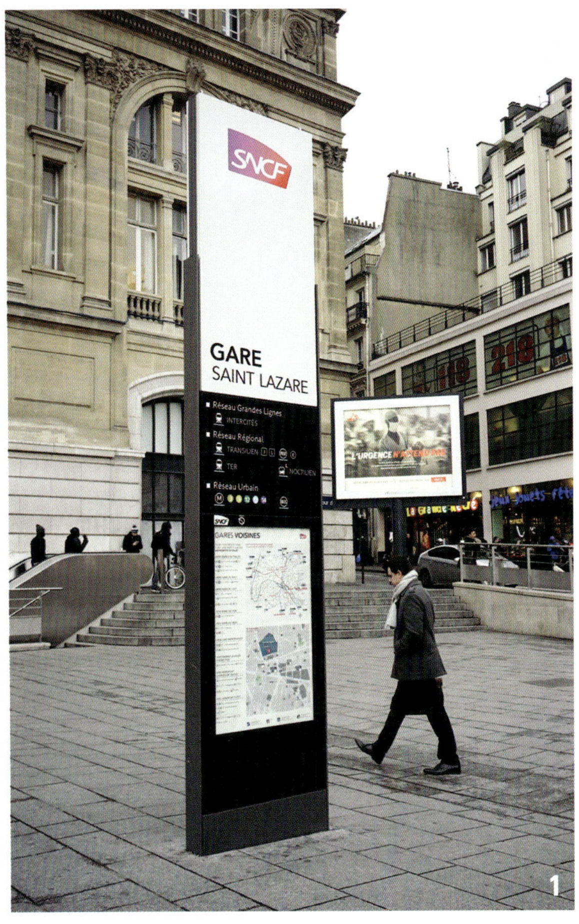

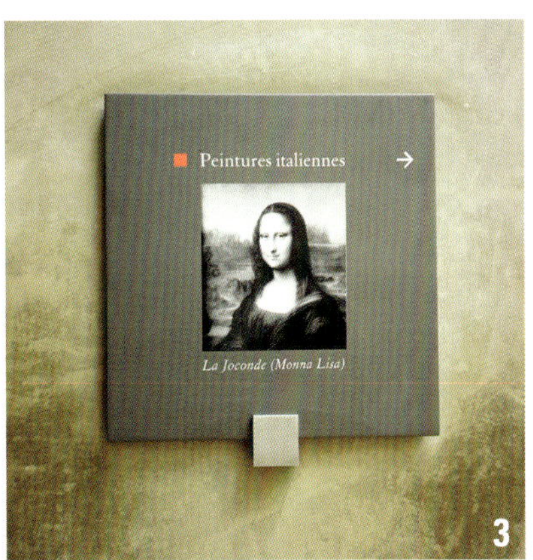

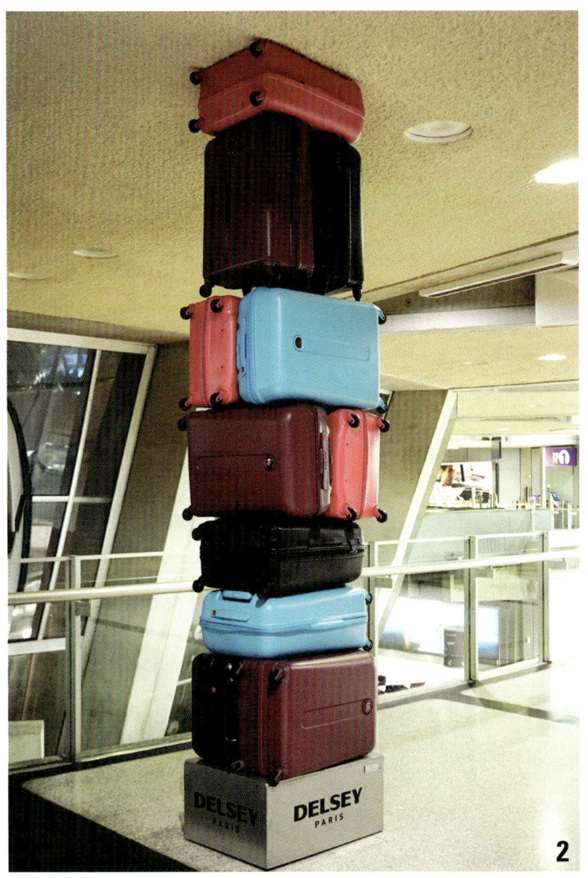

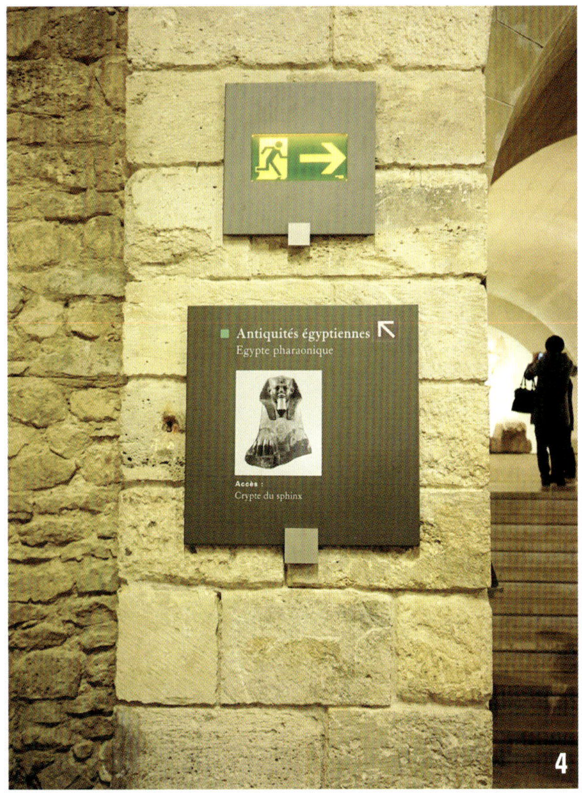

1 파리의 기차역 앞의 지주사인은 블랙과 화이트의 색상대비가 강한 디자인으로 시공되어 있다.

2 파리 샤를드골 국제공항의 짐 찾는 곳에는 델시 브랜드의 여행용 가방들이 쌓아져 있어 여행과 가방의 홍보 이미지를 잘 활용하고 있다.

3, 4 루브르 박물관의 실내사인은 사진 이미지와 타입의 적절한 조화로 구성되어 있다.

5 시내 쇼핑상가의 전면을 대형 플래카드 이미지로 장식하고 있는 모습.

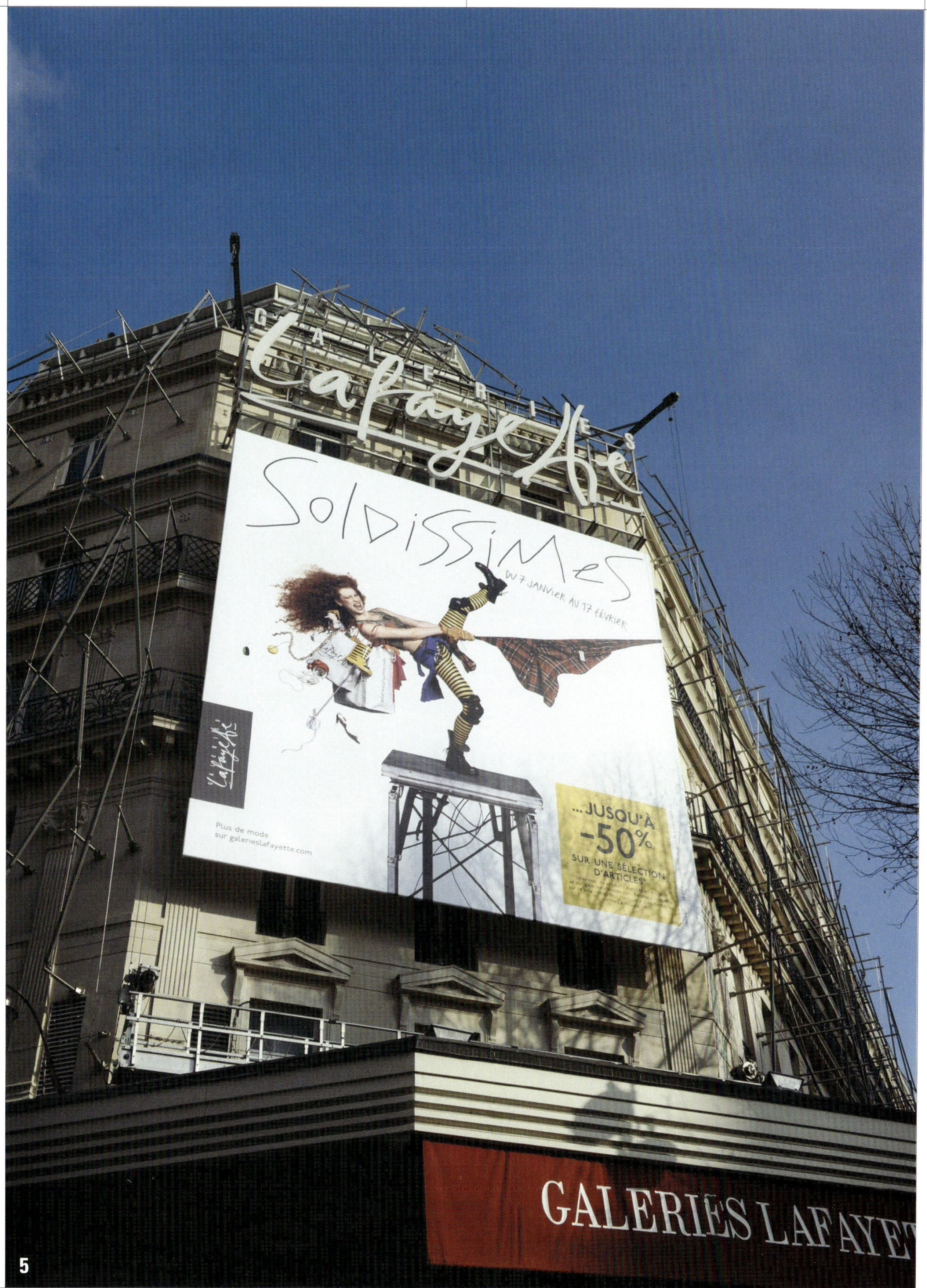
Lafayette
SOLDISSIMES
DU 7 JANVIER AU 17 FÉVRIER
...JUSQU'À
-50%
SUR UNE SÉLECTION
D'ARTICLES
Plus de mode
sur galerieslafayette.com
GALERIES LAFAYET

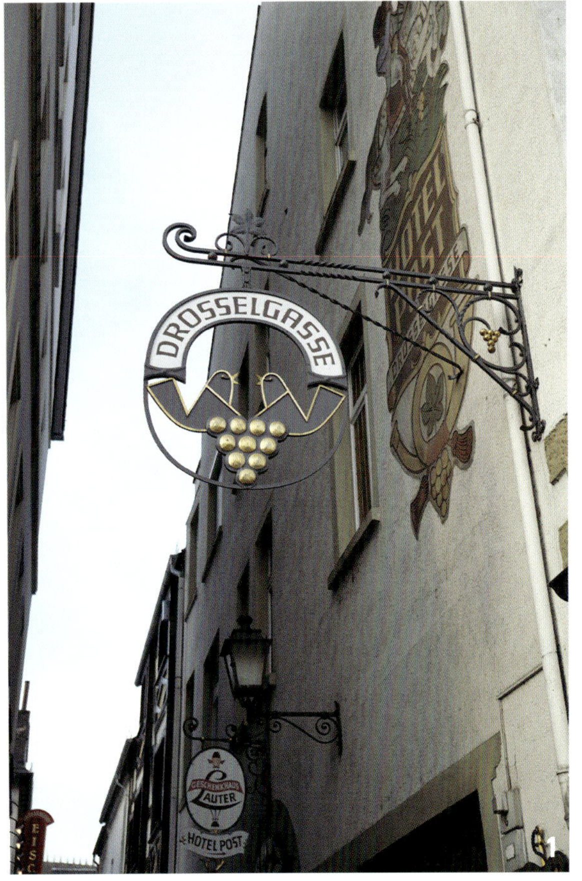

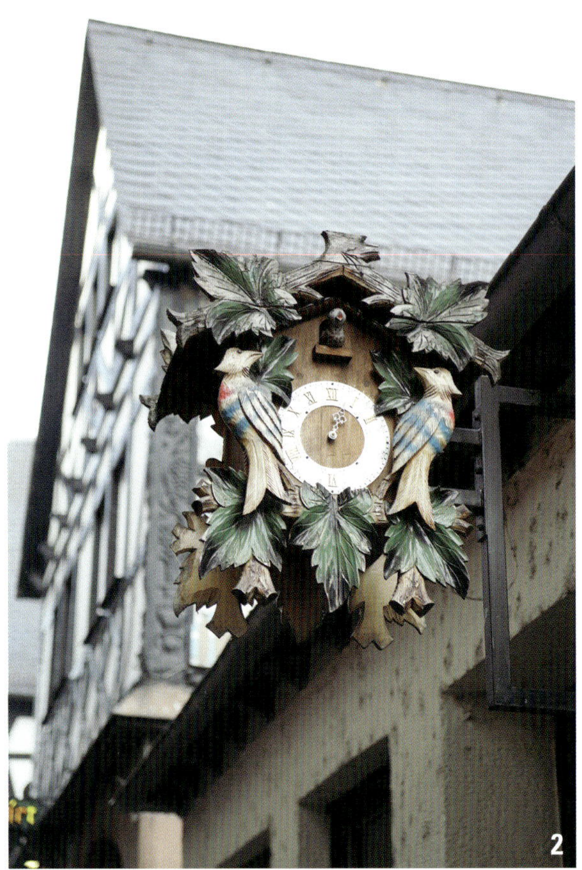

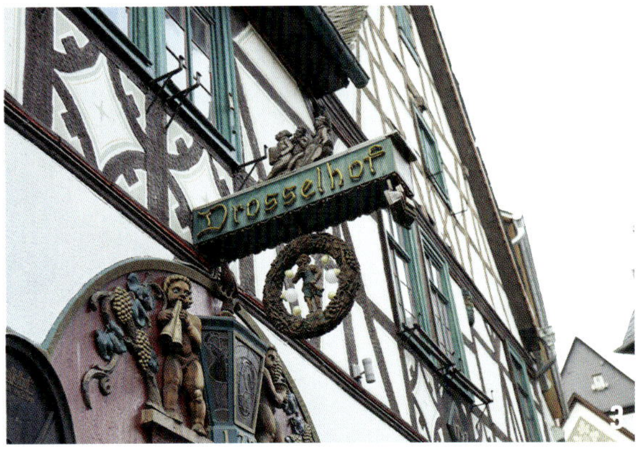

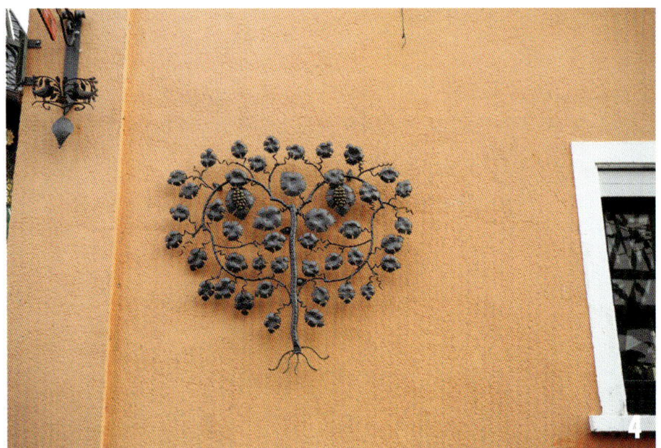

1, 2, 3, 4 작지만 아름다운 도시인 독일의 뤼데스하임은 마치 중세의 거리처럼 이미지를 연출하고 있다. 오스트리아 등 다른 유럽의 작은 도시들처럼 고전적이며 아름다운 수공예 사인들이 마치 중세의 거리에 온것같이 색다른 느낌으로 다가온다.

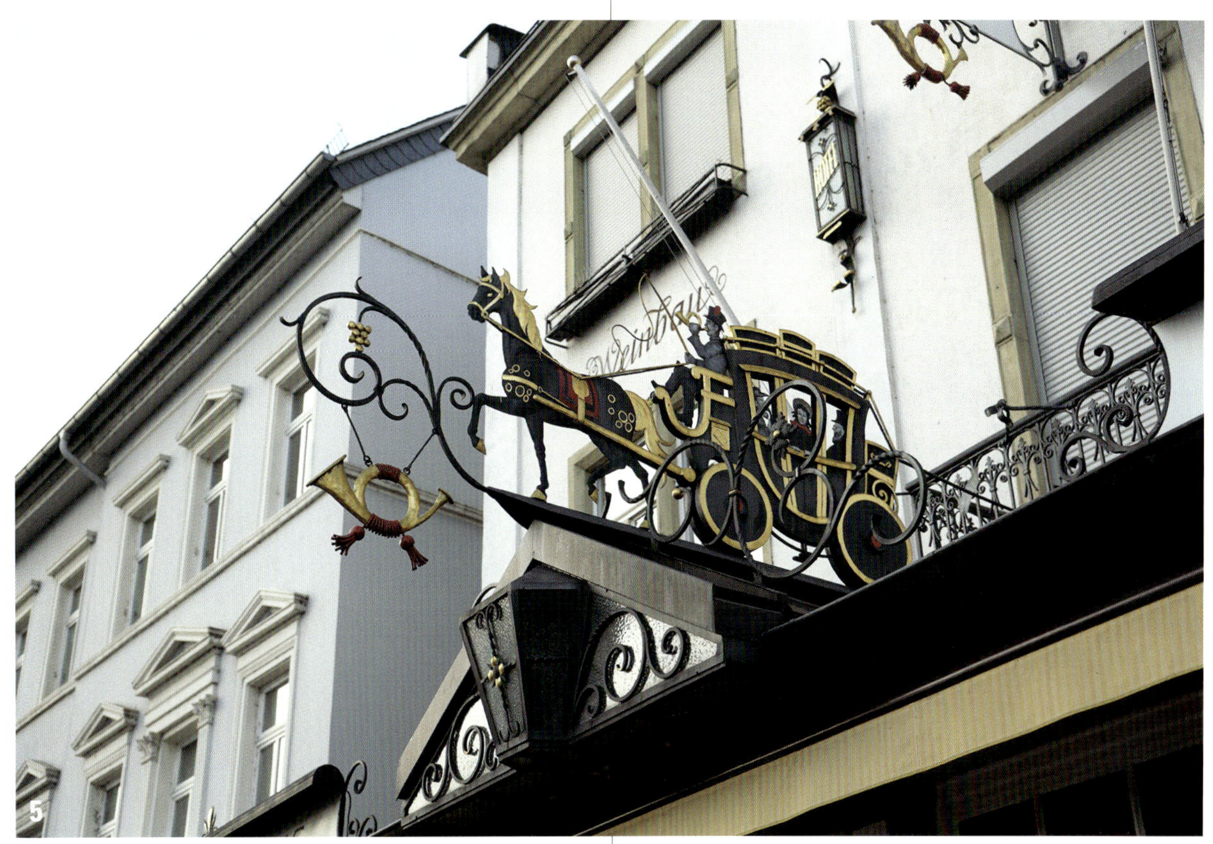

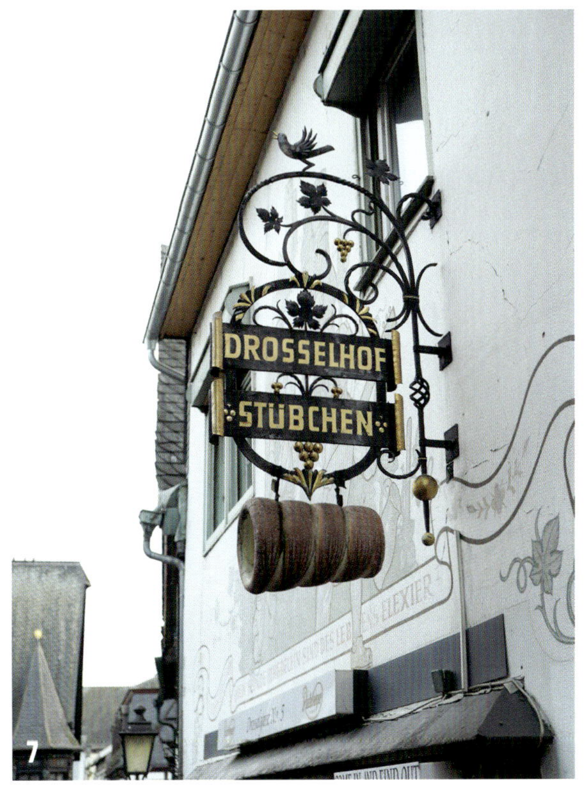

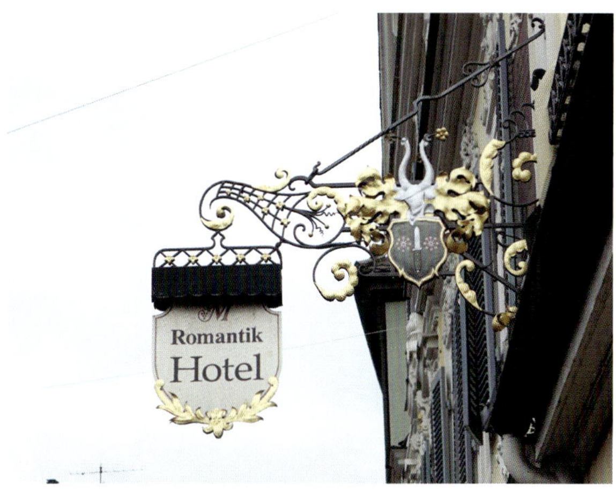

5, 6, 7 작지만 아름다운 도시인 독일의 뤼데스하임의 거리는
고전적이며 아름다운 수공예 사인들이 마치 중세의 거리처럼 이미지를
연출하고 있다.

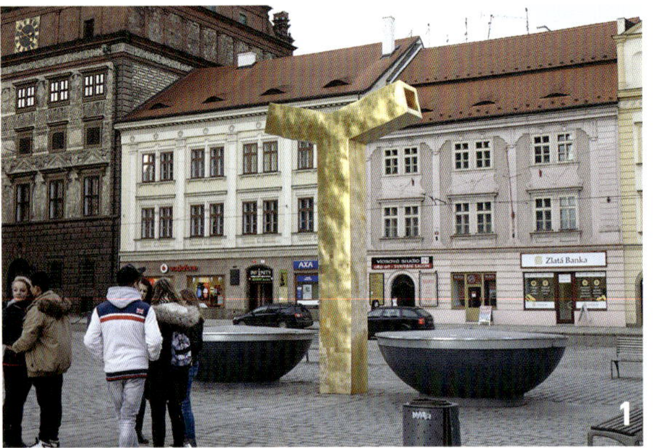

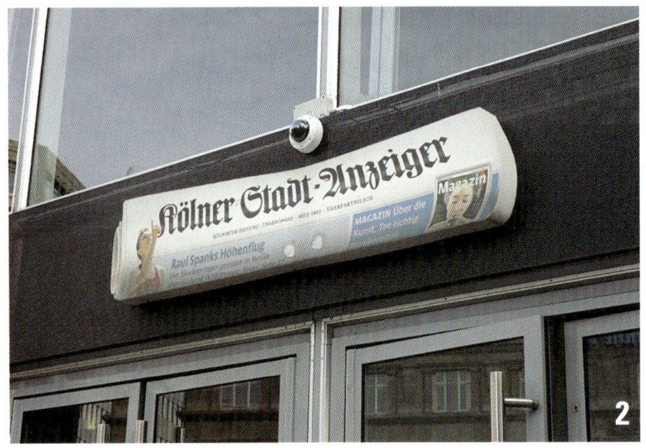

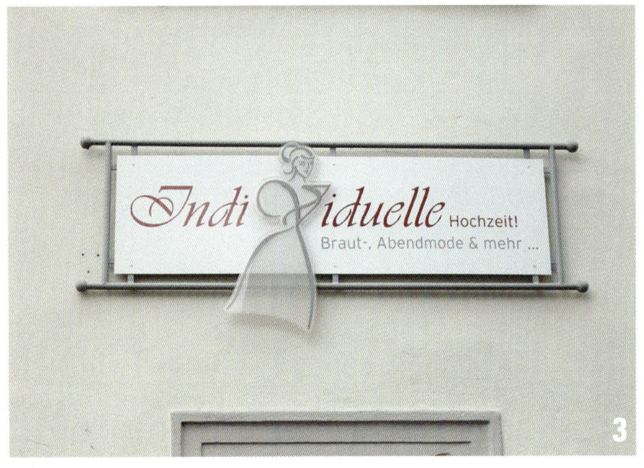

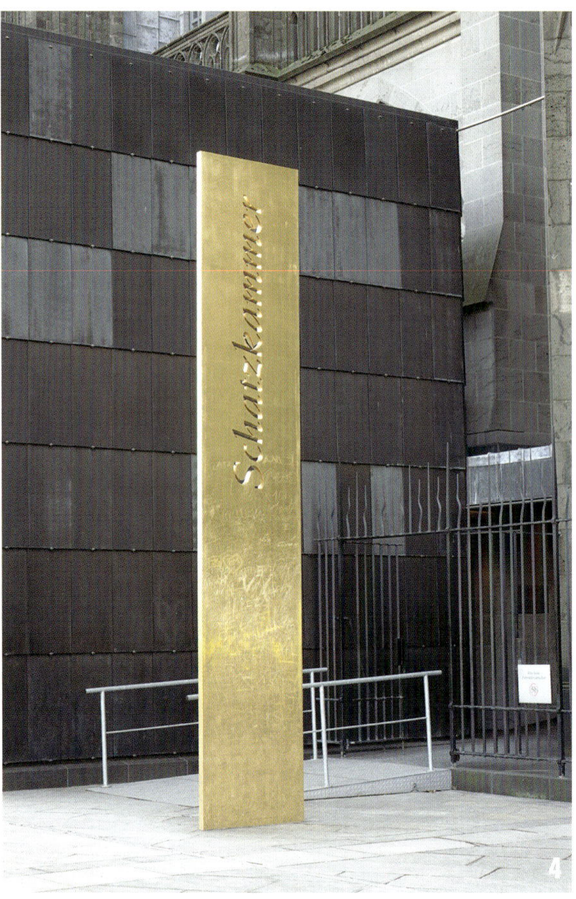

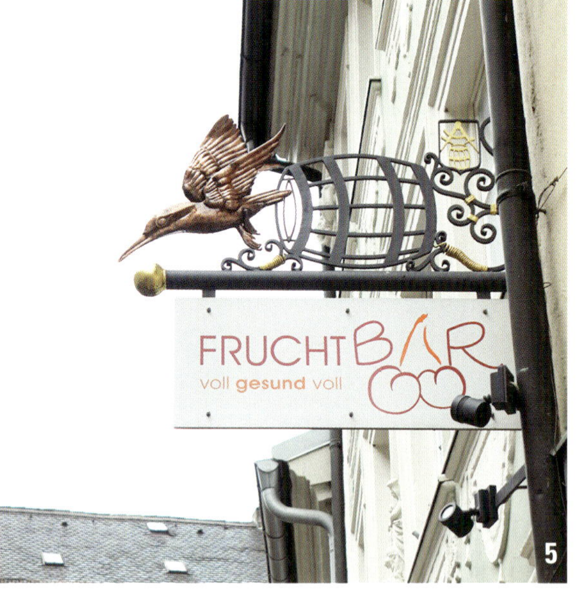

1 맥주의 도시로 유명한 독일의 필젠은 동유럽 국가들과 인접해 있으며 아름다운 중세 도시의 이미지를 가지고 있는 곳이다. 거리의 점포에는 개성 있는 사인들이 관광객을 맞이하고 있다.

2, 4 세계적으로 유명한 쾰른 대성당이 위치한 쾰른의 거리에는 독특한 사인들이 독창성을 자랑하고 있다.

3, 5 아름다운 관광도시 독일의 밤베르크 거리 역시 하이델베르그나 뤼데스하임처럼 다양하고 아름다운 사인들이 도시의 이미지를 멋지게 표현하고 있다.

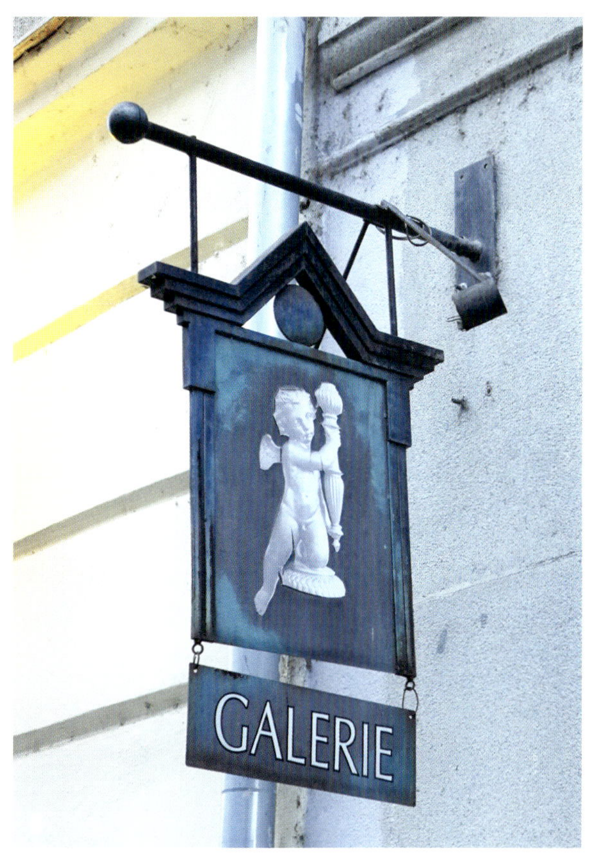

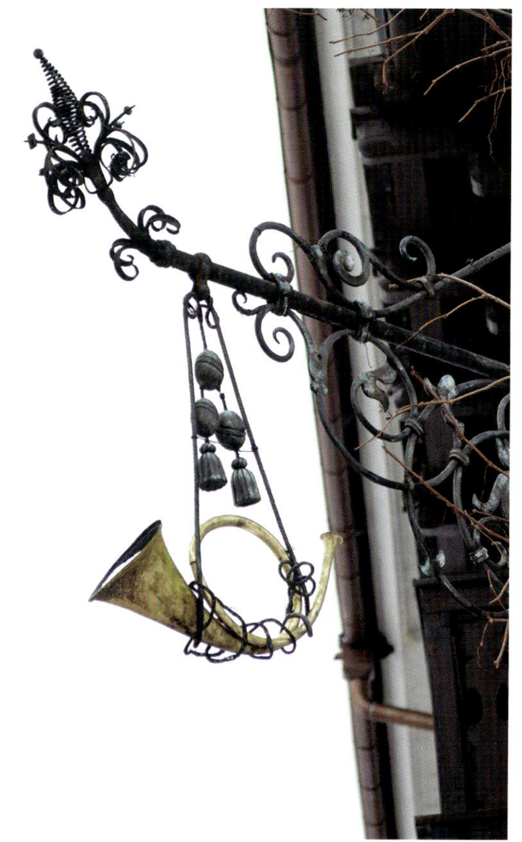

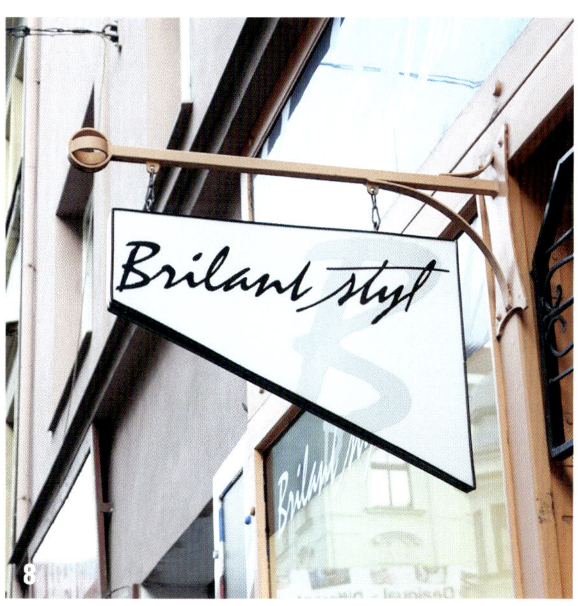

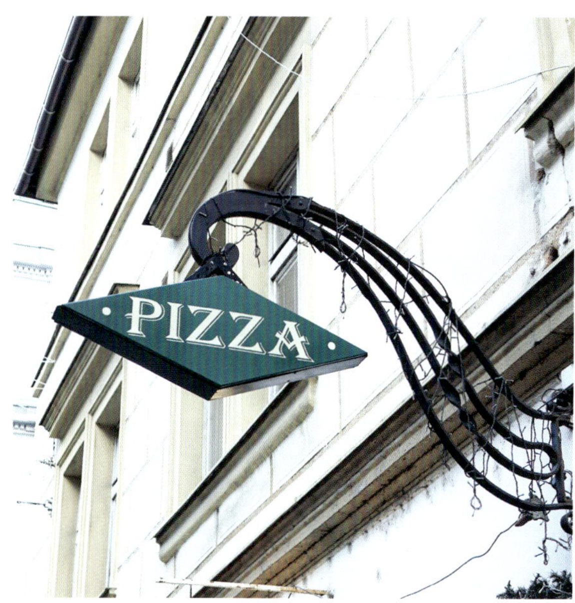

6, 7, 8, 9 맥주의 도시로 유명한 독일의 필젠, 밤베르크 거리 역시
고전적이고 현대적인 감각의 아름다운 사인들이 도시의 색다른 이미지를
연출하고 있다.

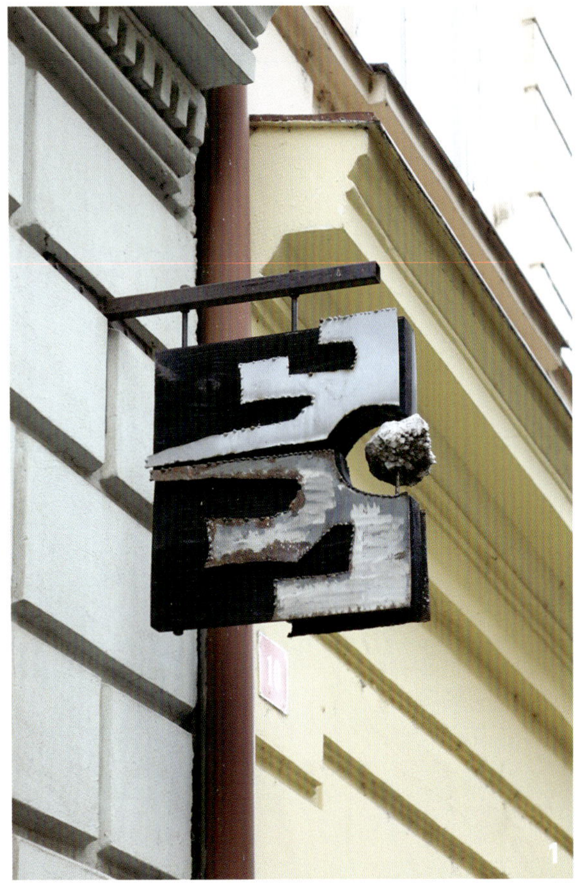

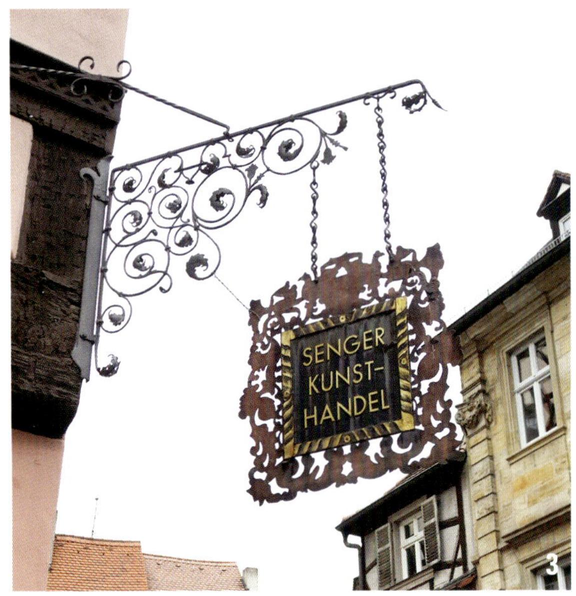

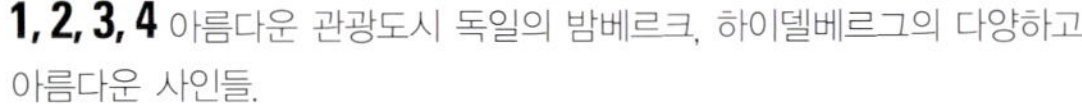

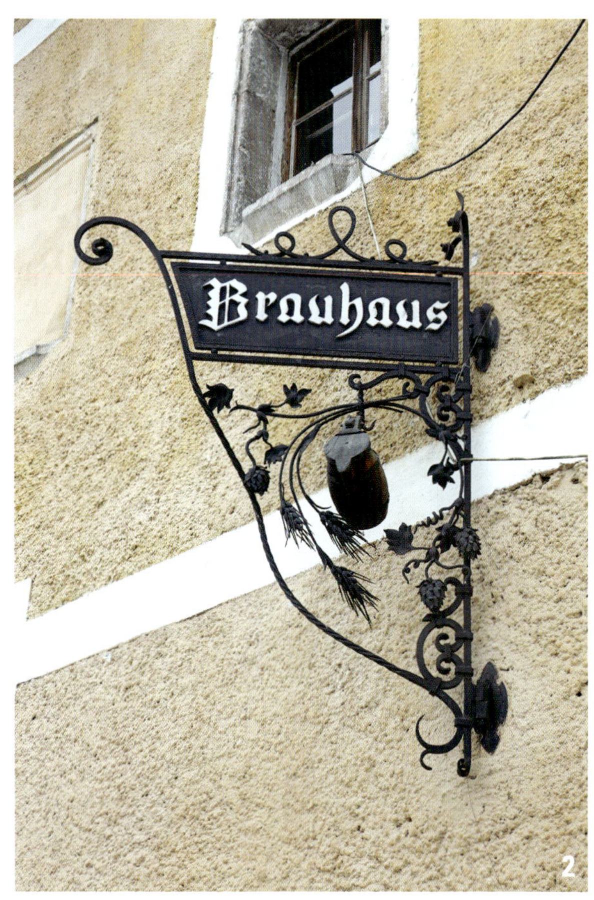

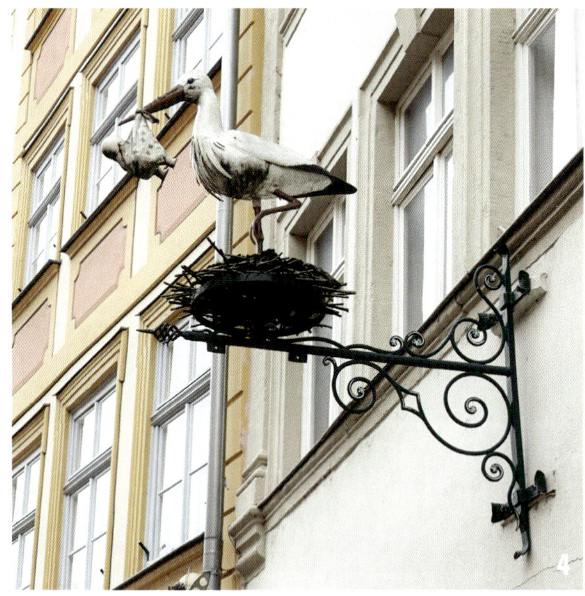

1, 2, 3, 4 아름다운 관광도시 독일의 밤베르크, 하이델베르그의 다양하고 아름다운 사인들.

5 맥주의 도시로 유명한 독일의 필젠 거리에는 개성 있고 은유적인 콘셉트의 사인들이 자주 보인다.

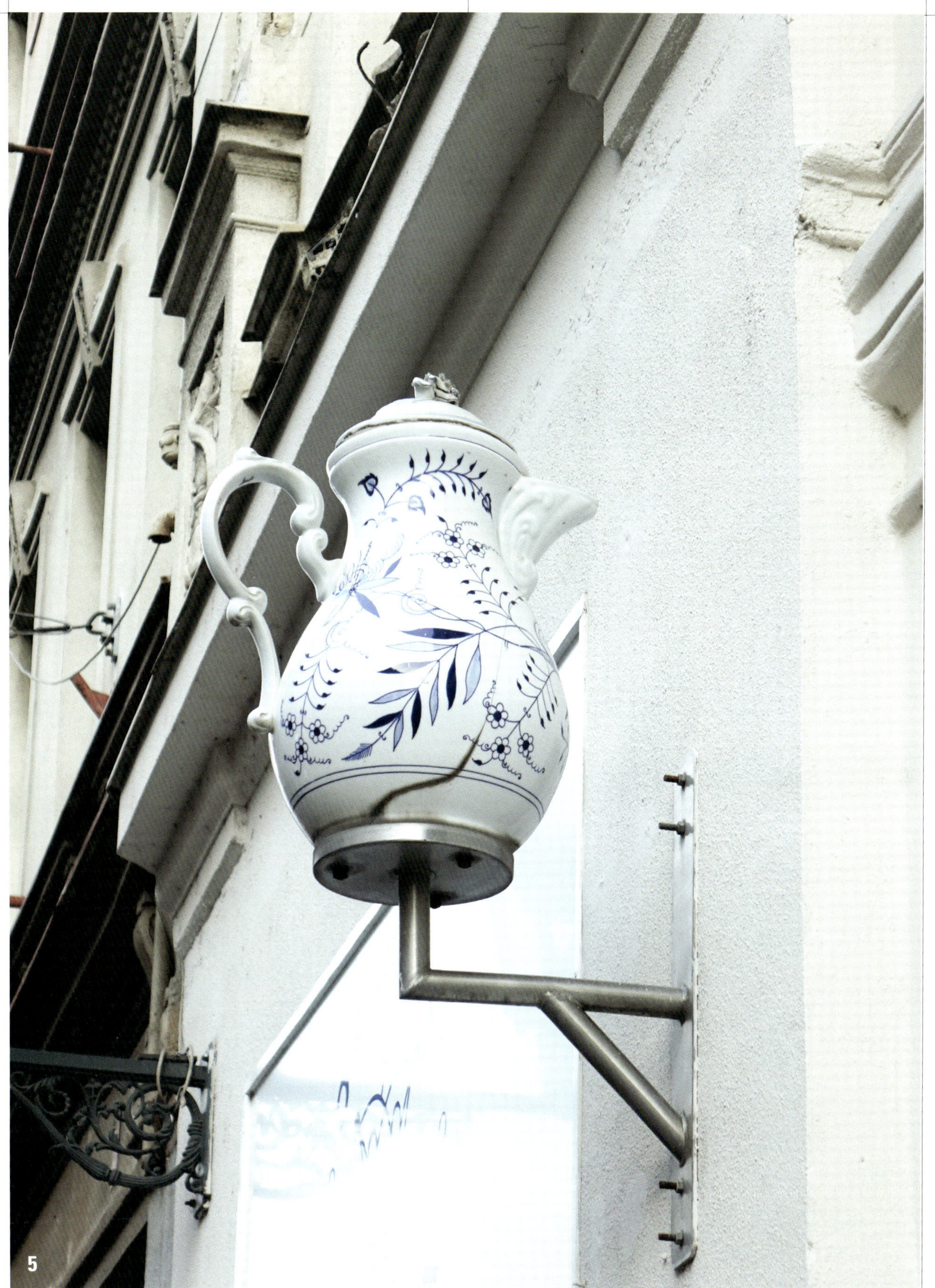

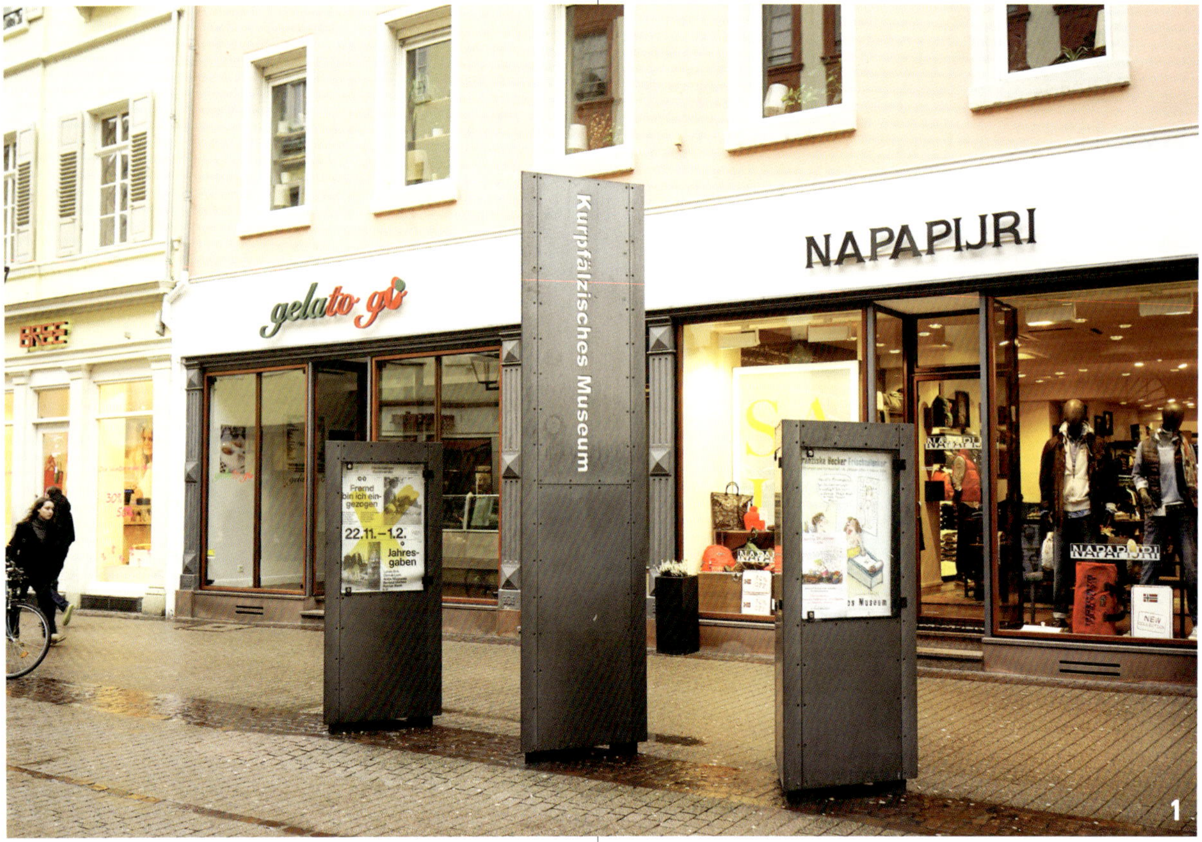

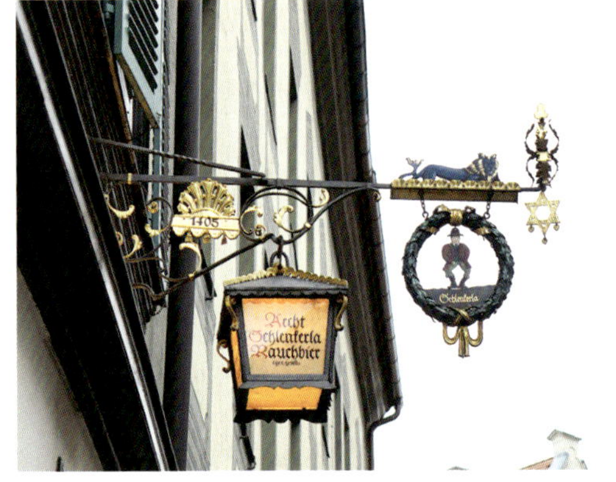
gelato to go
Kurpfälzisches Museum
NAPAPIJRI
Fremd bin ich ein-
gezogen
22.11. – 1.2.
Jahres-
gaben

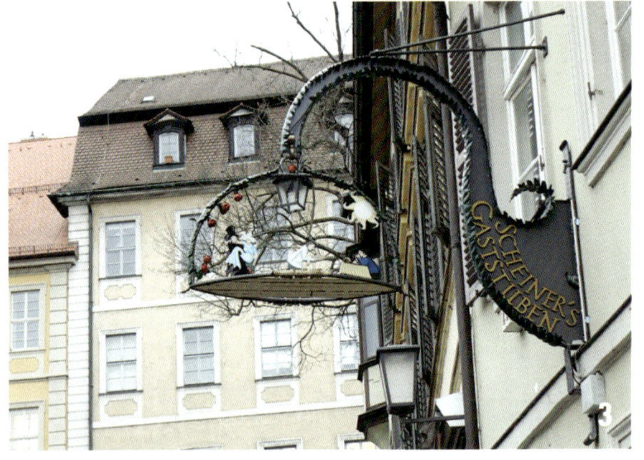

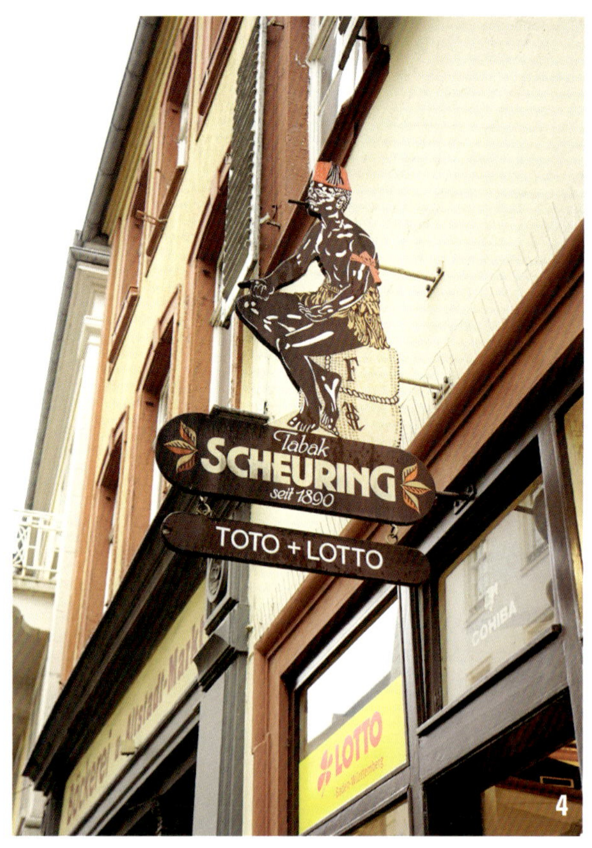
Tabak
SCHEURING
seit 1890
TOTO + LOTTO
LOTTO

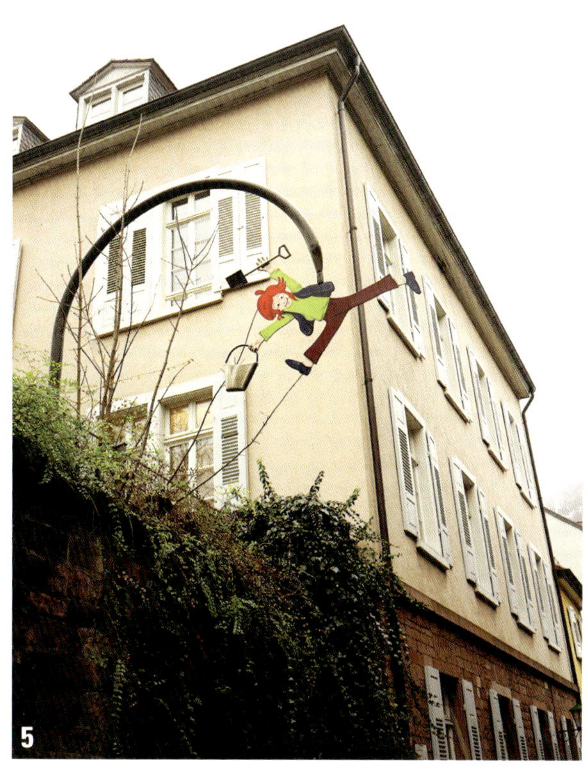

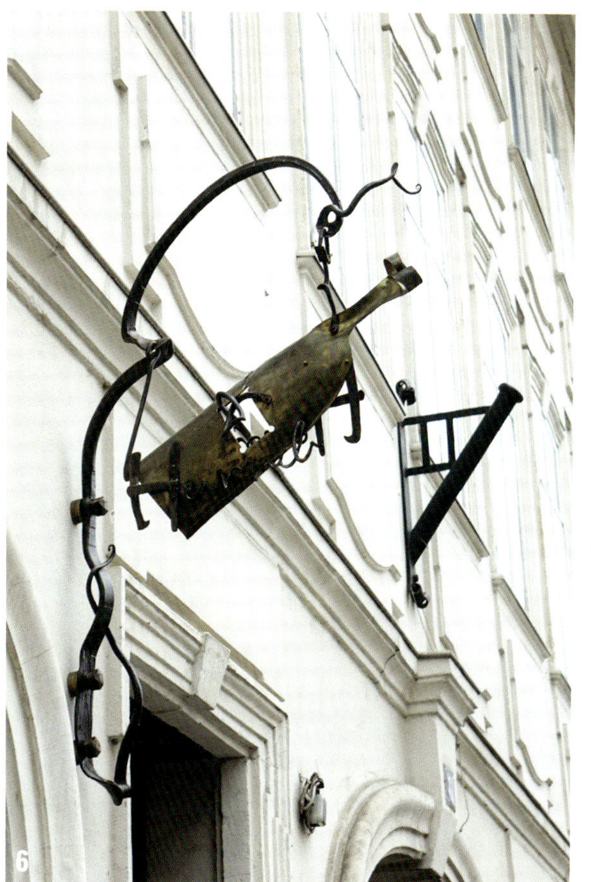

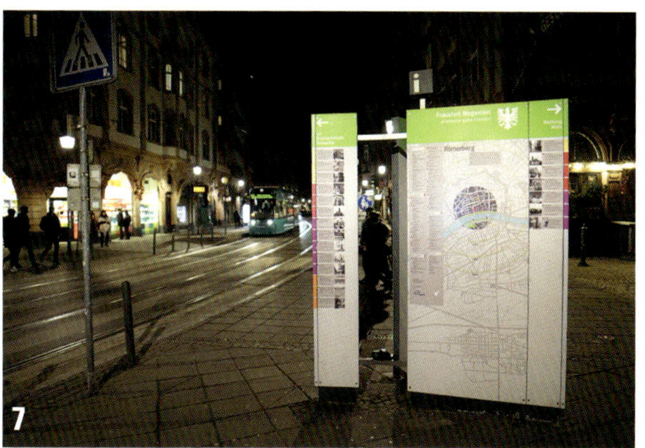

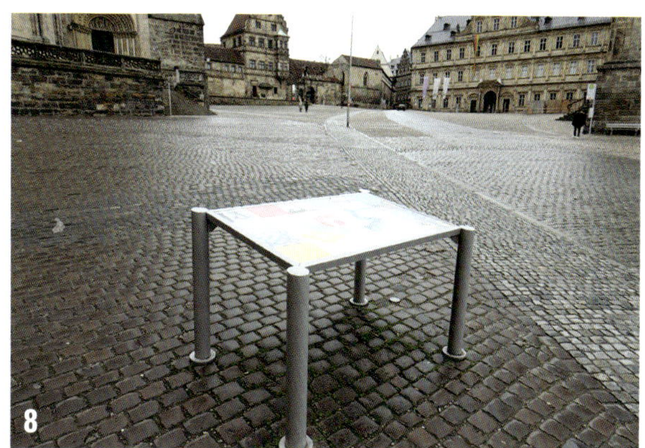

1, 2, 3, 4 아름다운 관광도시 독일의 밤베르크, 하이델베르그의 다양하고 아름다운 사인들이 도시의 이미지를 멋지게 표현하고 있다.

5 하이델베르그에서 본 아동교육기관의 사인으로 어린이의 마음과 모습을 상징적으로 나타내고 있다.

6, 8 독일 필젠의 고전적인 돌출사인과 밤베르크 광장의 테이블형 주변 안내사인.

7 독일 프랑크푸르트의 버스, 트램 정류장에는 이와같은 형태의 종합안내 사인이 곳곳에 설치되어 있다.

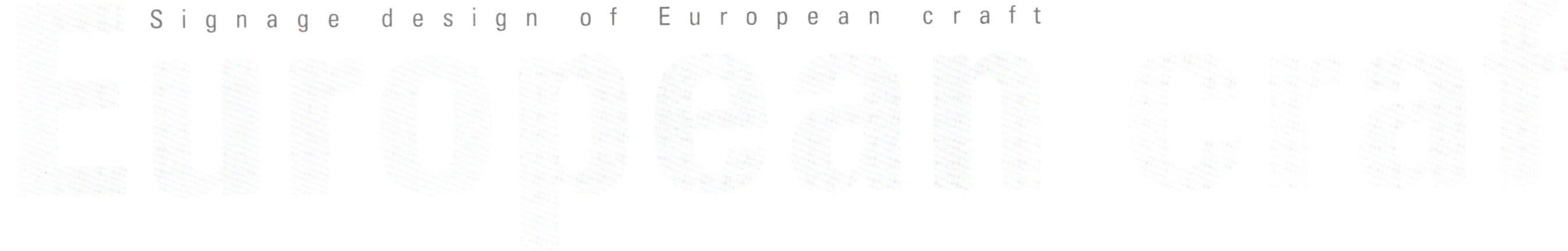
Signage design of European craft
European craft

Belgium
Luxembourg
Netherland

유럽**공예사인**
European Craft Design

2. 네덜란드, 룩셈부르크, 벨기에

각종 전달매체 가운데 시각적 자극을 통해 이루어지는 사인은 제 2의 시각언어(Visual language)이다. 신속, 정확하게 그 의미를 전달해 주어 사용자간 원활한 커뮤니케이션을 위한 정보전달 수단으로 모두가 이해할 수 있는 가장 쉬운 전달매체이다. 또한 사인은 그래픽, 심볼, 타입, 일러스트레이션 등의 표현으로 옥내 · 외 불특정 다수의 소구대상에게 일정기간 계속해서 메시지를 전달하는 시각표현물이다.

사인시스템의 첫 번째 목적은 쉽게 이해되고 행동에 옮길 수 있는 정보를 제공하는 것이며, 두 번째는 사인이 시공될 공간과 조화롭게 디자인되는 것이다. 즉, 기능적인 측면과 심미적인 측면이 모두 중요하며, 이 두 가지가 충족될 때 비로소 사인은 인지도 측면에서 향상될 수 있다. 사인은 위치(Location), 의미(Message), 정보(Information)를 나타낸다. 이러한 사인은 공간에서 하나의 커뮤니케이션 수단과 체계로서 시스템화 된다. 사인시스템 계획 시 심미적 아름다움 뿐 만 아니라 이용자의 동선을 고려한 길 찾기(Way finding)의 편리함과 함께 내용과 메시지의 명확성, 이해도 등이 고려되어져야 한다. 아울러 환경적 측면에서 그래픽 요소, 컬러, 재질까지도 고려하여 환경 친화적인 사인시스템 구축이 도시환경 디자인의 중요한 요소로 작용하고 있다.

유럽의 대도시와 중소도시의 거리에서 흔히 볼 수 있는 각종 사인들은 역사가 깊든 짧든 그곳의 이미지와 잘 어울리는 디자인으로 구성되어 있음을 자주 보게 된다. 그것은 정제(精製)된 아름다움을 느낄 수 있고, 생활 속에 내재된 예술 · 문화 마인드와 모든 공공시설물에 대한 국민들의 관심, 정부의 효율적이고도 체계적인 관리 시스템의 결과라고 생각된다. 문화선진국 유럽의

사인은 대부분 옛 것과 새로운 것이 공존하며 시각적으로 자연스럽게 다가온다. 우리처럼 크지도 않으며 원색적으로 두드러지지도 않는다. 아울러 보행을 방해하거나 건축물의 유리창을 뒤덮고 있지도 않다. 단순히 점포를 알리는 사인이 아니라 작은 예술작품같이 건축물은 물론 가로경관과 잘 어울리는 조화로운 형태로 구성되어 있는 것이다.

유럽 사인의 전형적인 모습은 입체 형태로 장식성이 강한 단철(鍛鐵) 소재이며 둘레 테두리를 장식적으로 만들었다. 아울러 심미성을 기본으로 공예기술을 강조하여 마치 고전적인 형상으로 표현한 것이 특징이다. 스위스나 오스트리아의 경우 중세의 분위기가 물씬 풍기는 지역적인 색조와 특징을 지니고 있으며 대부분의 사인들은 실내 · 외 장식, 안내판 등 기능적이고 현대적인 아름다움을 나타내고 있다. 자전거와 운하의 도시 네덜란드의 암스테르담은 물론 이번에 소개하는 룩셈부르크와 벨기에 겐트, 브뤼헤 같은 도시의 경우 아날로그적인 감성이 물씬 풍기는 아름다운 도시들이다. 마치 중세시대에 와있는 듯 착각이 들 정도로 고전적이며 독특한 사인들이 저마다의 개성을 뽐내면서 전 세계의 관광객들을 맞이하고 있다. 특히 도심 거리나 명소주변의 전통적인 사인은 현대적인 디자인 감각과 함께 자연환경이 하나로 융합된 이미지를 연출하고 있다. 마치 사인이 지역과 그 업소의 역사적인 이야기들로 구성되어 표현하고 있는 느낌이다. 중세시대부터 현대까지 이어져오는 수많은 사연과 풍속 등 역사적인 콘텐츠를 함축하고 있는 사인의 모티브는 다양하다. 아울러 밤거리의 조명이나 사인의 조명 또한 우리처럼 형형색색의 요란하지도 않고 나트륨 조명(백열등색) 색상으로 은근하게 구성되어 도시의 야경을 더 아름

답게 만들어주고 있다. 사인도 하나의 공예작품이다.
세계적인 문화도시의 잘 된 사인은 거리의 공예작품
으로 도시의 이미지를 아름답게 연출하고 있다.
단순히 기호나 시각전달 매체 결과물이 아니라 그 나라,
그 지역의 문화와 역사, 스토리를 간직한 공예작품의
기능을 가지고 있다. 유럽의 사인은 대부분 '건축과
환경'을 중시하여 도시 가로경관과의 조화를 최우선
으로 고려하여 제작한다. 또한 각 지역의 개성과 특색을
담아 표현하는 커뮤니티 사인의 역할은 물론, 매력적인
도시공간을 창출하기 위해 지속적으로 관리하고 있다.

지역의 특색에 맞는 사인을 디자인을 한다는 것은 매우
중요한 요소이다. 자연과 지역문화를 반영한 경관이
형성되기 어려운 오늘날의 도시환경에서 사인은 지역의
정보를 전달하고 도시사용자들과 커뮤니케이션 할 수
있는 중요한 미디어이기 때문이다. 국내의 사인디자인
역시 성공적인 좋은 사례를 분석하고 검토하여
재 창조 하려는 노력이 필요하다. 해외의 우수한
사례들을 찾아보고 검토하는 과정을 거쳐 가장
적합한 것을 찾아내고, 그것에 우리만의 개성과 문화
적인 요소를 반영한다면 가장 우리다운 모습의 아름
다운 도시를 창출해 낼 수 있다. 이것은 결국 도시경관,
도시 전체의 이미지는 물론 도시브랜드 향상과 국가
경쟁력으로 연결되기 때문이다.

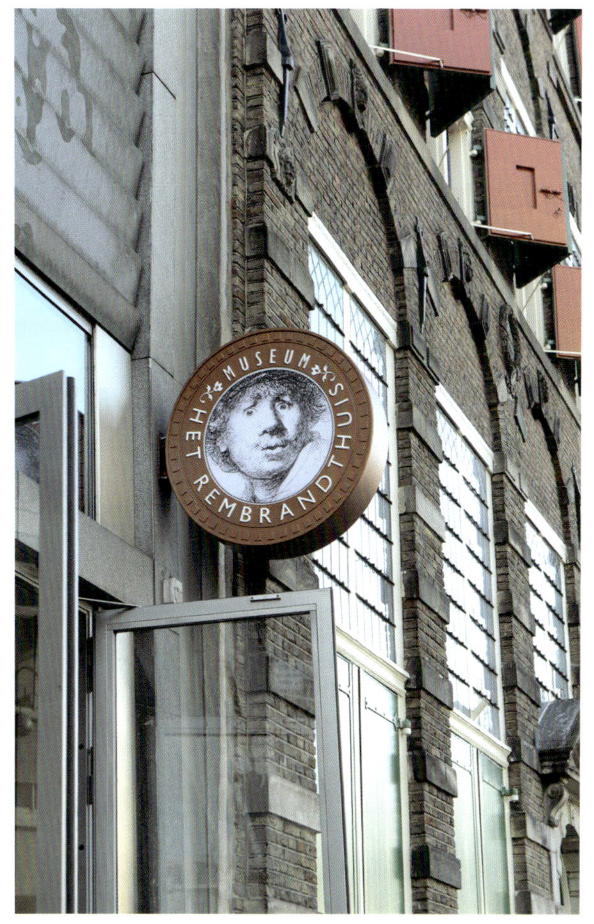

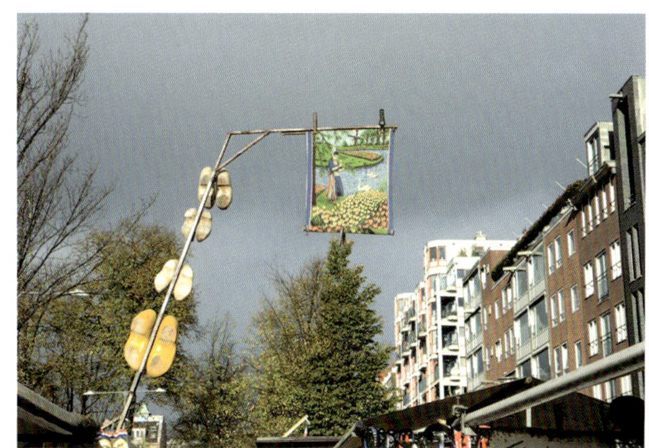

네덜란드 암스테르담에는 다양한 현대적인 사인과 함께 고전적인 형태의
수공예 사인들을 만날 수 있다.

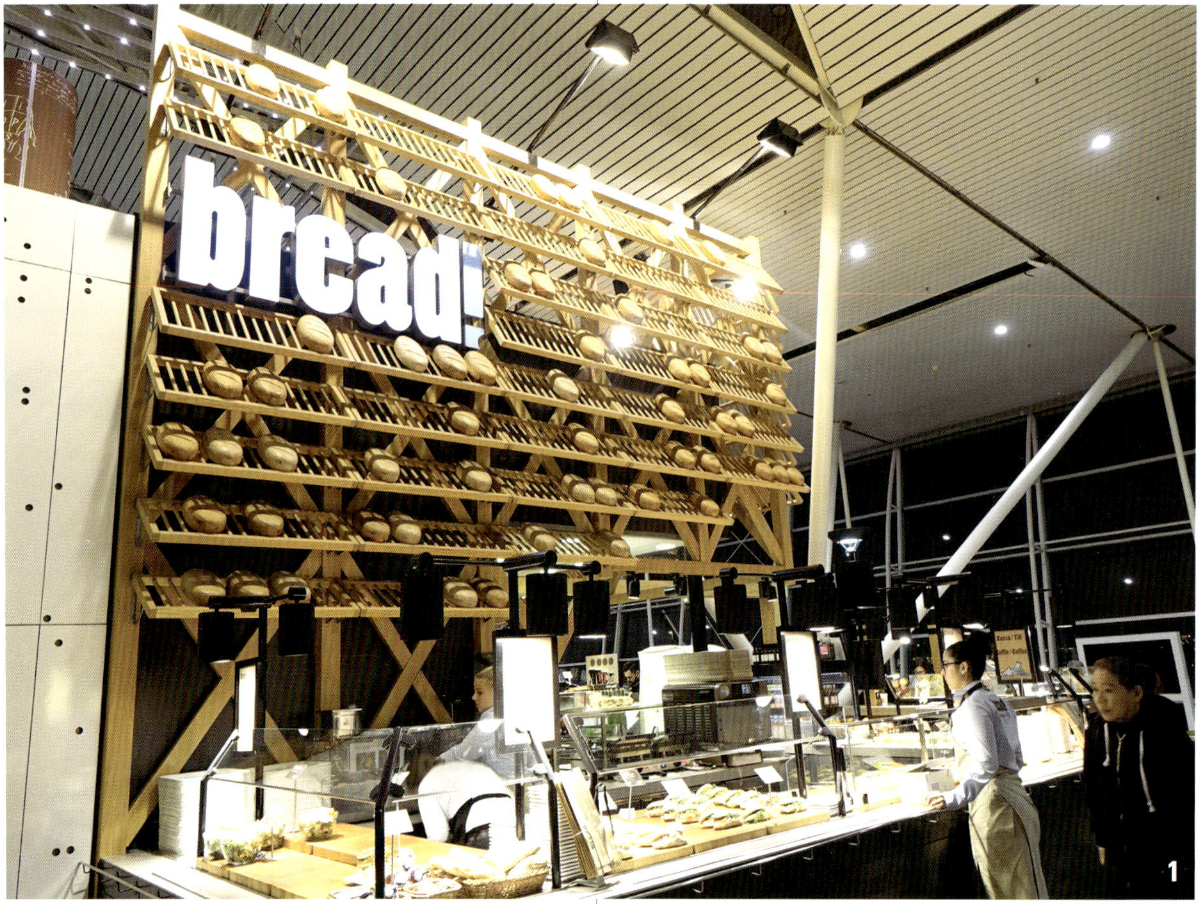

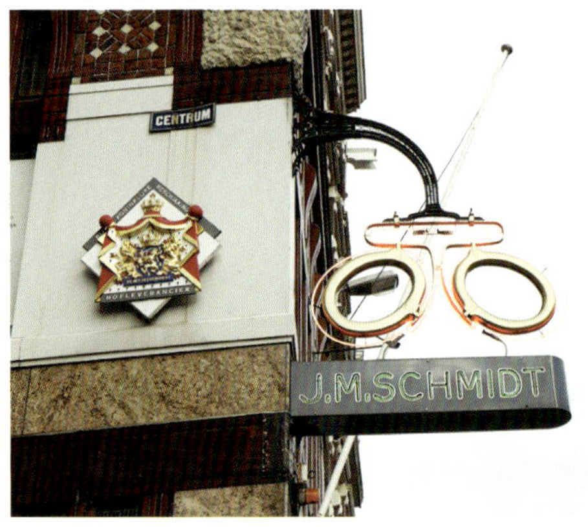

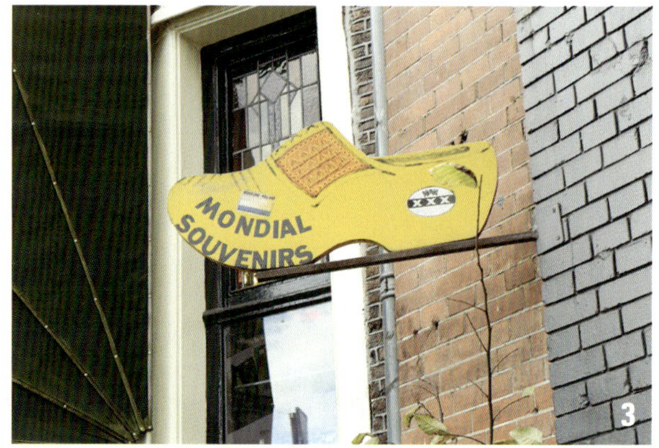

1 네덜란드 암스테르담에 위치한 세계적인 스키폴 공항에는 24시간 많은 여행객들이 세계 곳곳으로 환승하는 곳이다. 각 구역별 독특한 형태와 콘셉트의 사인과 인테리어는 꾸준히 스케일 업하고 있다는 느낌이다.

2, 3 암스테르담 거리 곳곳에는 아날로그적인 수공예 사인들을 가끔 볼 수 있다.

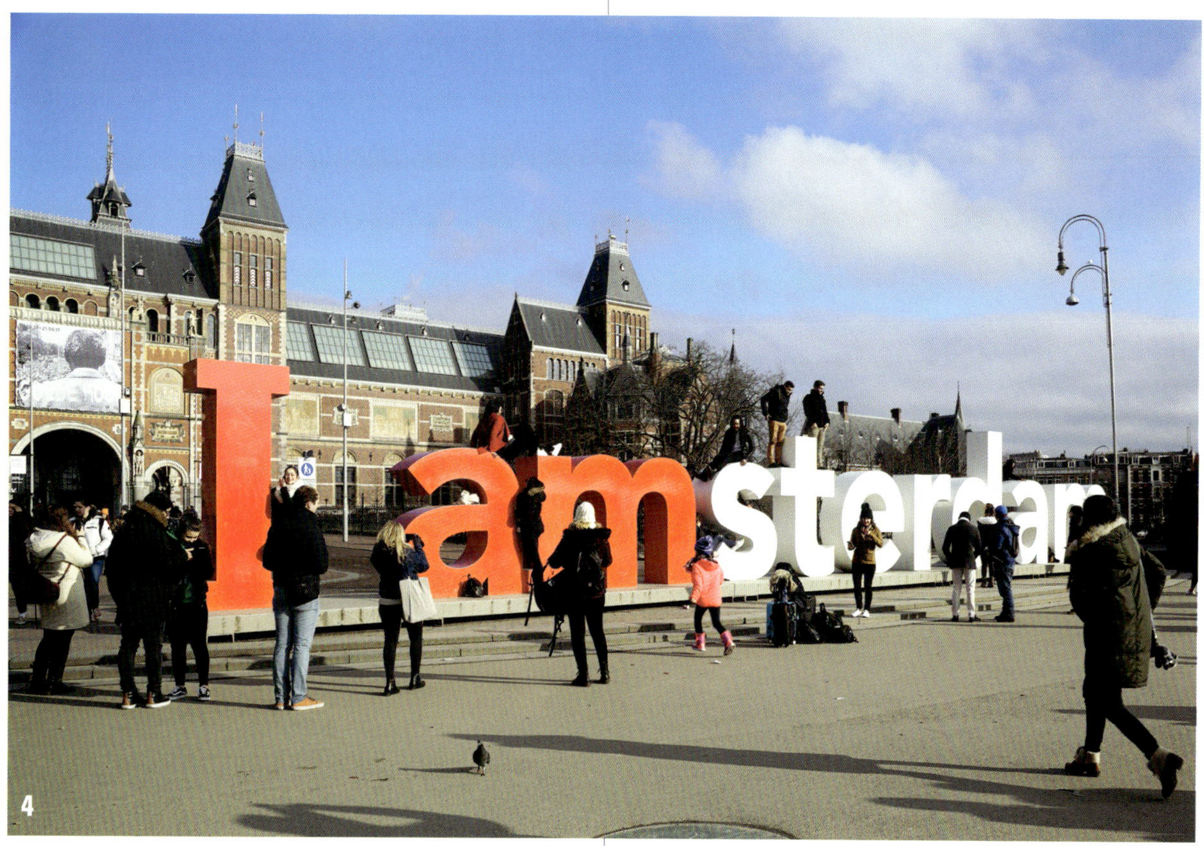

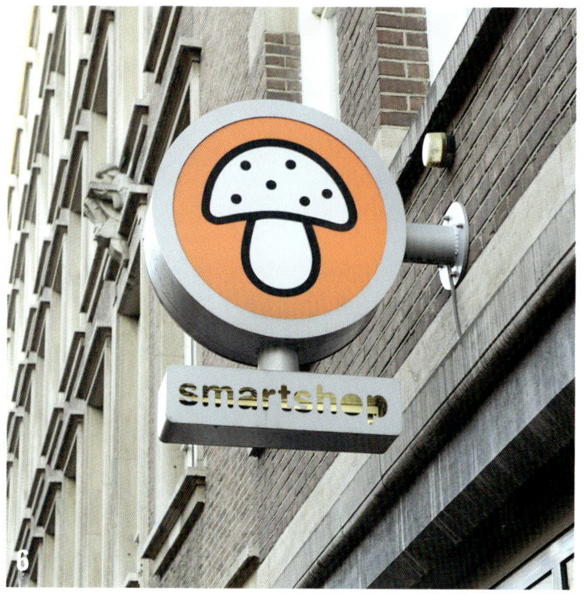

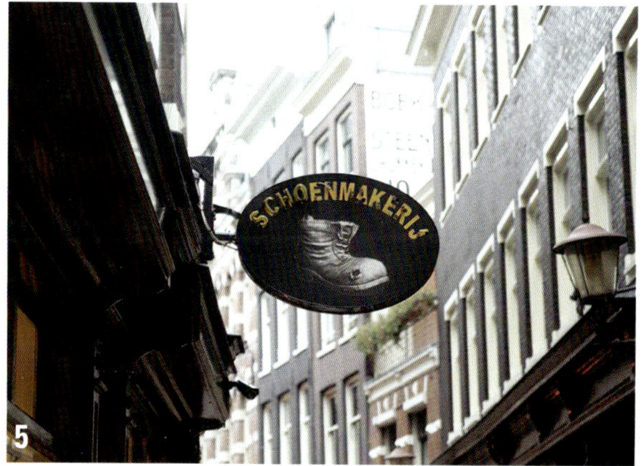

4 세계적인 도시브랜딩의 아이콘인 네덜란드 암스테르담에는 대형 포토존의 역할을 하고 있는 입체문자형 조형물이 설치되어 있다. 이곳의 영향으로 세계의 여러 도시에도 다양한 입체문자형 조형물이 설치되었다.

5, 6 암스테르담 거리에는 현대적, 근대적, 고전적인 수공예 사인들을 다양하게 만날 수 있다.

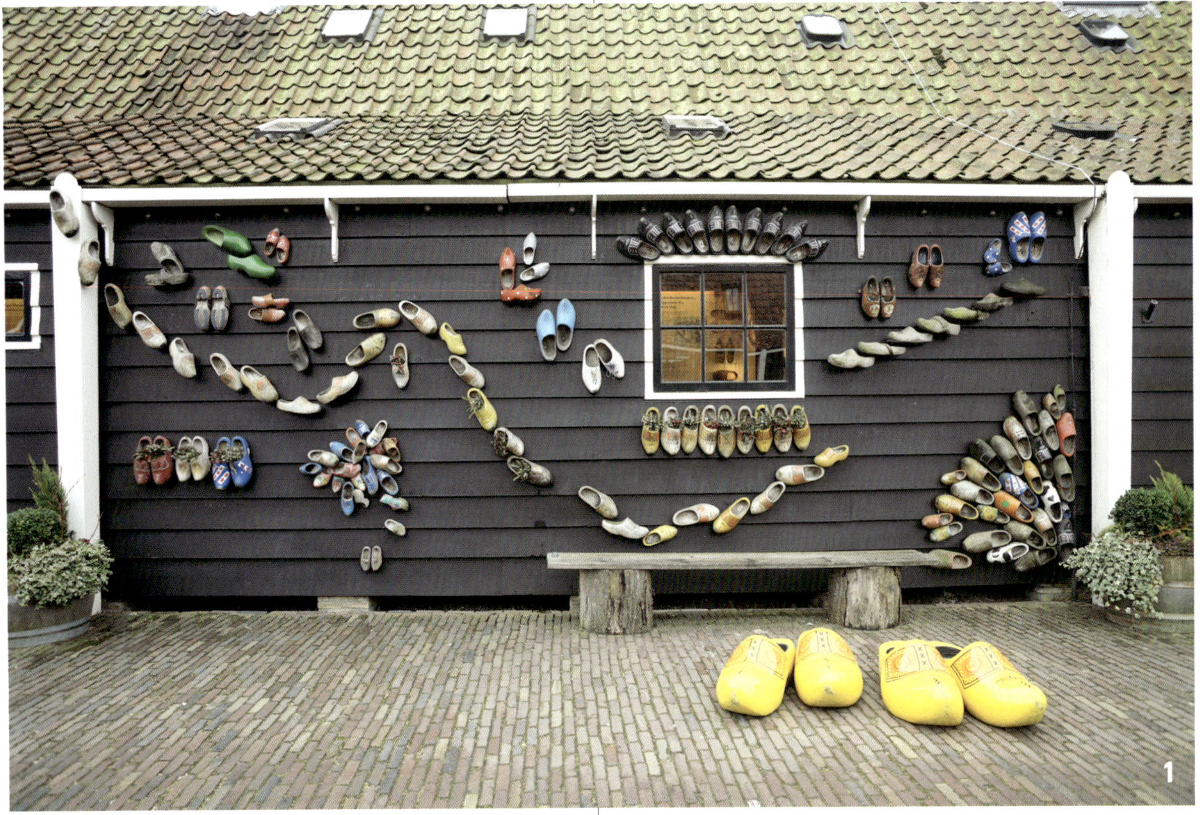

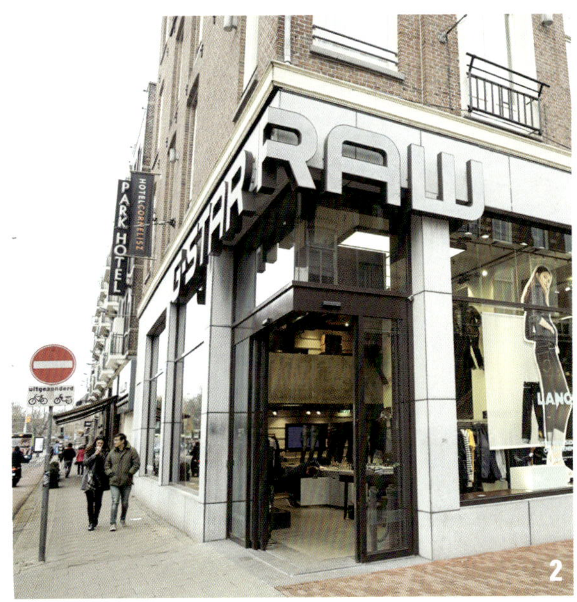

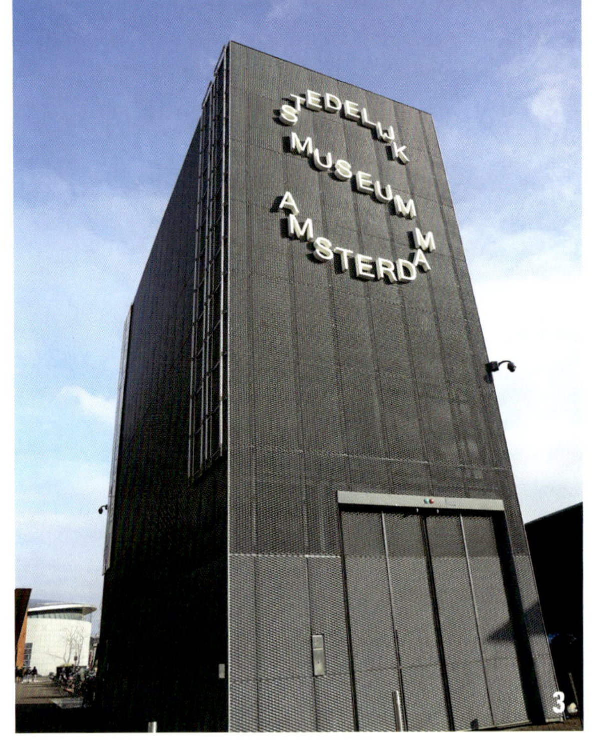

2, 3 암스테르담 거리 곳곳에는 현대적인 형태의 사인들이 다양한 이미지로 관광대국 네덜란드를 표현하고 있다.

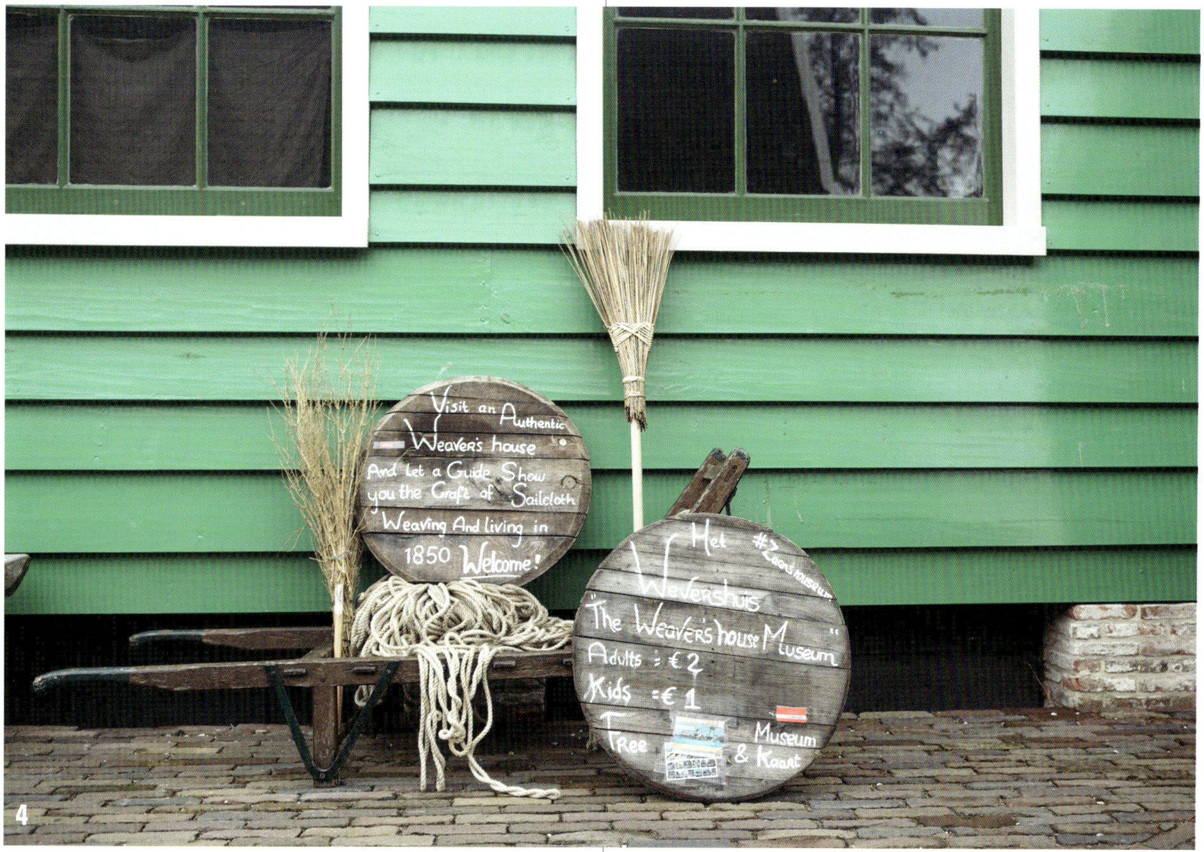

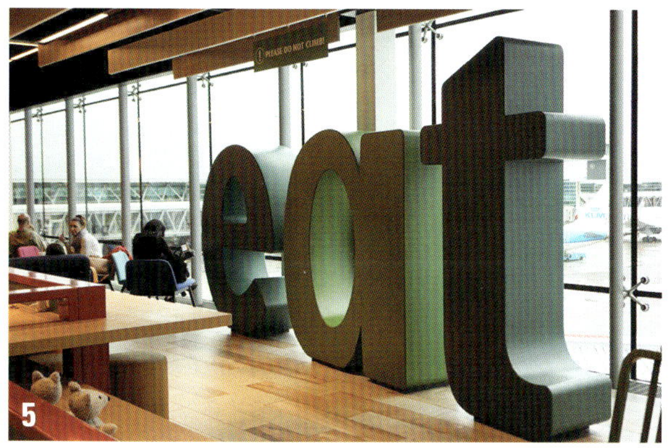

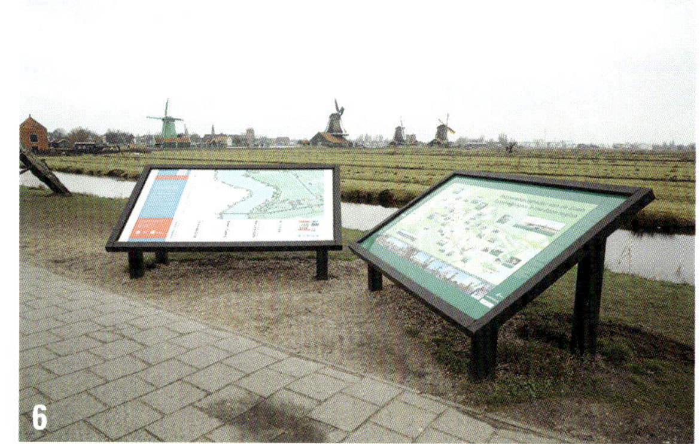

1, 4, 6 네덜란드의 풍차마을로 유명한 잔세스칸스의 목재를 활용한 아날로그적인 사인들.

5 세계적인 스키폴 공항에는 24시간 많은 여행객들이 세계 곳곳으로 환승하는 곳이다. 각 구역별 사인과 인테리어는 디자인 전공자의 눈을 즐겁게 하는데 푸드 코트가 있는 곳에는 대형 입체사인이 설치되어 있다.

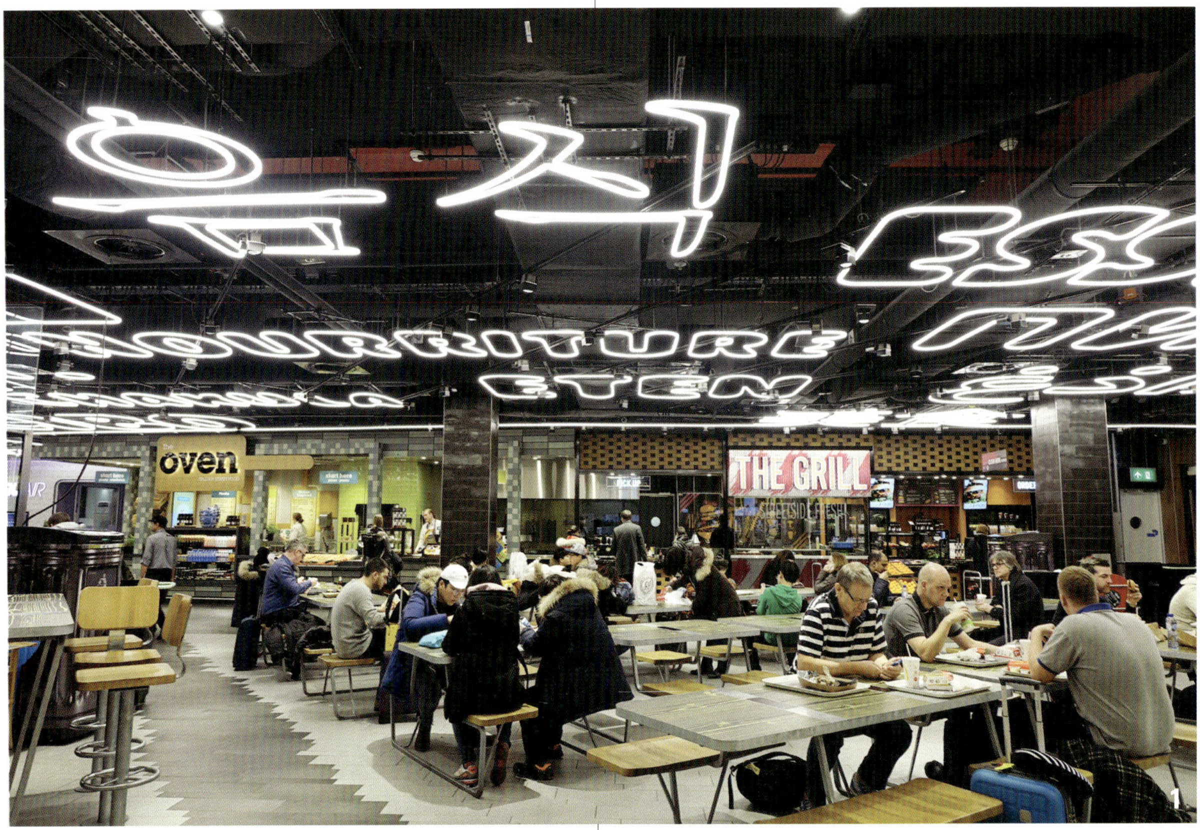

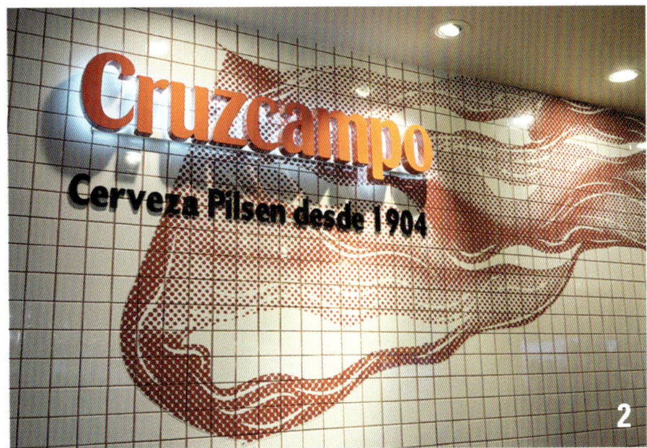

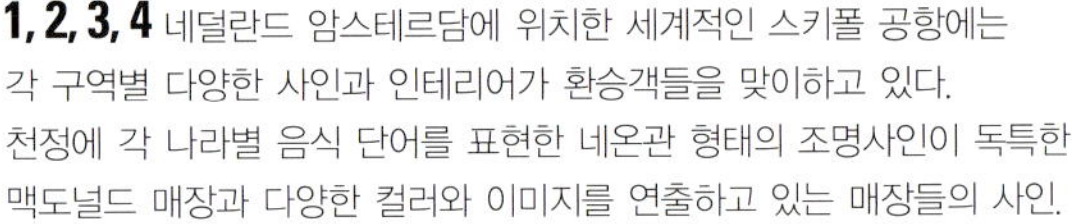

1, 2, 3, 4 네덜란드 암스테르담에 위치한 세계적인 스키폴 공항에는
각 구역별 다양한 사인과 인테리어가 환승객들을 맞이하고 있다.
천정에 각 나라별 음식 단어를 표현한 네온관 형태의 조명사인이 독특한
맥도널드 매장과 다양한 컬러와 이미지를 연출하고 있는 매장들의 사인.

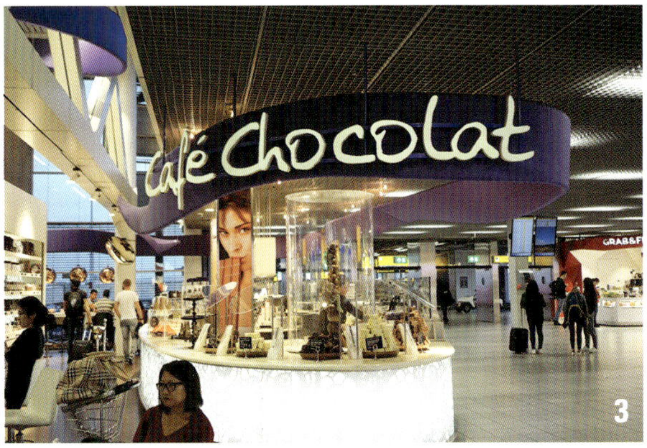

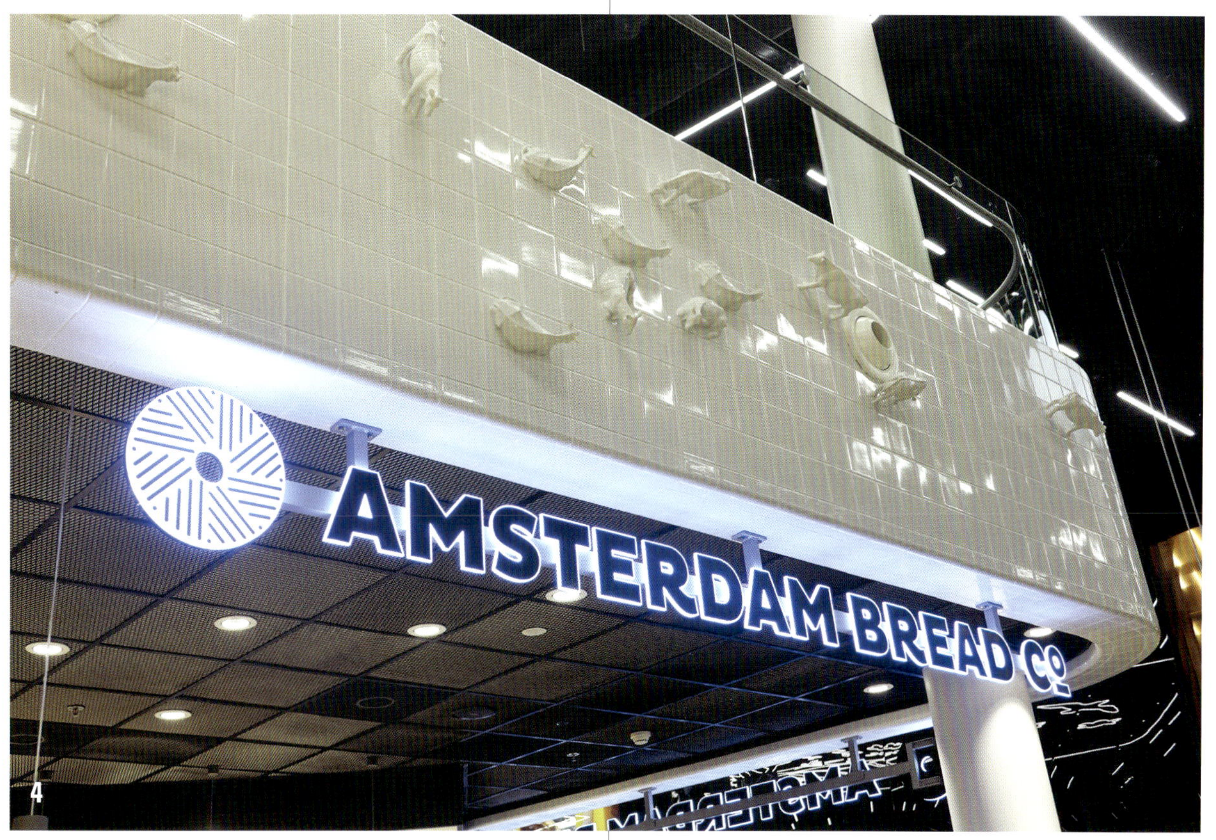

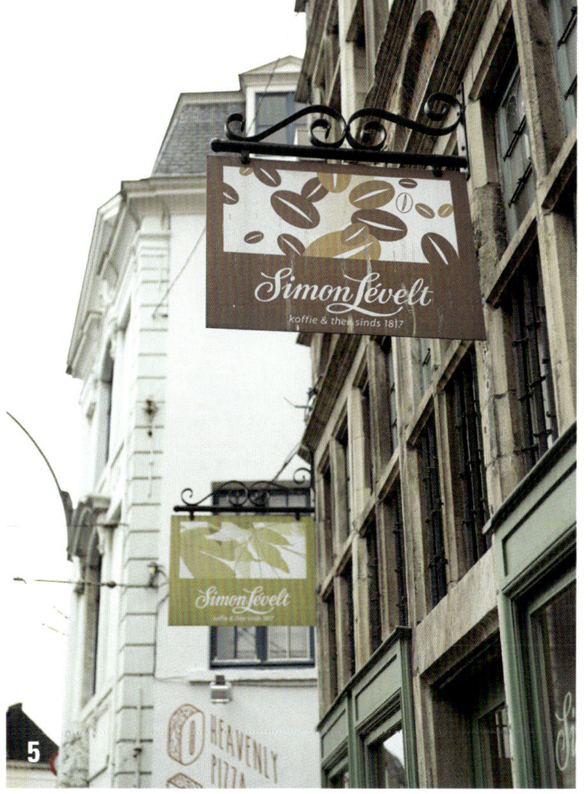

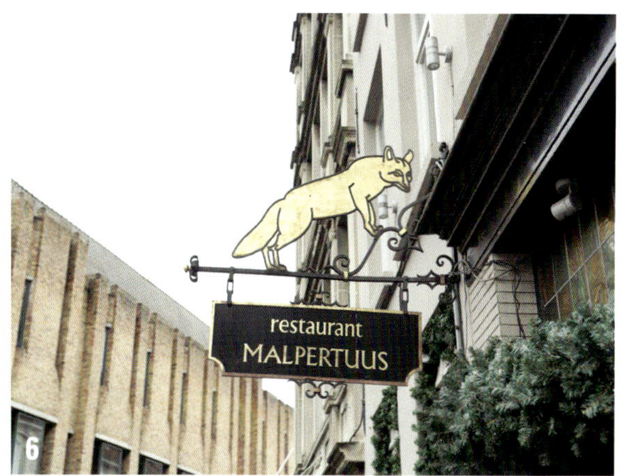

5, 6 아름다운 관광도시 벨기에 겐트의 거리 역시 독일의 하이델베르그나 다른 작은 도시들처럼 다양하고 아름다운 사인들이 도시의 이미지를 멋지고 고급스럽게 표현하고 있다.

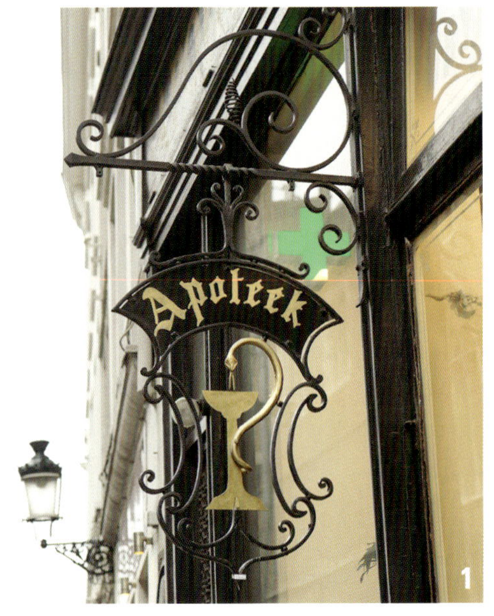

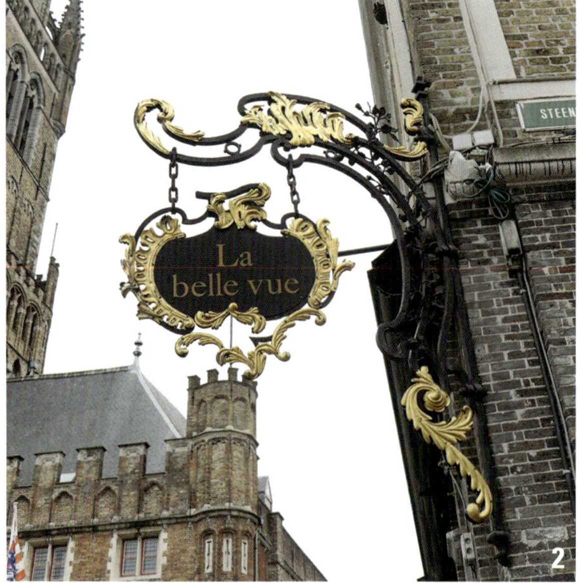

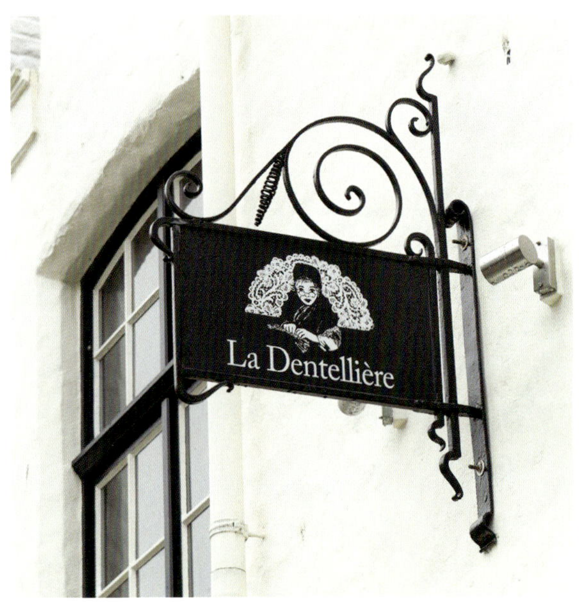

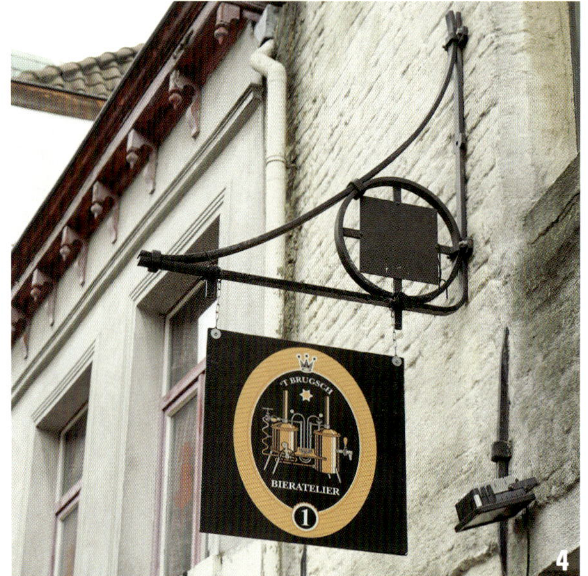

1, 2, 3, 4, 5 아름다운 관광도시 벨기에 겐트, 브뤼셀의 거리 역시 독일의 하이델베르그나 뤼데스하임 등 다른 작은 도시들처럼 다양하고 아름다운 고전적인 형태의 사인들이 도시의 이미지를 멋지게 표현하고 있다.

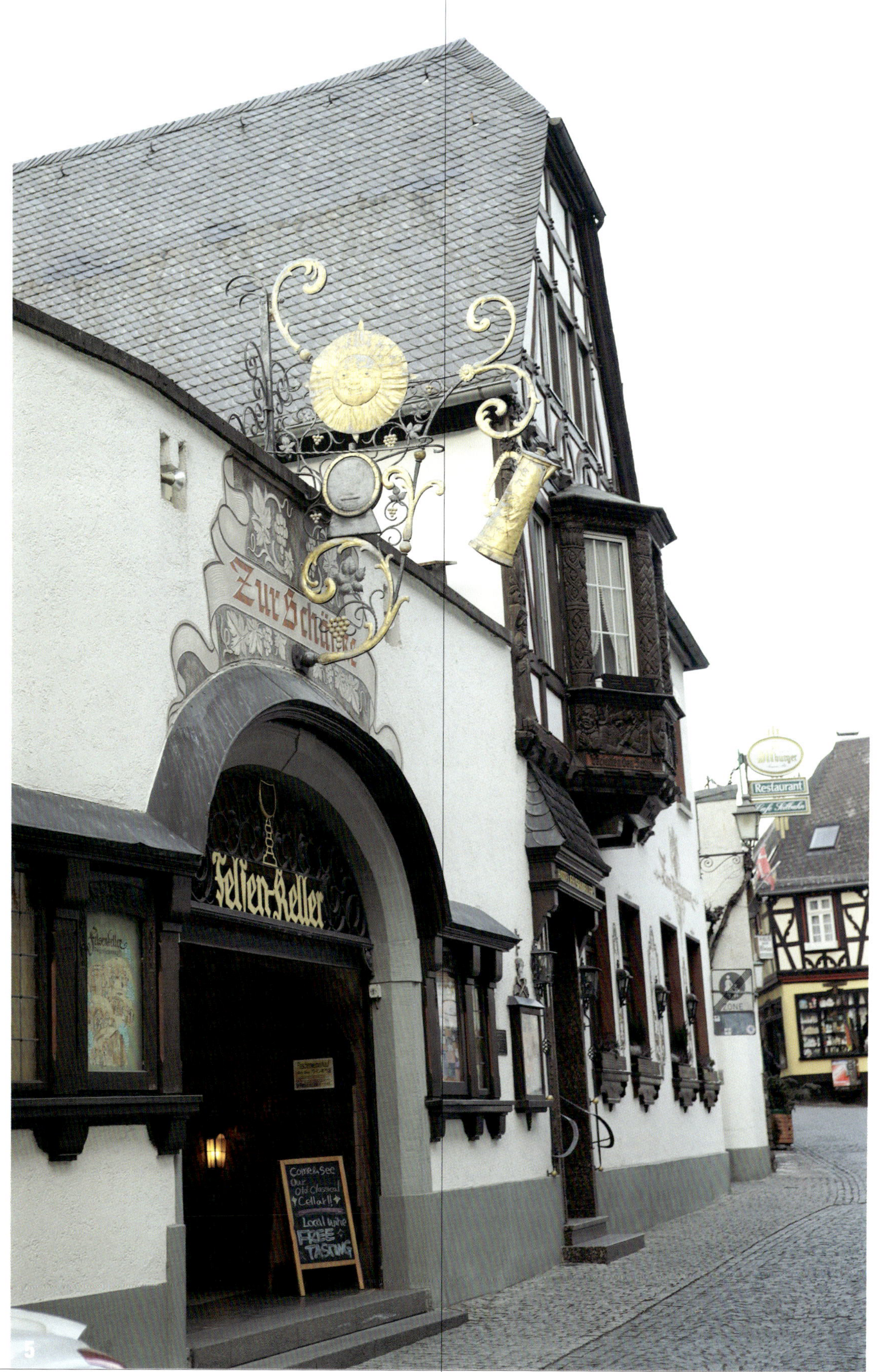

Zur Schönen
Felsen-Keller
Come & See
Our
Old Glorious
Cellar!!
Local wine
FREE
TASTING
Restaurant

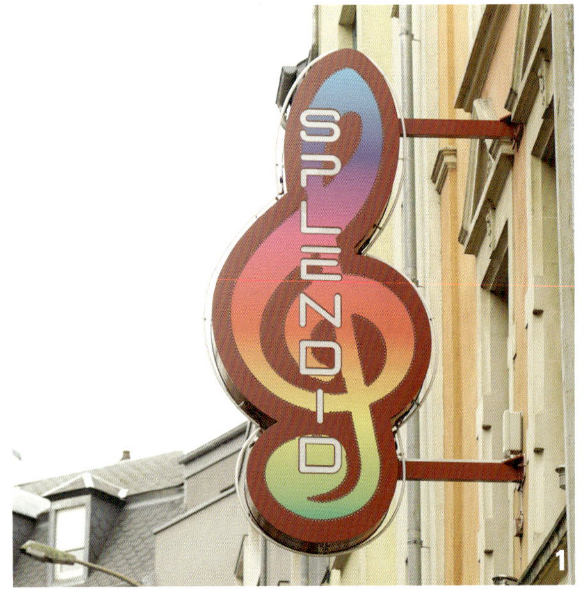

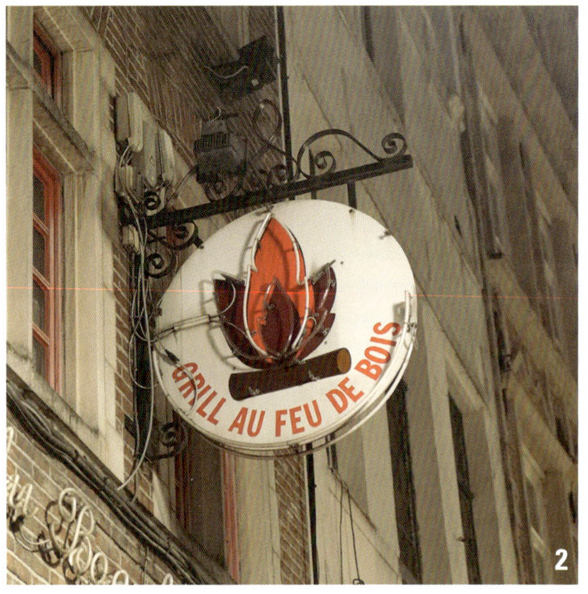

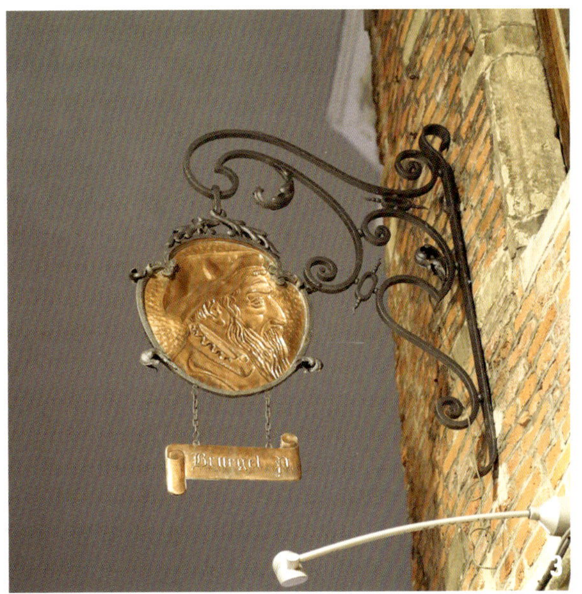

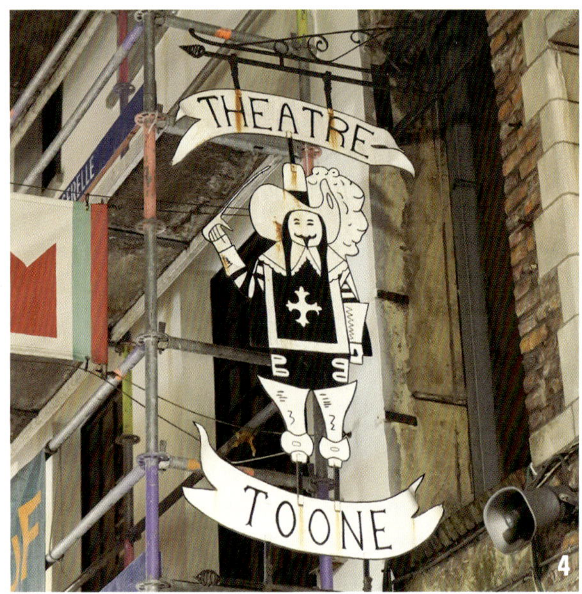

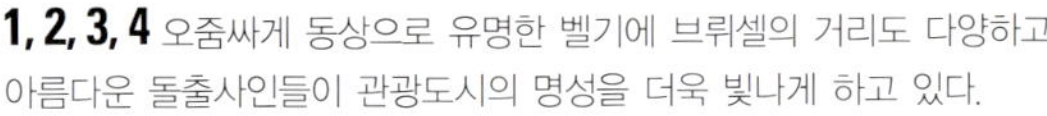

1, 2, 3, 4 오줌싸게 동상으로 유명한 벨기에 브뤼셀의 거리도 다양하고
아름다운 돌출사인들이 관광도시의 명성을 더욱 빛나게 하고 있다.

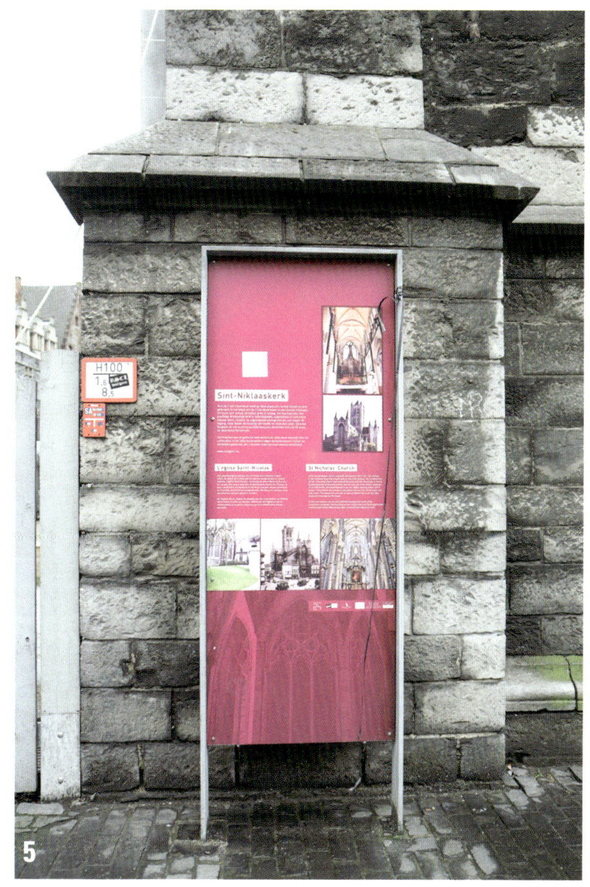

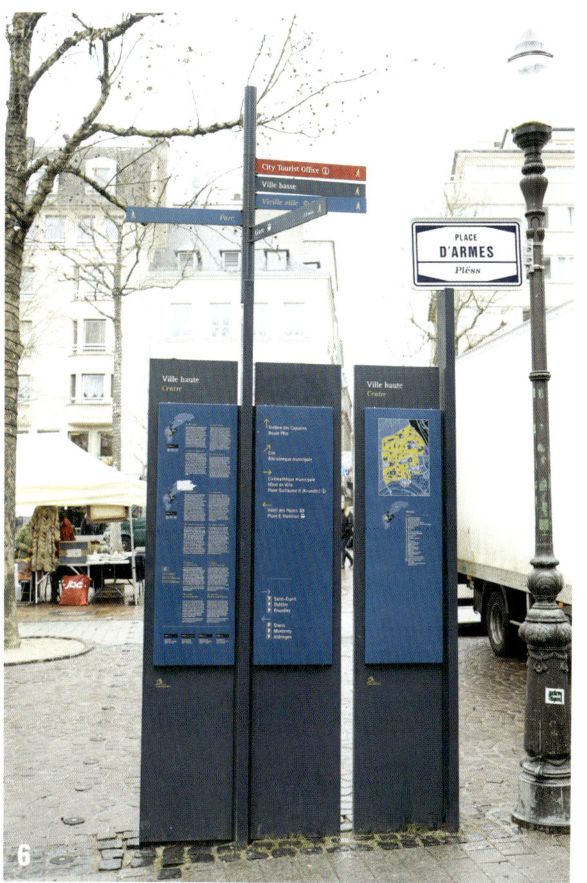

5, 6, 7 아름답고 깨끗한 이미지를 보여주는 벨기에 브뤼헤의 거리에는
명확한 도시정보는 안내해주는 정보 안내사인과 개성적인 형태의 사인들을
많이 볼 수 있다.

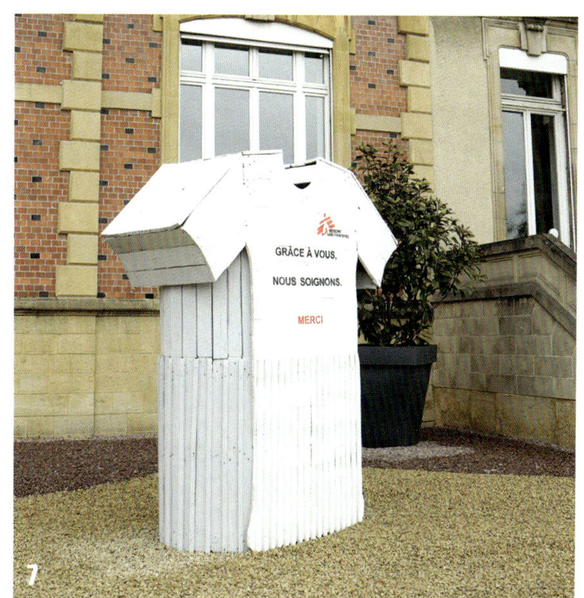

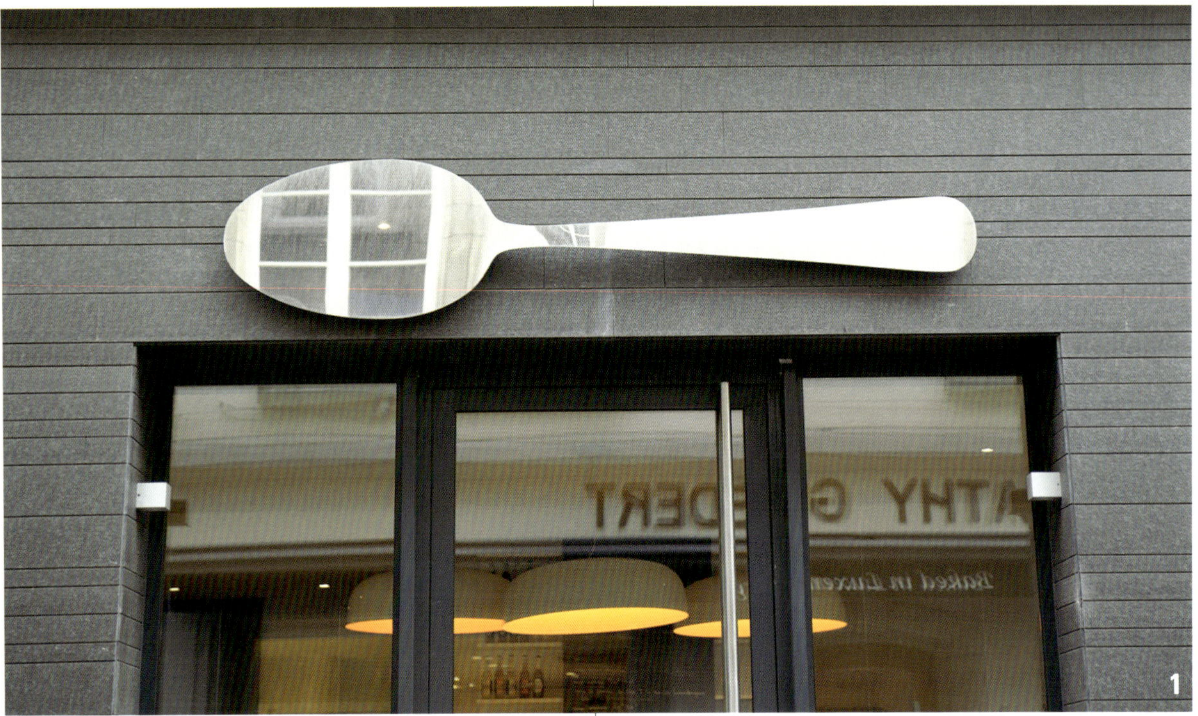

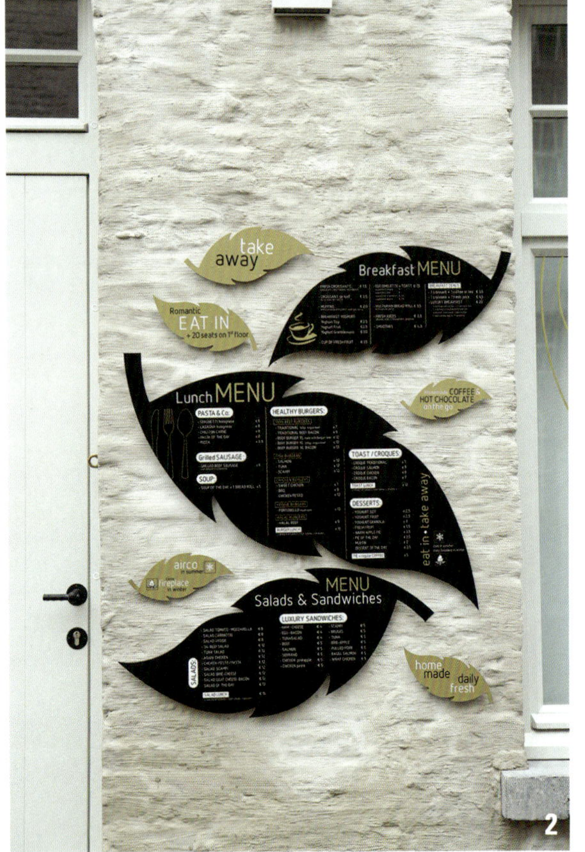

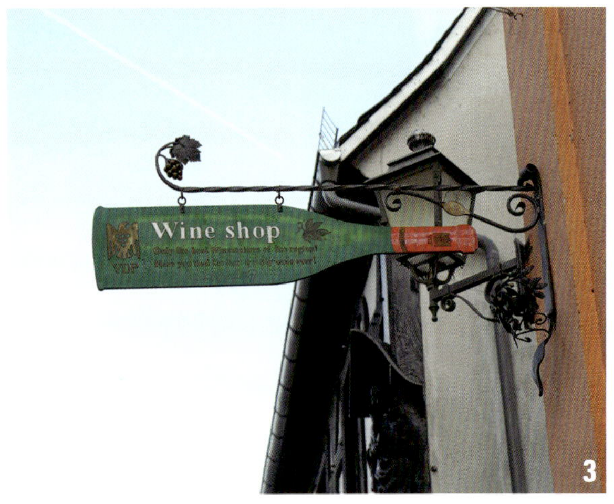

1, 2, 3, 4 아름답고 깨끗한 이미지를 보여주는 벨기에 브뤼헤의 거리에는 점포마다 개성 있는 콘셉트의 사인들을 많이 볼 수 있다.
국내의 사인과 다르게 오랜기간 숙성된 아이디어와 개념으로 디자인하여 완성도가 높다는 느낌을 갖게된다.

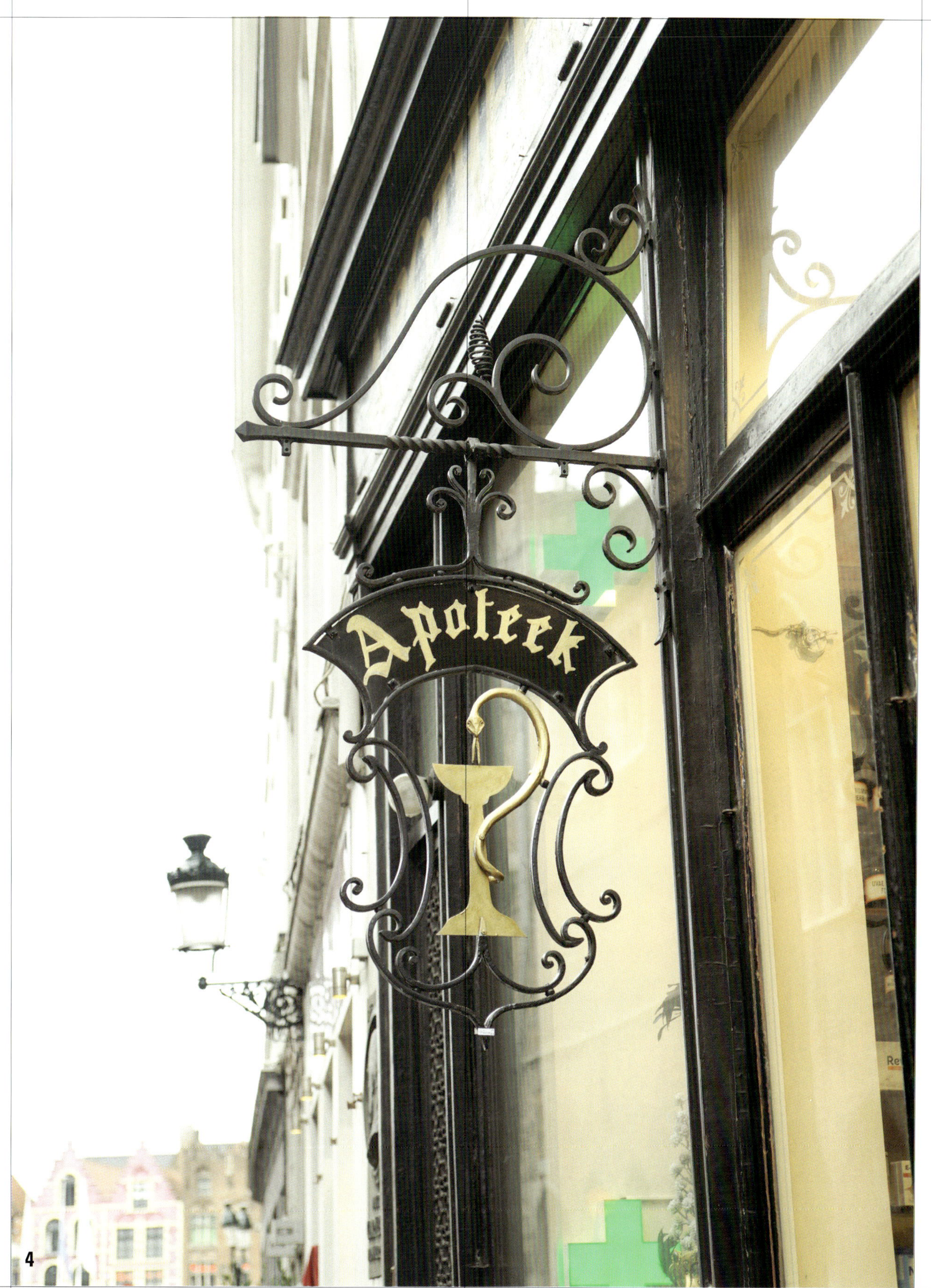
Apoteek

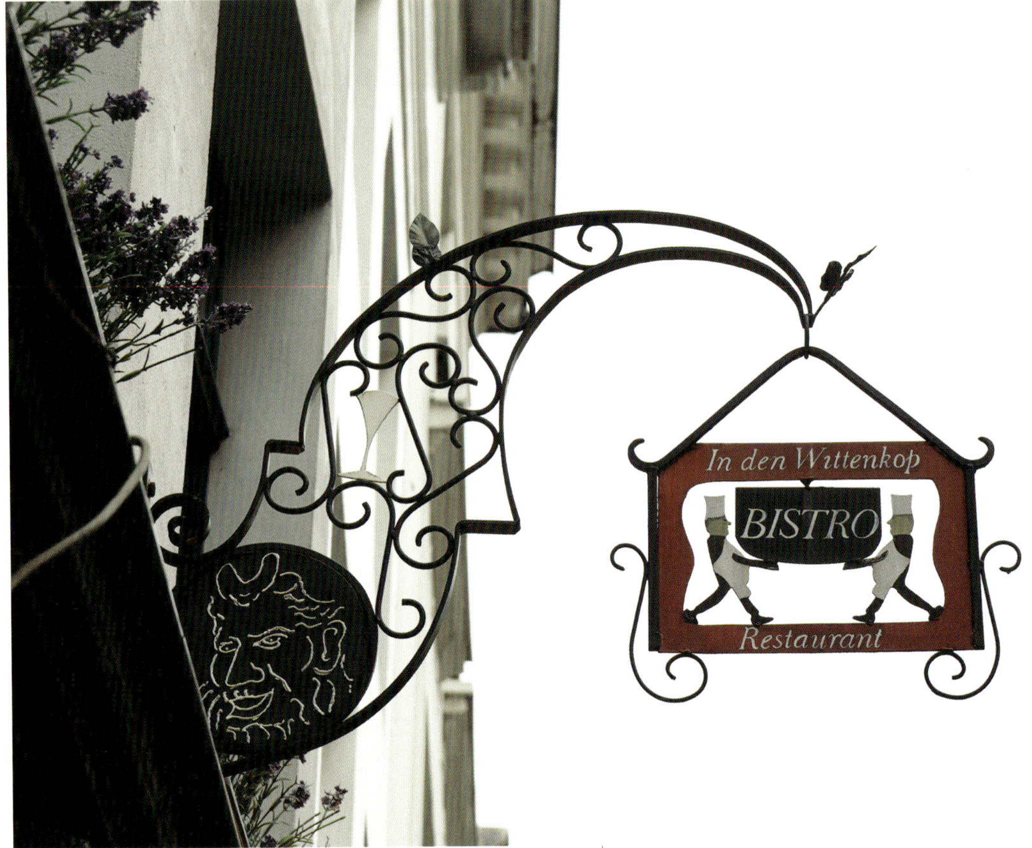

1

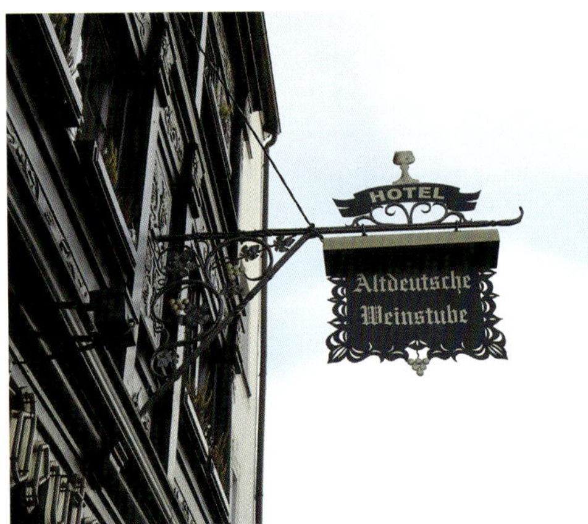

2

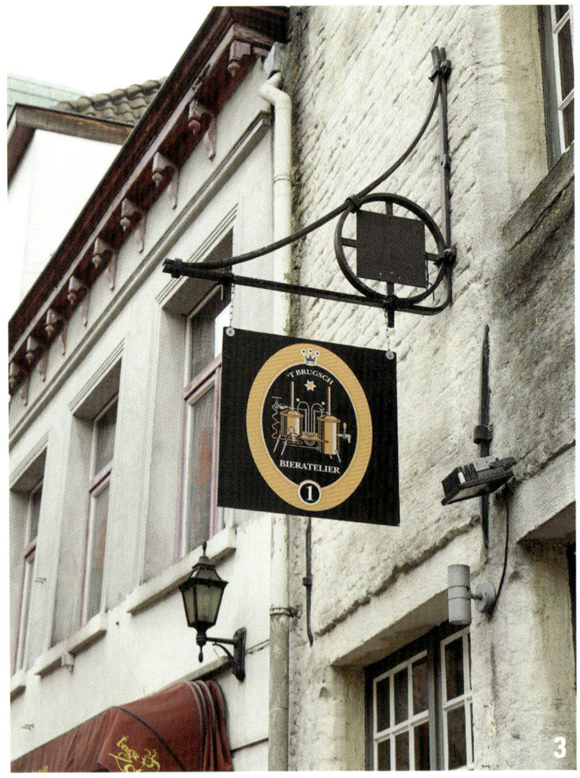

3

1, 2, 3, 4 중세도시의 이미지를 간직한 룩셈브르크와 독일 뤼데스하임 주변의 작은 도시들에서 만난 아름답고 고전적이면서도 현대적인 감각을 보여주는 사인들. 다양한 스토리와 콘셉트로 거리의 이미지를 더욱 아름답게 만들어준다.

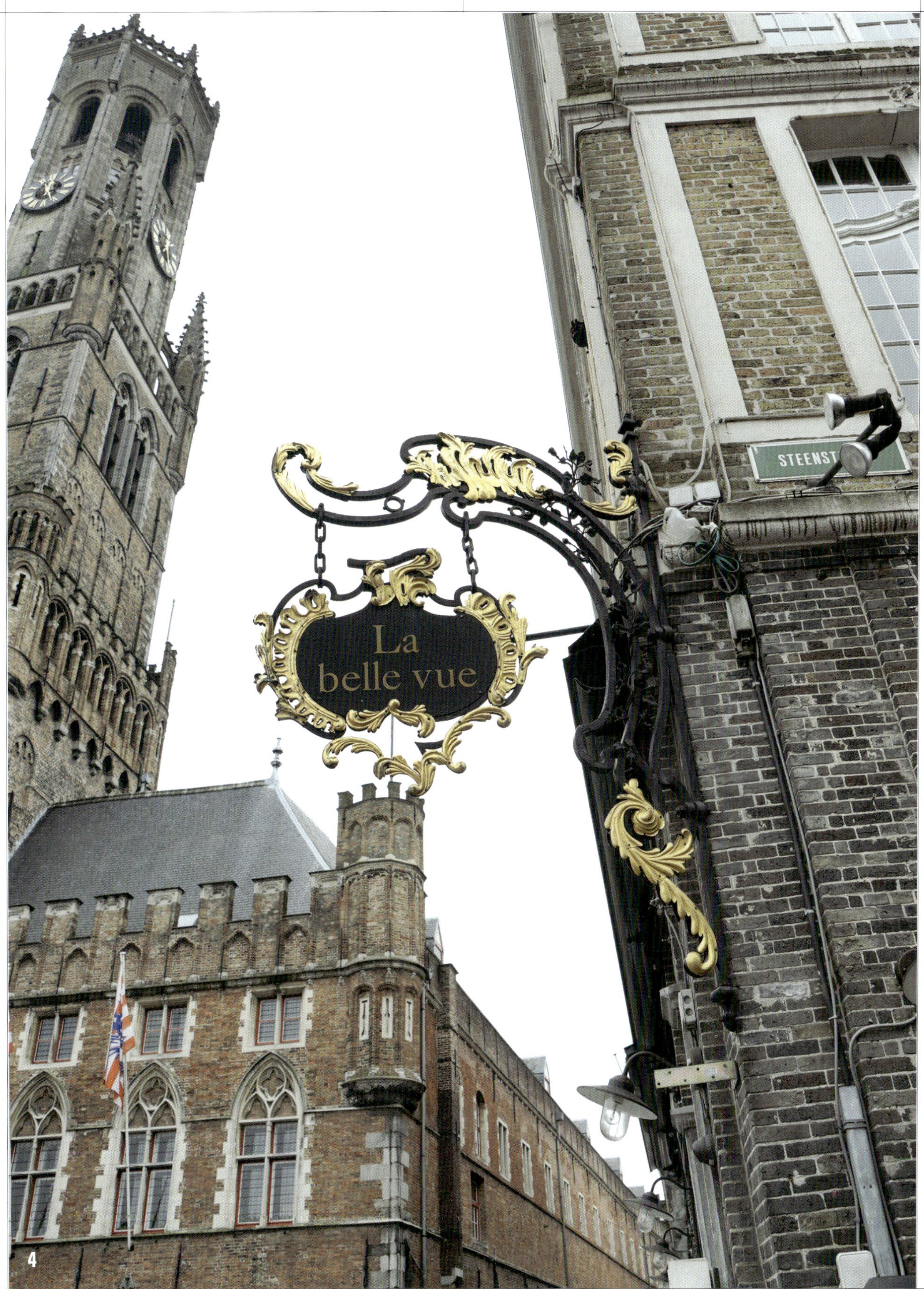
La
belle vue
STEENST

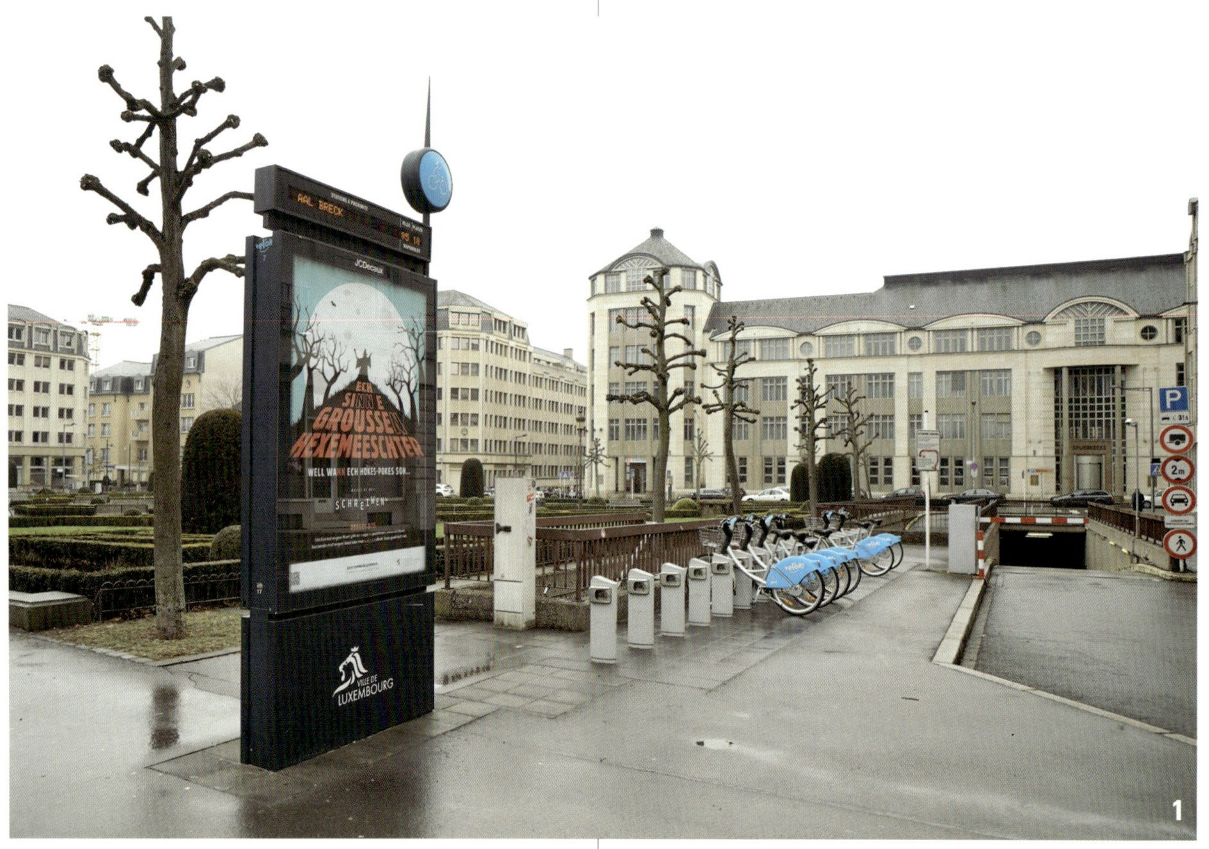

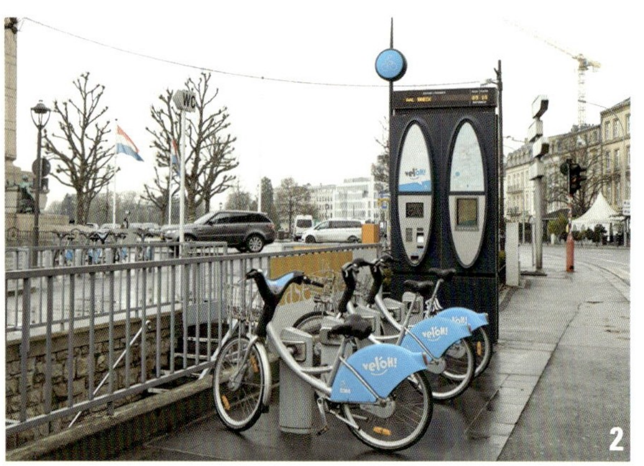

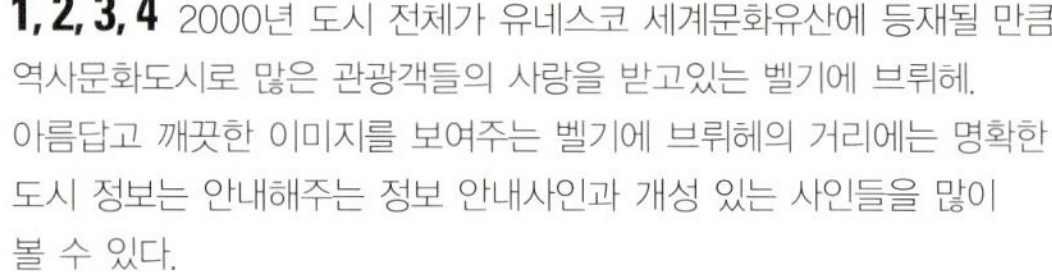

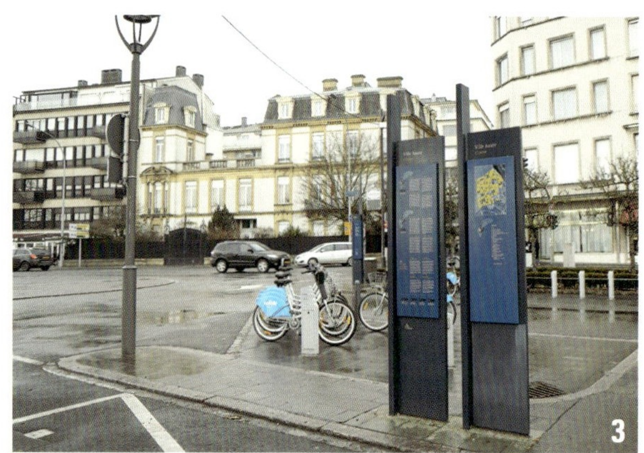

1, 2, 3, 4 2000년 도시 전체가 유네스코 세계문화유산에 등재될 만큼
역사문화도시로 많은 관광객들의 사랑을 받고있는 벨기에 브뤼헤.
아름답고 깨끗한 이미지를 보여주는 벨기에 브뤼헤의 거리에는 명확한
도시 정보는 안내해주는 정보 안내사인과 개성 있는 사인들을 많이
볼 수 있다.

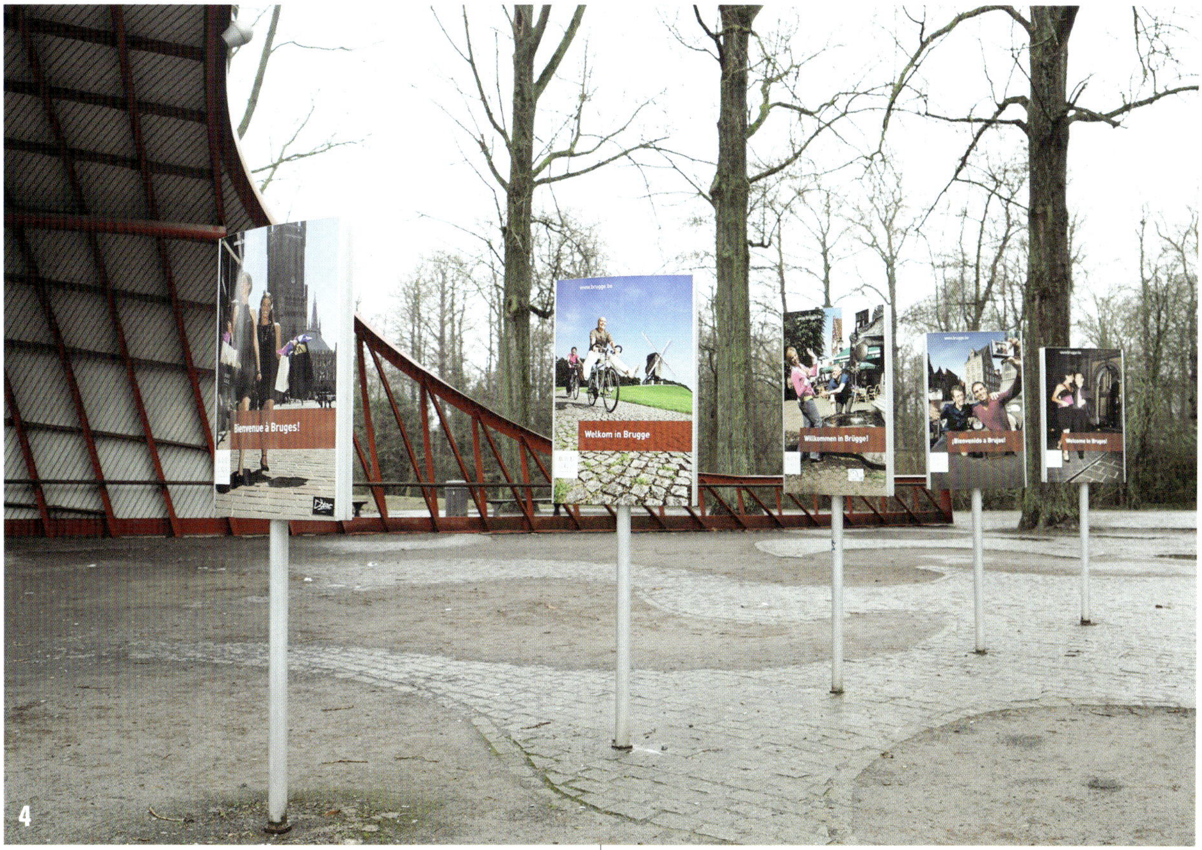

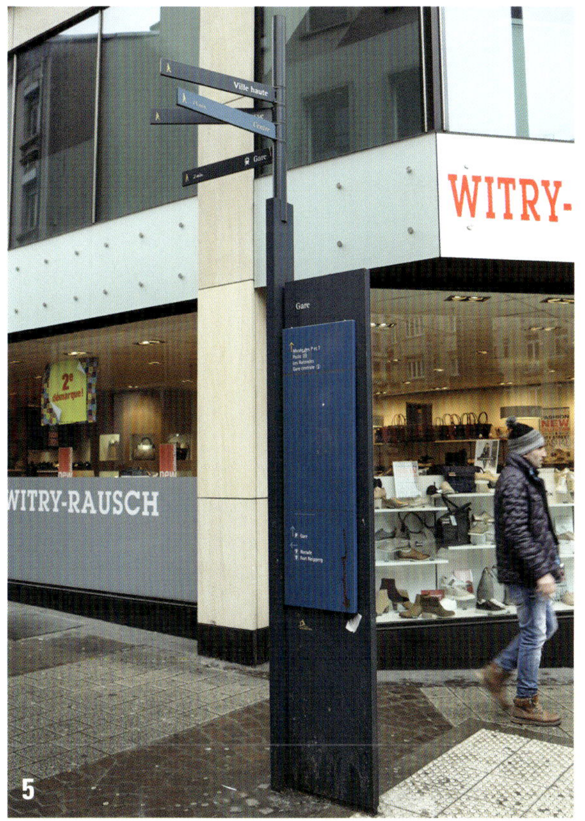

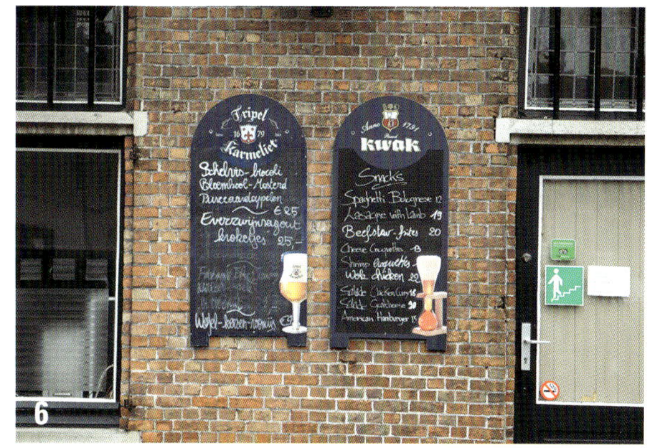

4 벨기에 브뤼헤의 어느 공원에는 브뤼헤를 소개하는 아름다운 사진과
레이아웃의 포스터들이 설치되어 있다.

5 명확하게 도시의 정보를 안내해주는 안내사인은 여러가지 형태로 도시
곳곳에서 만날 수 있다.

6 브뤼헤의 어느 점포의 초크 아트적인 안내판이 자연스러운 질감으로
표현되어 있다.

Signage design of European craft

European craft

United Kingdom
France
Germany
Belgium
Luxembourg
Netherland
Swiss
Austria
Italy
Czech Republic
Hungary
Poland
Finland
Sweden
Denmark
Norway

Swiss
Austria
Italy

1_ 영국, 프랑스, 독일

2_ 벨기에, 룩셈부르크, 네덜란드

3_ 스위스, 오스트리아, 이탈리아

4_ 체코, 헝가리, 폴란드

5_ 핀란드, 스웨덴

6_ 덴마크

7_ 노르웨이

유럽공예사인
European Craft Design

3. 스위스, 오스트리아, 이탈리아

"한 나라의 과거를 보려면 박물관에 가고, 미래를 보려면 도서관이나 학교에 가라"는 여행자들 사이에 떠돈다는 글을 본적이 있다. 필자도 어느 국가나 도시를 여행하게 되면 가장 먼저 찾는 곳이 미술관, 박물관, 도서관 등 문화시설과 대학 등 교육기관이다. 이것은 전공과도 관련이 있지만 그 도시의 이미지나 차별성을 가장 잘 드러내는 대표적인 문화공간이기 때문이다. 도시는 끊임없이 진화하고 있다. 매년 혹은 2년마다 방문하는 어떤 도시의 경우, 같은 장소여도 새로운 건축물이나 공원 등 공공 시설물의 리노베이션, 사인 등이 주기적으로 업그레이드되고 있는 모습을 자주 보게 된다. 국가는 물론 도시, 거리에도 분명 독특한 정체성과 이미지가 존재한다. 거리는 도시에 생명을 불어 넣고 도시사용자들은 그 거리를 마치 자기 집처럼 편안하고 자유롭게 활용한다. 이러한 거리의 사인은 그 거리의 활기나 이미지를 나타낸다. 사인 디자인이 도시사용자에 대한 배려를 바탕으로 거리의 미관과 매장 디스플레이의 이미지 전달 효과를 돕고 있는데, 국내에도 사인이 사회 · 문화적 책임을 가진 소중한 미디어와 공예작품으로 인식하는 개념의 변화가 시급하다.

유럽 도시의 거리에는 다양한 이미지와 세련된 디자인 감각, 타이포그래피의 적절한 조합, 여러 가지 재질을 활용하여 수공예 작품으로 조화롭게 연출된 사인을 보는 즐거움이 있다. 오래된 아름다운 건축물과 함께 그것들이 숨 쉬고 있는 거리가 하나의 품격 있는 문화 공간으로 구현된 곳이 바로 유럽이다. 그 중 이러한 아름다운 이미지를 잘 표현하고 있는 곳이 스위스, 오스트리아, 이탈리아이다. 장엄한 경관과 만년설로 사계절 내내 녹색의 싱그러움을 표출하고 있는 스위스와 오스트리아, 그리고 도시마다 오래된 문화유산을 간직하고 계승 · 발전시키고 있는 이탈리아는 비슷한 이미지를 보여주지만 그 나름대로의 다른 차별성을 가지고 있다. 스위스와 오스트리아의 거리와 사인은 고전과 현대의 적절한 조화가 어떤 모습인지 보여주고 있다면, 이탈리아는 로마등 대도시와 중소도시들의 건축적인 외양은 비슷하지만 사인 디자인은 명확하게 구분된다. 지방의 도시들의 경우 수공예 작품 같이 독특한 조형작품 형태의 사인들이 많이 보이지만, 로마나 대도시의 경우는 국내와 다를 바 없는 보통의 LED채널문자형 사인들이 주를 이루어가고 있다. 간간히 보이는 아날로그 네온사인이 특이하게 보인다.

사인을 구성하는 요소는 크게 이미지, 타이포그래피, 컬러, 재질, 형태, 조명, 그리고 위치나 주변 환경으로 구분되는데 이는 사인 디자인을 결정하는 주요 요소이다. 이 중 유럽이나 선진국의 사인 디자인에서 발견할 수 있는 차별화된 것은 타이포그래피의 다양성과 컬러의 조화이다. 오랜 역사를 거쳐 정리된, 간결하고 세련된 서체와 적절한 색상배치로 완성된 로고는 다른 이미지를 사용하지 않으면서도 조형적으로 완성된 아름다움을 전달하고 있다. 도시와 공간, 사회의 문제는 오늘날 공공의 영역과 공용재(공원, 도서관, 미술관, 박물관 등)로서 도시사용자들의 공동 관심사이다. 현대 도시환경의 문제점을 살펴보면 교통, 주택, 대기오염 등의 문제는 물론, 무질서한 시각 환경도 매우 심각한 수준이다. 상업용 간판이나 게시물, 주변 환경을 고려하지 않은 조형물과 색채는 혼란스러운 시각 환경을 조성해 도시의 미관을 해치고 있으며 도시사용자들의 정서에 부정적인 영향을 미치고 있다. 도시환경 디자인은 기능적인 공간을 만들어내는 것은 물론, 도시사용자들의 생활과 깊게 관련이 있는 도시공간의 문화적 부가가치를 창출하고 매력 있는 장소와 분위기를 연출하는 것이다. 이러한 도시경관의 주요부분을 차지하고 있는 사인은 공공적으로 그 역할과 표현이 더욱 중요해지고 있다.

사인(Sign)이란 일반적으로 인간의 주거환경 속에서의 이해, 행동에 관계되는 정보전달의 수단으로서 어떤 의미를 전달하는 표지(mark)라는 뜻으로 쓰인다. 또한 일상적으로 기호(Symbol), 신호(Signal), 몸짓(Gesture), 징후(Symptom), 간판(Signage, signboard) 등의 의미로 사용되며, 사용자와 넓은 공간에서 목적지로 안내하는 친절한 안내자의 역할을 한다. 아울러 사인은 그 업소나 기업의 얼굴이자 거리의 이미지이다. 또한 사인 컬러 디자인은 중요하고도 유용한 정보이며 다양한 커뮤니케이션 활동이다. 사인 정보디자인은 인터랙션(Interaction) 디자인이며 경험디자인이라고 할 수 있는데, 우리의 사회구조와 문화가 다원화되고 글로벌화 되면서 감성적인 개념과 융합이 중요한 요소로 각 분야에서 활용되고 있다. 현대의 도시환경은 갈수록 확장되고 복잡해지고 있다. 도시는 물론 도시사용자들이 즐겨 찾는 도시 공용 공간에서 중요한 안내자의 역할을 하는 사인이 다국어 병기 등 글로벌 스탠다드에 적합하고 개성 있는 공예작품으로 구성되어, 아름답고 조화로운 공간으로 잘 연출되었으면 좋겠다.

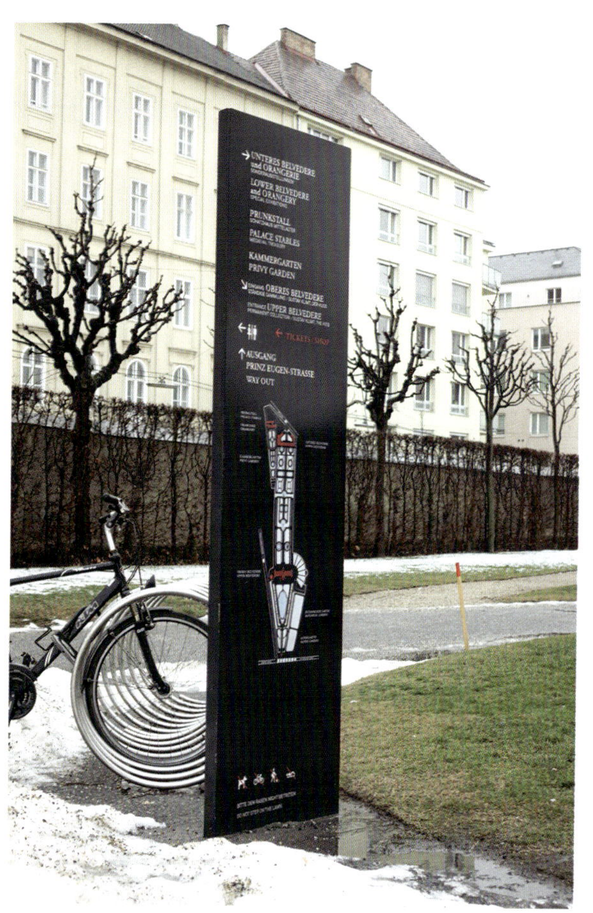

오스트리아 비엔나의 벨베데레궁전 미술관 입구의 지주형 사인

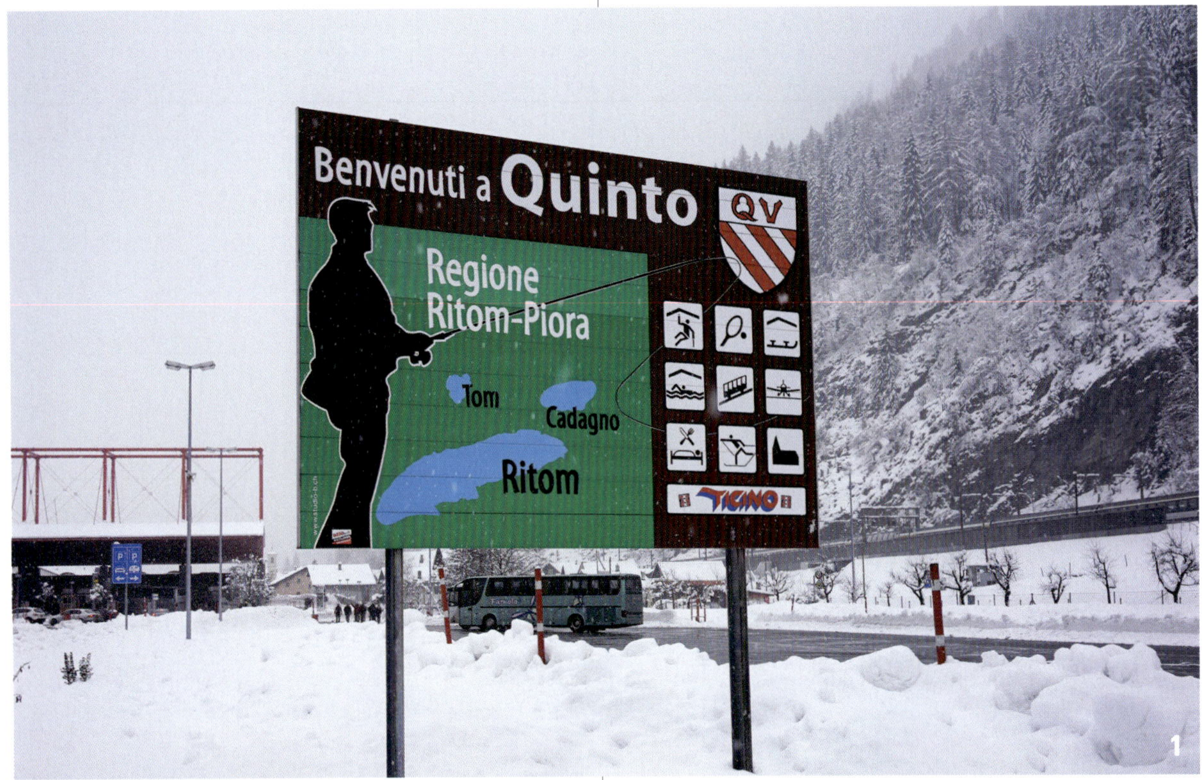

Benvenuti a Quinto
QV
Regione
Ritom-Piora
Tom
Cadagno
Ritom
TICINO

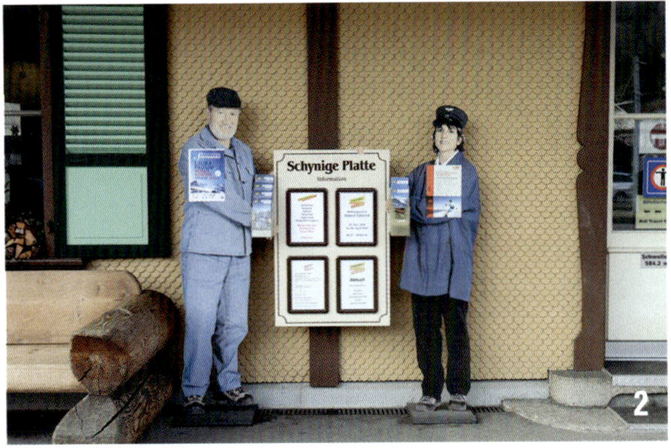

Schynige Platte

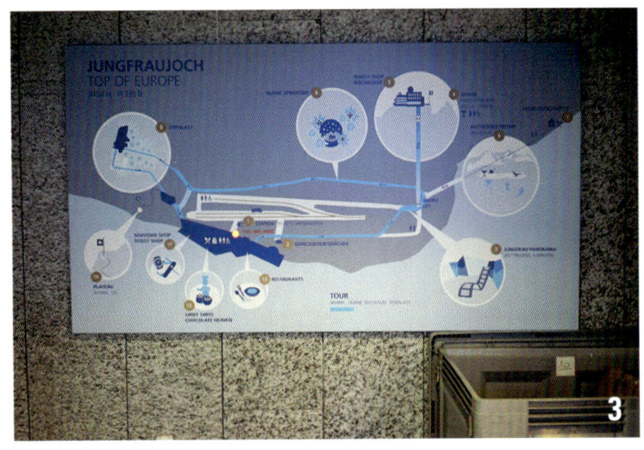

JUNGFRAUJOCH
TOP OF EUROPE
TOUR

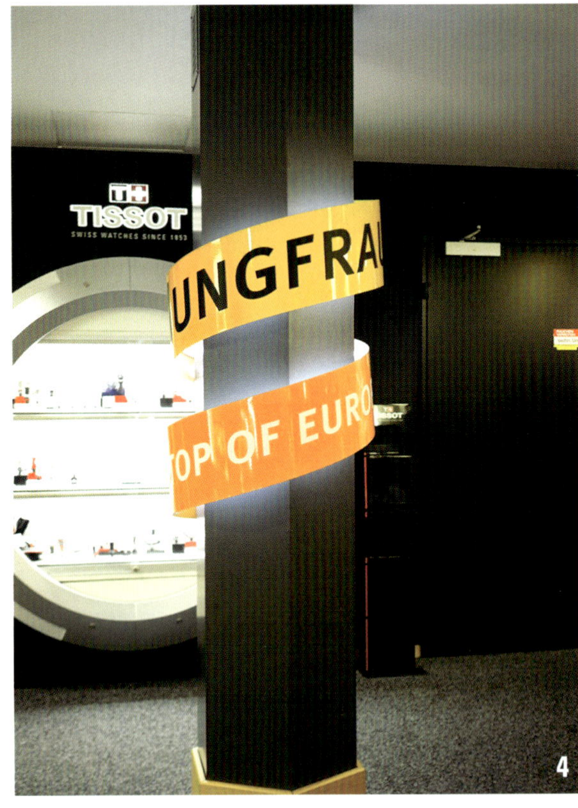

TISSOT
SWISS WATCHES SINCE 1853
UNGFRAU
TOP OF EURO

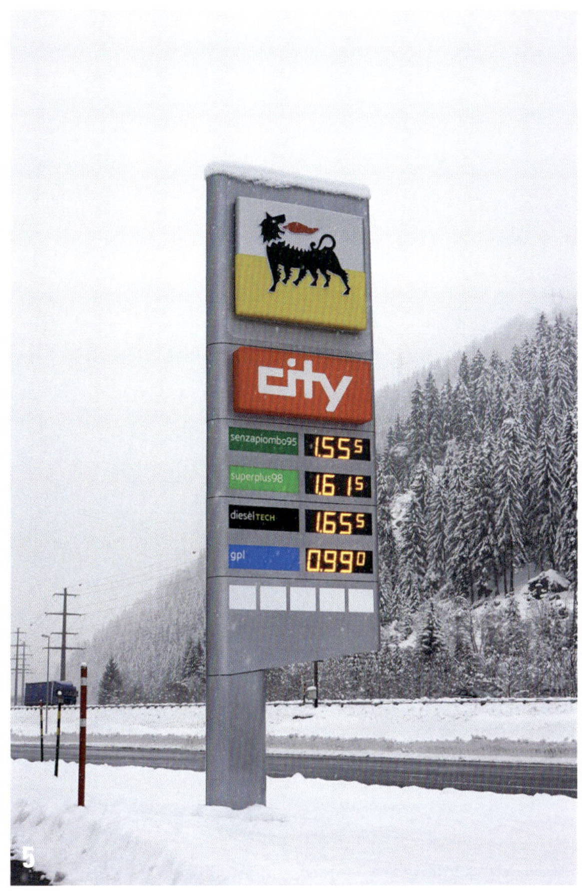

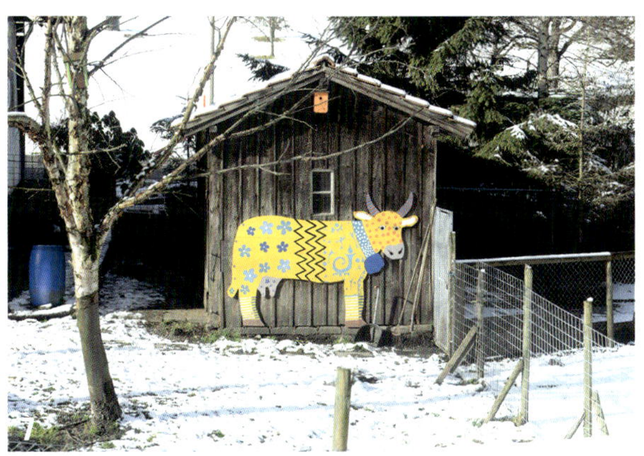

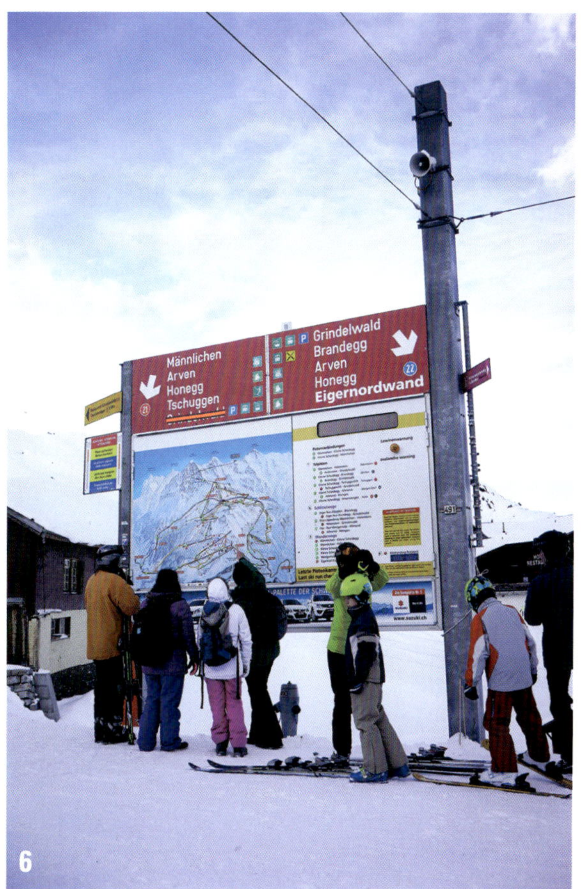

1, 5 스위스 고속도로 휴게소에서 본 주유소 지주사인과 휴게소 주변지역의
각종 레크레이션 시설을 픽토그램으로 표현한 안내사인.

2, 7 스위스 관광열차에서 본 어느 주택의 동화적인 패턴의 소 그림과
열차 역에서 본 등신대 형상의 안내사인.

3, 4, 6 유럽에서 최고봉이며 세계적인 관광명소 융푸라우 전망대의 안내
사인과 매장의 기둥을 활용한 사인. 그리고 주변 기차역의 종합안내 사인.

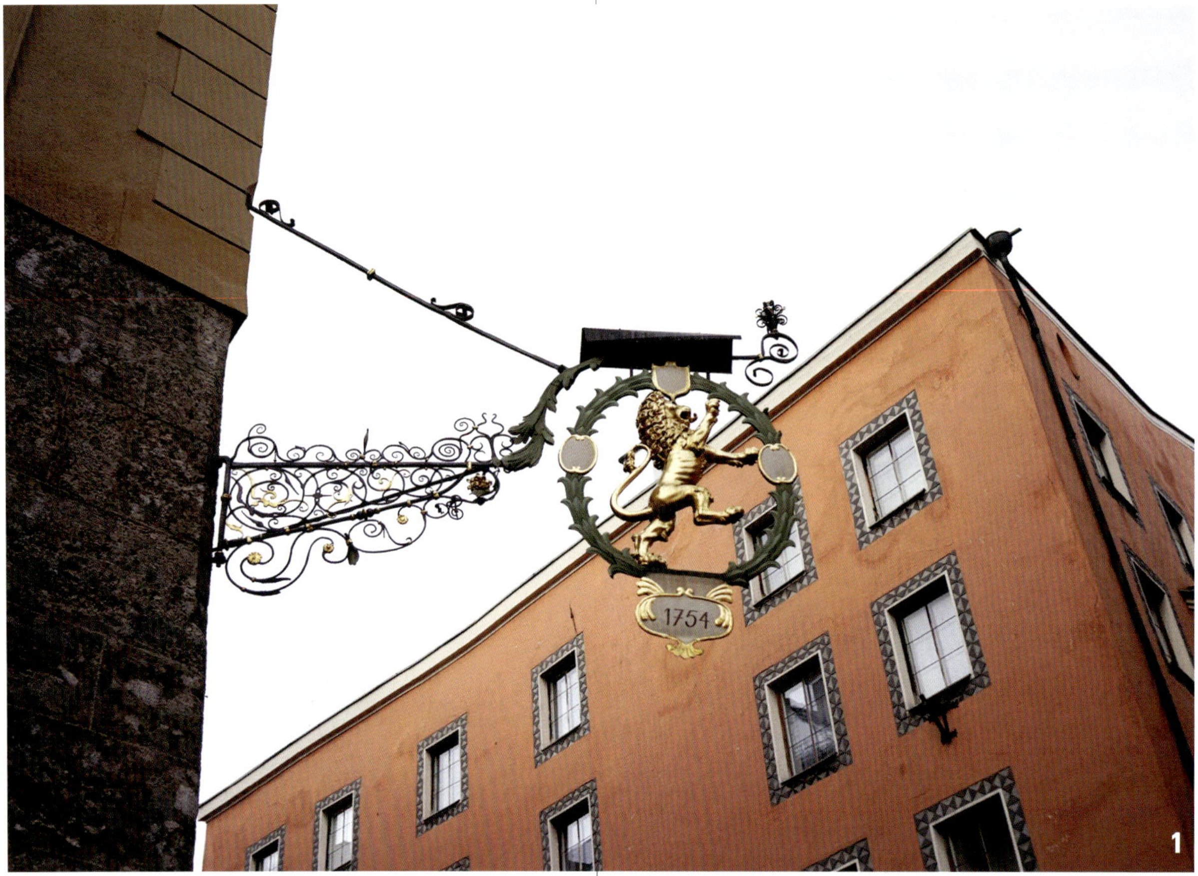

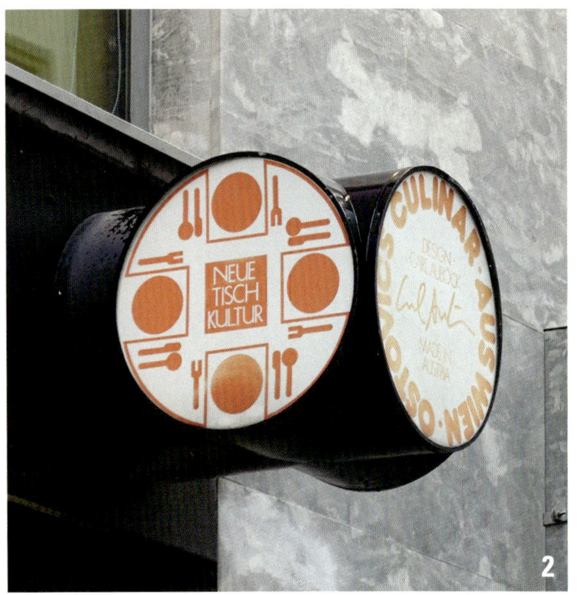

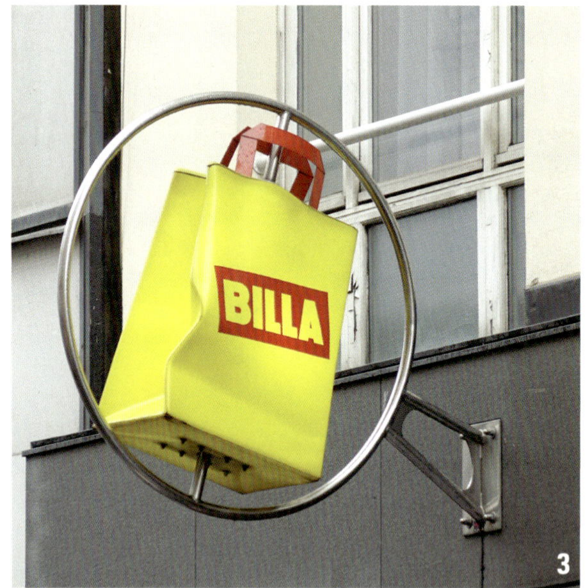

1, 5 스위스와 인접한 오스트리아 인스부르크 역시 아름다운 풍경과 함께 고풍스러운 수공예 사인들이 거리를 더욱 정감 있게 표현하고 있다.

2, 3 오스트리아 비엔나 시내에서 본 사인들로 특히, 비엔나 시내에는 독특하고 단순한 조형미의 돌출사인들을 많이 볼 수 있다.

4 오스트리아 멜크수도원은 유서 깊은 가톨릭 수도원으로 많은 관광객들이 찾는 곳이다. 수도원의 건축도 아름답지만 각종 문화상품들도 특색 있게 디자인 되어있고, 특히 고급스러우면서도 개성 있는 사인시스템은 정제된 완성미를 표현하고 있다.

6 오스트리아 비엔나의 쉔부른 궁전 앞 보도에 설치된 비엔나 홍보 안내판.

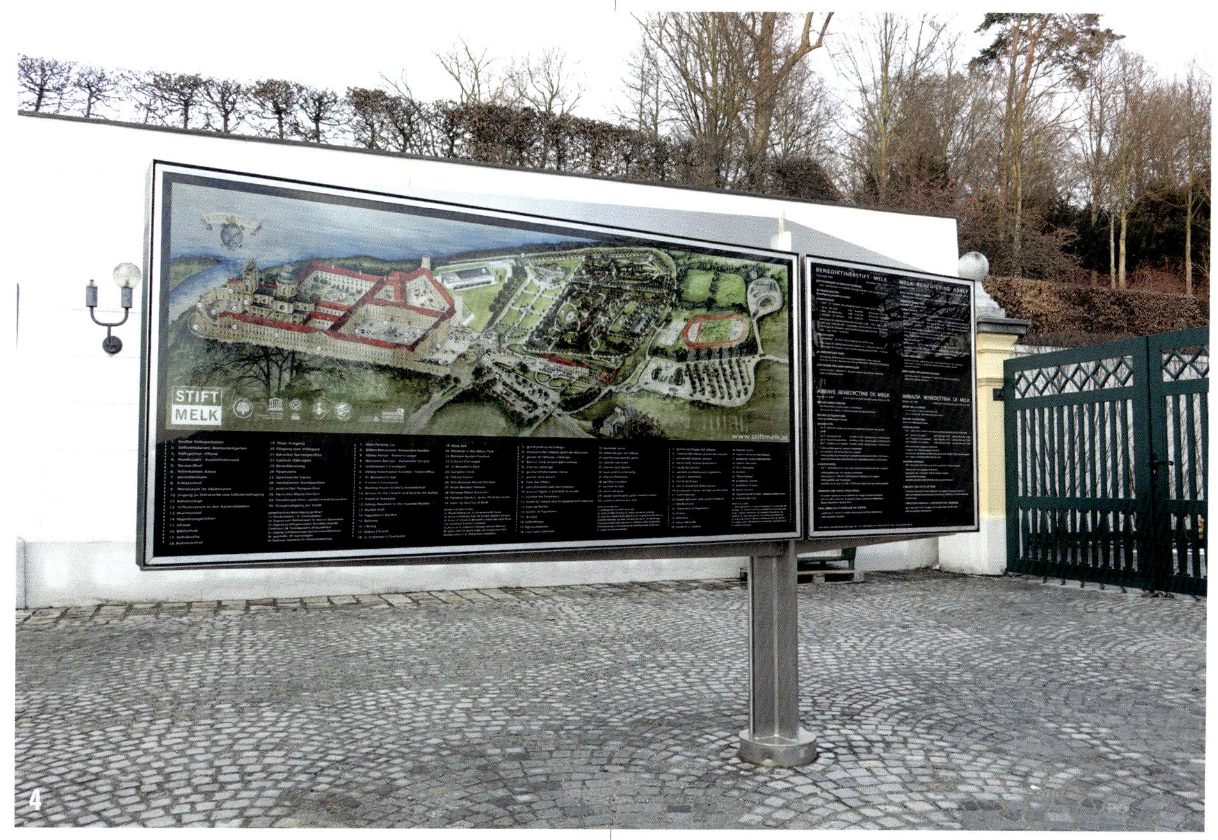

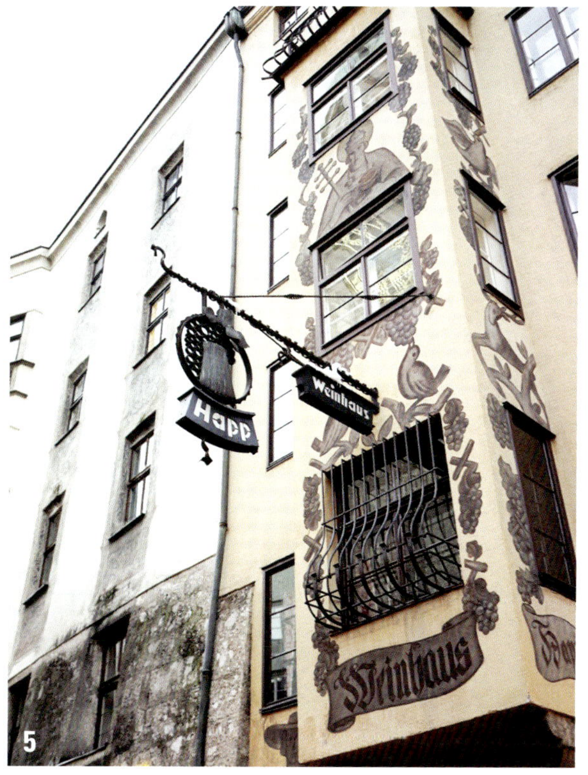

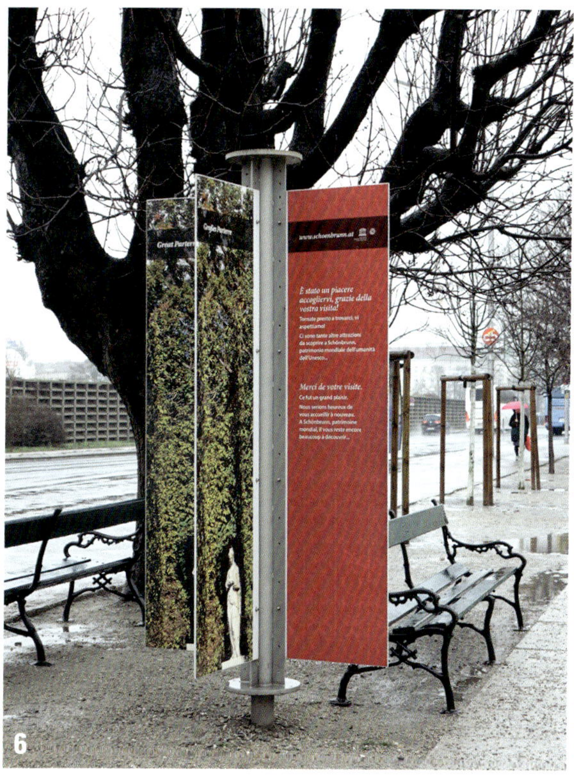

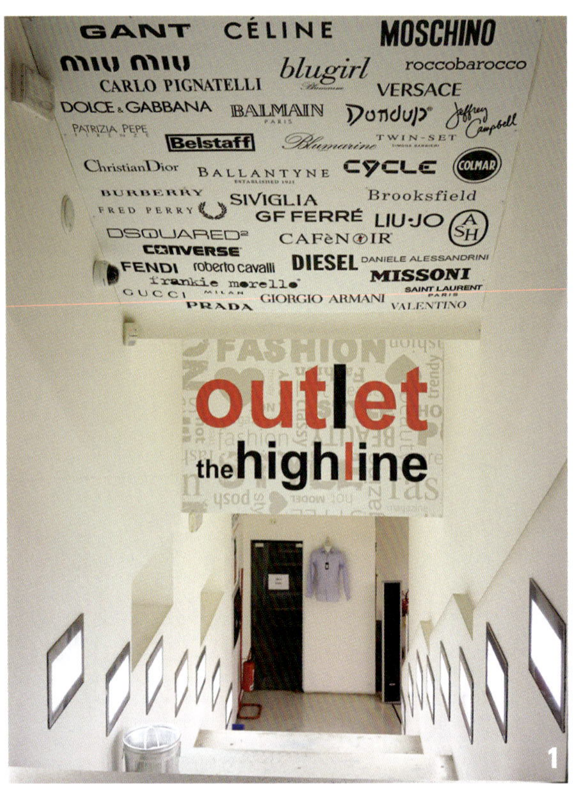

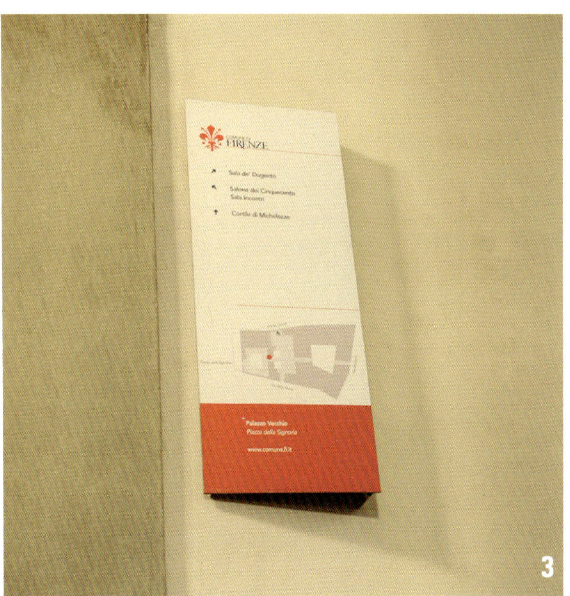

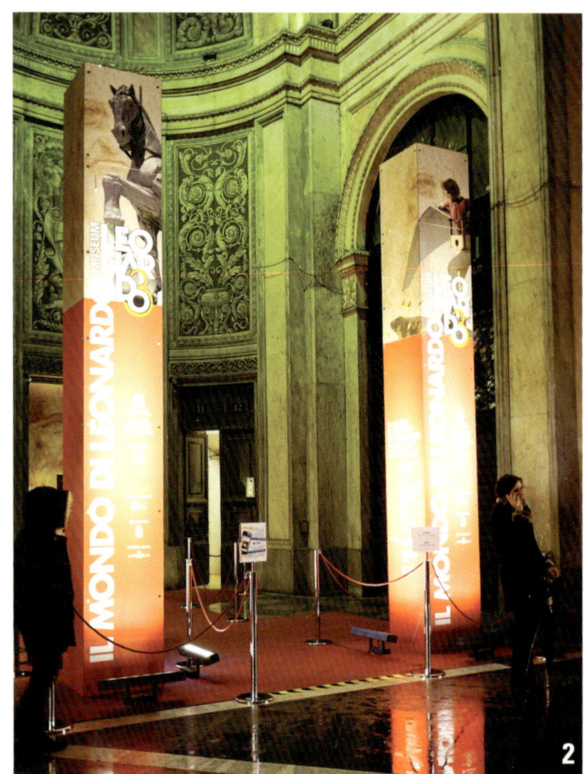

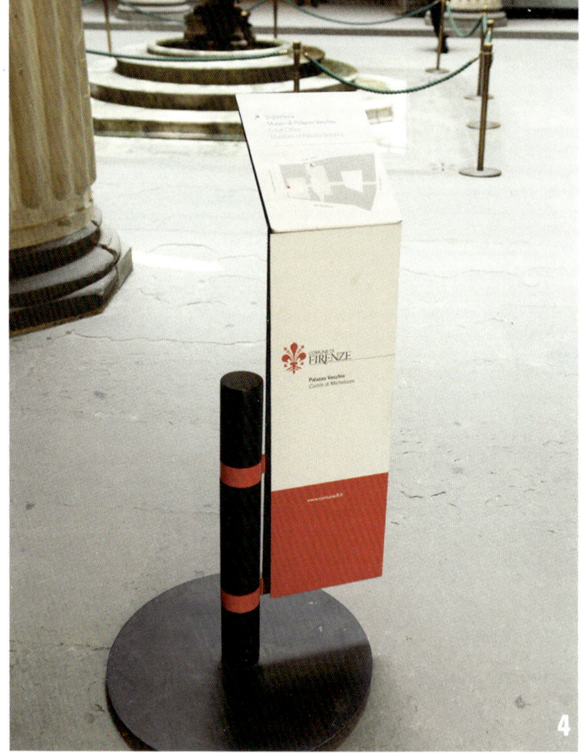

1, 2 이탈리아 두오모에서 가장 유명한 쇼핑거리에서는 기능적이고 세련된 타이포그래피의 사인들을 만날 수 있다.

3, 4 이탈리아 피렌체의 우피치미술관은 세계적으로 많은 관광객들이 매일 찾는 곳이다. 미술관 외부의 사인들이 아날로그적이지만 단순한 조형 형태로 자리 잡고 있다.

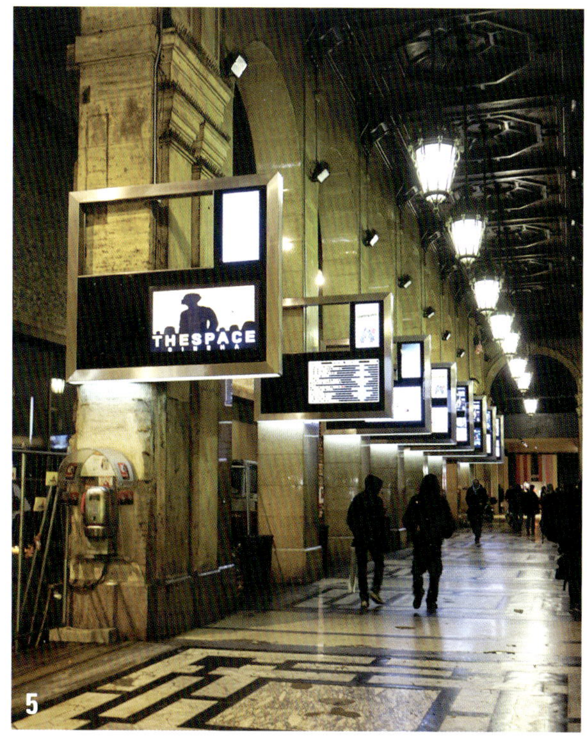

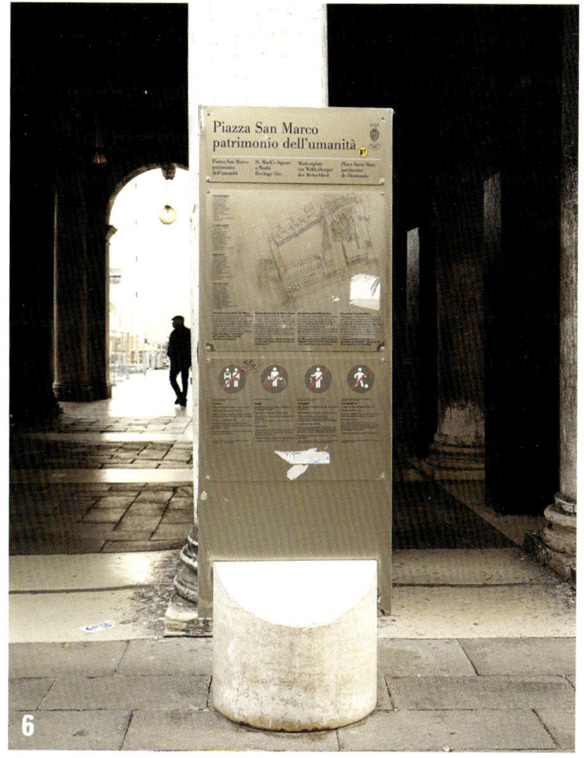

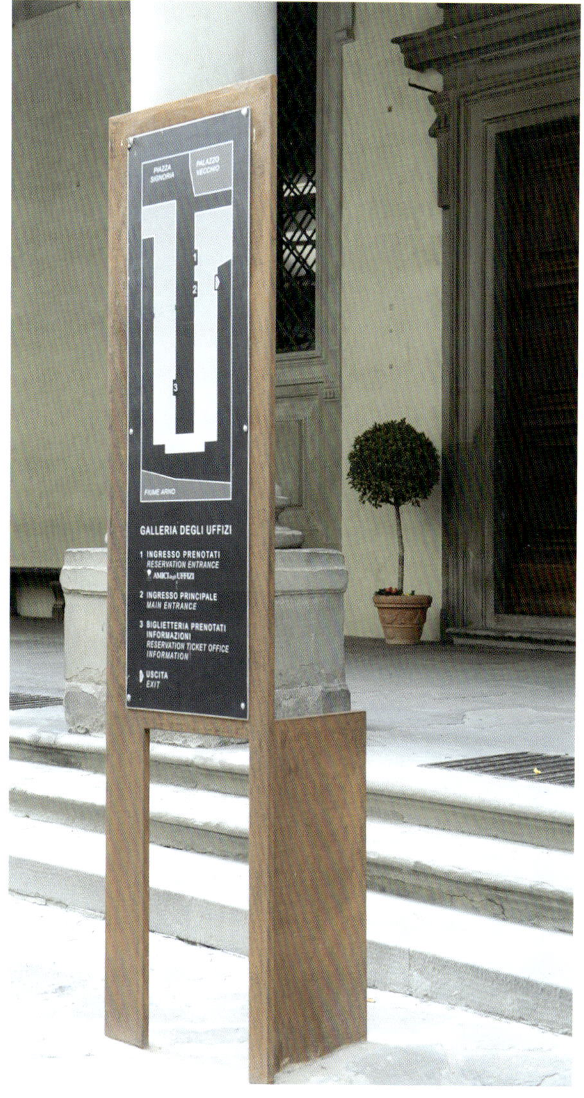

5 이탈리아의 두오모의 유명한 쇼핑거리에서 본 기능적이고 세련된 스타일의 돌출안내 사인.

6 아름다운 수상도시 베네치아는 현대적인 사인보다는 아날로그적인 사인들이 주를 이루고 있다. 공공사인이나 미술관 사인의 경우도 특이한 형태보다는 평범하지만 단순미를 표현하고 있는 경우가 많다.

7 이탈리아 피렌체의 우피치미술관의 외부사인은 철재를 활용하여 아날로그적이고 단순한 조형 형태로 구성되어 있다.

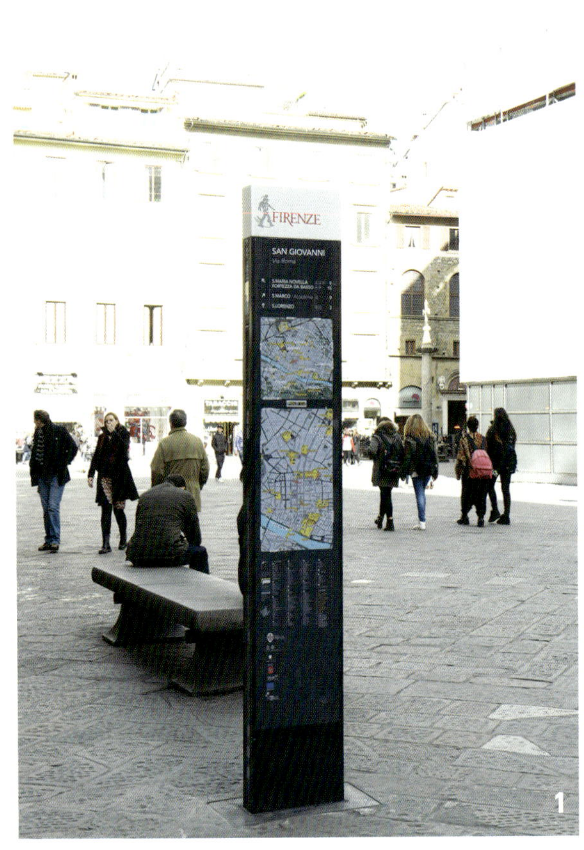

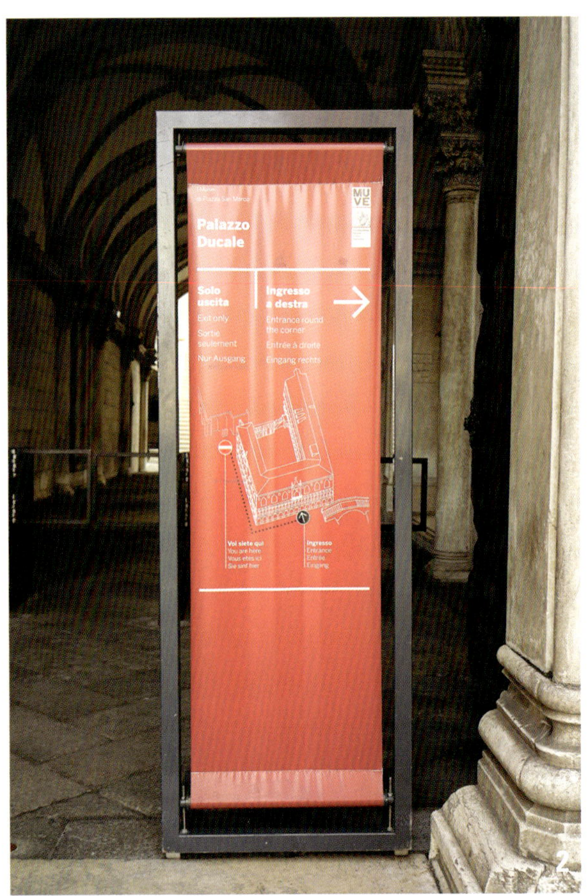

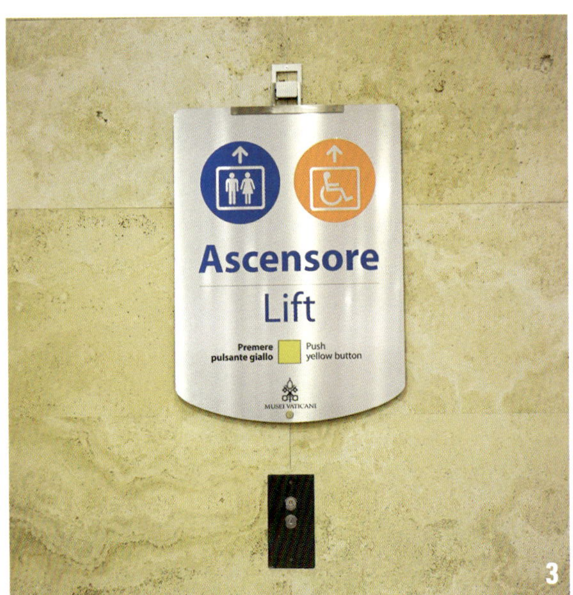

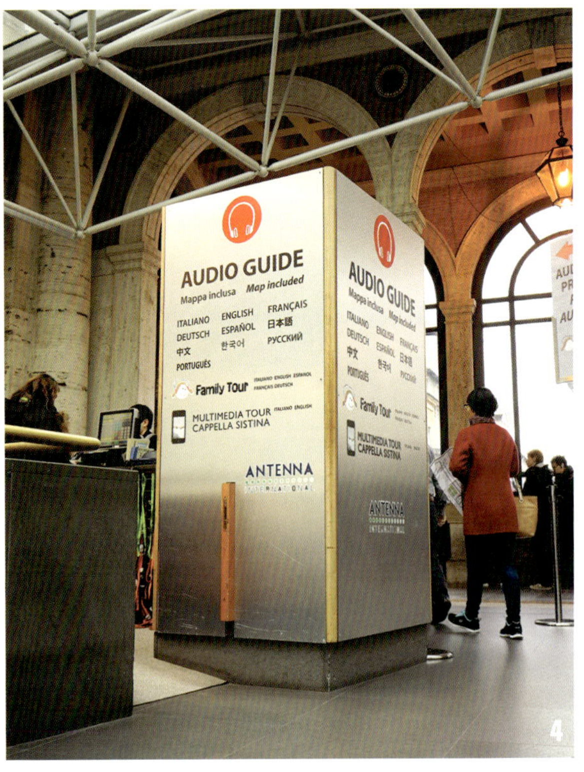

1 이탈리아 피렌체 성당주변 광장의 관광안내 사인.

2 아름다운 수상도시 베네치아는 현대적인 사인보다는 아날로그적인 사인들이 주를 이루고 있다.

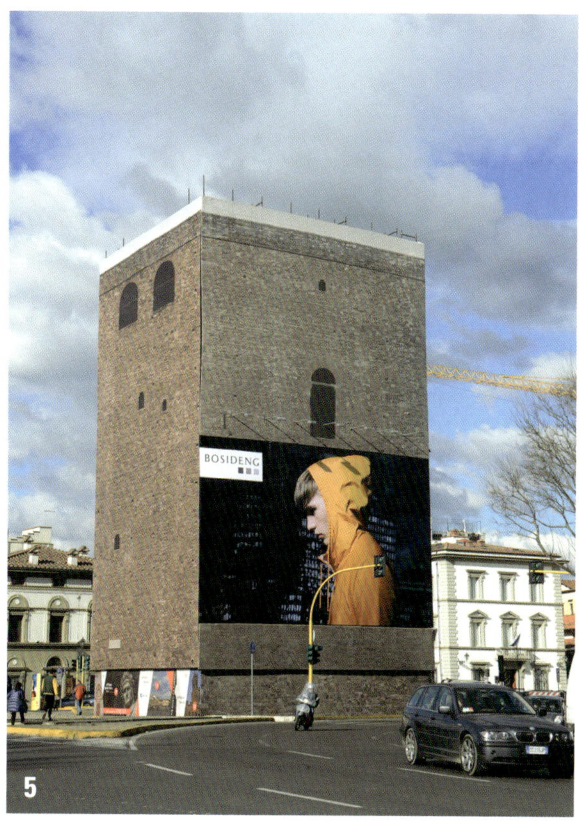

5

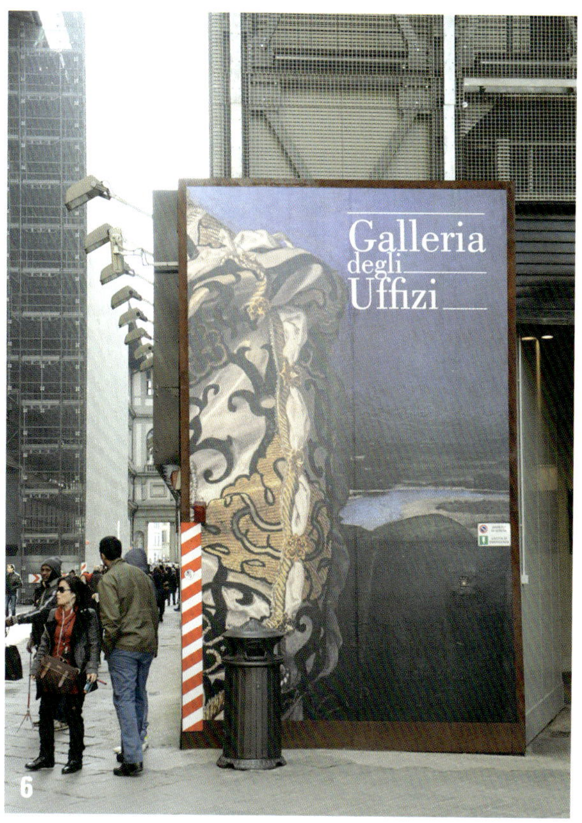

6

3, 4 로마 바티칸박물관 내부의 실내 사인들은 스테인레스 재질에
실크스크린과 커팅 시트지로 시공되어 있다.

5 이탈리아 피렌체 성당주변 광장의 관광안내 사인과 주변의 보수중인
건축물을 활용한 광고 이미지.

6 이탈리아 피렌체의 우피치미술관의 공사장 가림막을 활용한 이미지
광고판.

7 이탈리아 피렌체의 골목에서 본 레스토랑의 상호는 E자를 뒤집어 상호의
의미를 표현하고 있다.

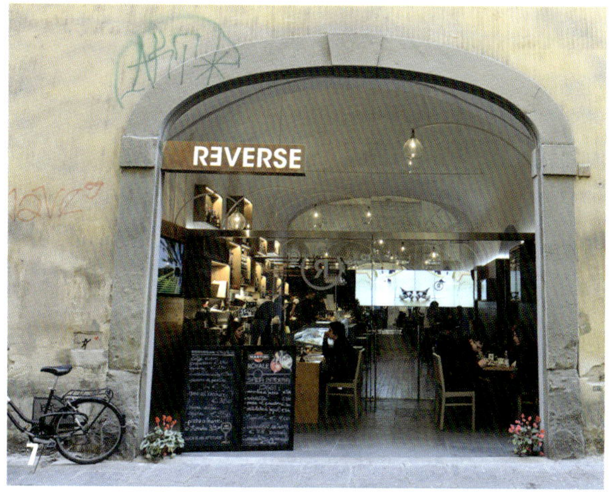

7

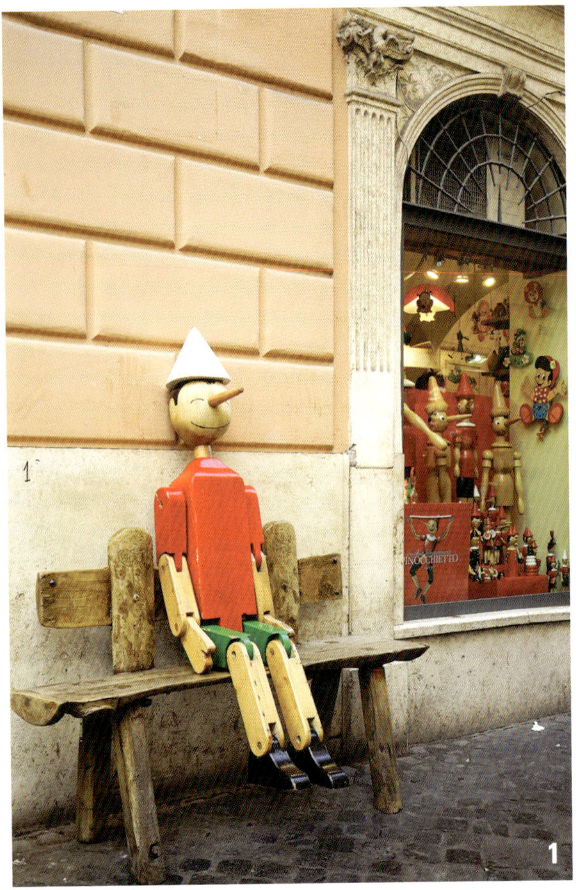

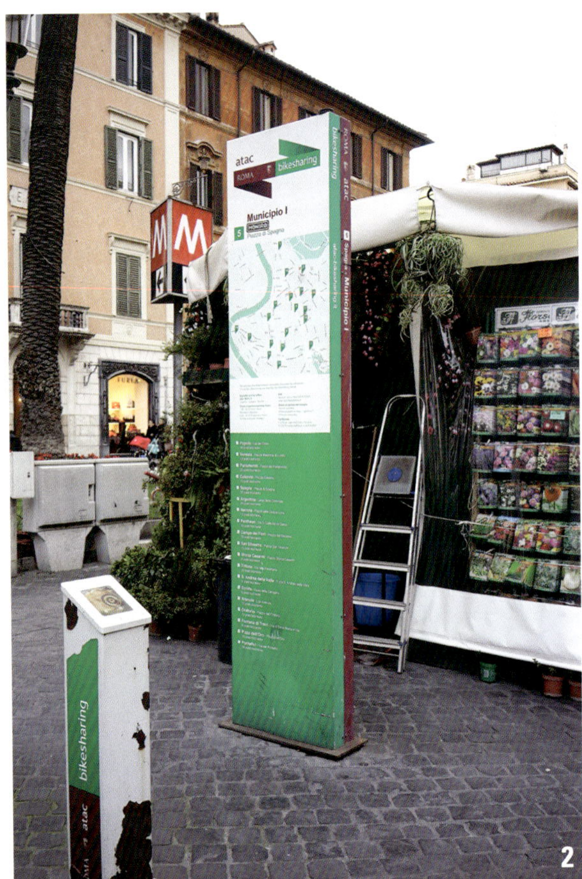

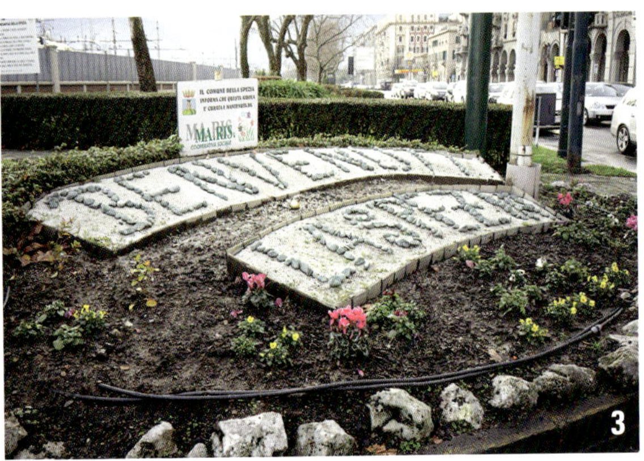

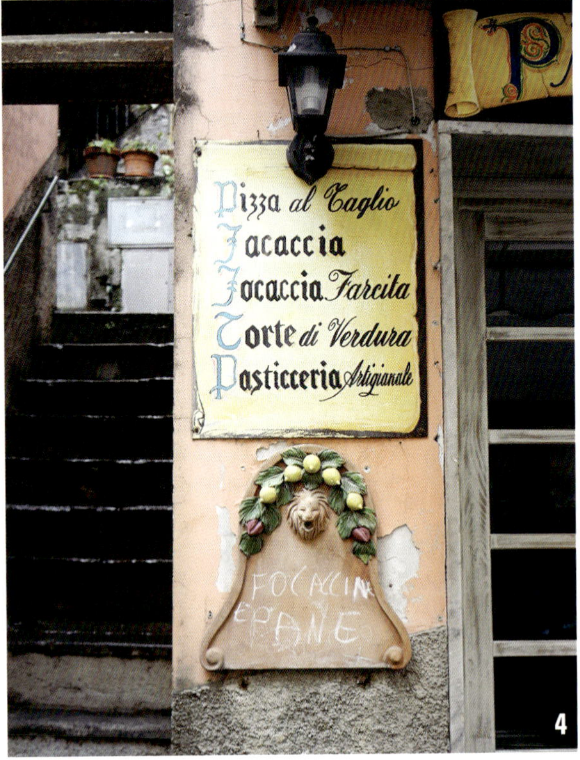

1, 2 이탈리아 로마 시내 곳곳에서 본 다양한 사인들.

3, 4 이탈리아 라스파차의 정원 형태의 커뮤니티 사인과 관광도시
친퀘테레의 아날로그적인 벽면사인.

5 이탈리아 로마의 역사적인 문화재의 의미를 설명하고 있는
지주형 안내판.

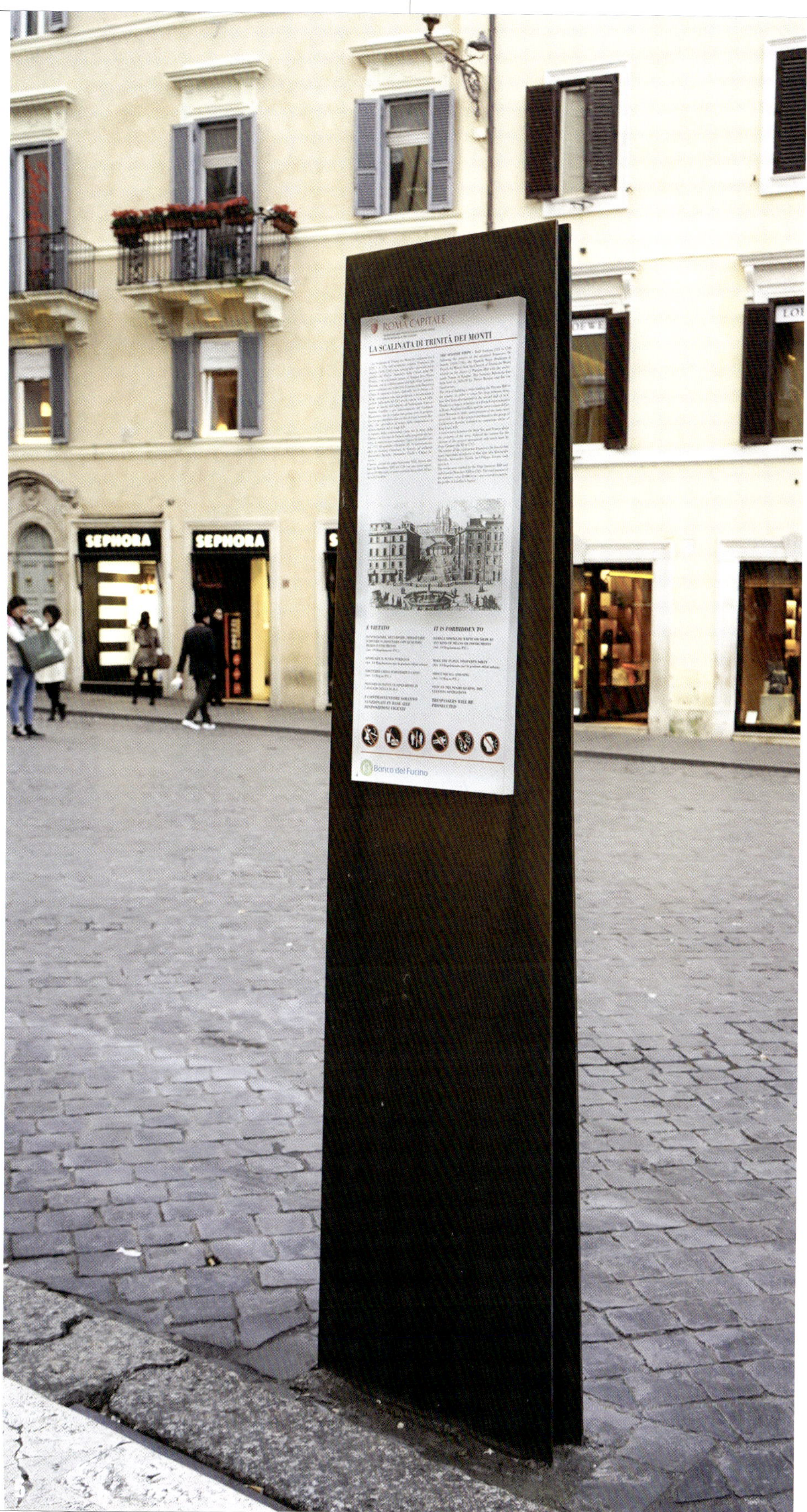

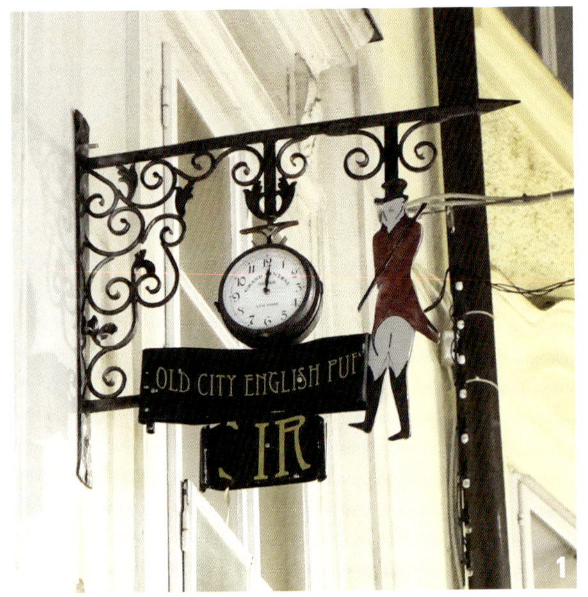

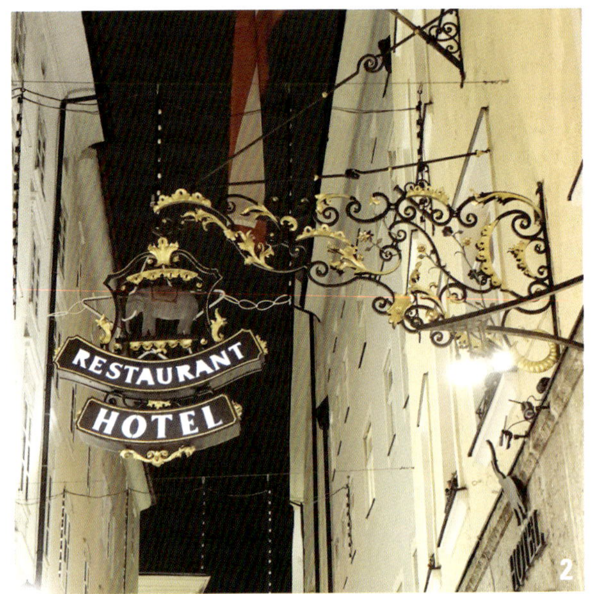

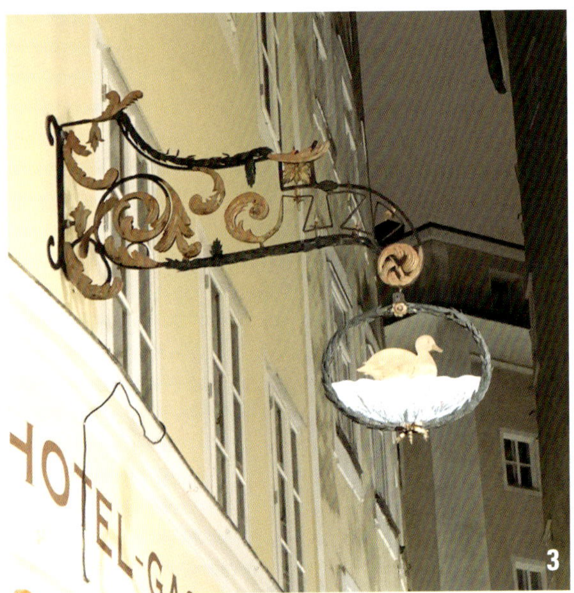

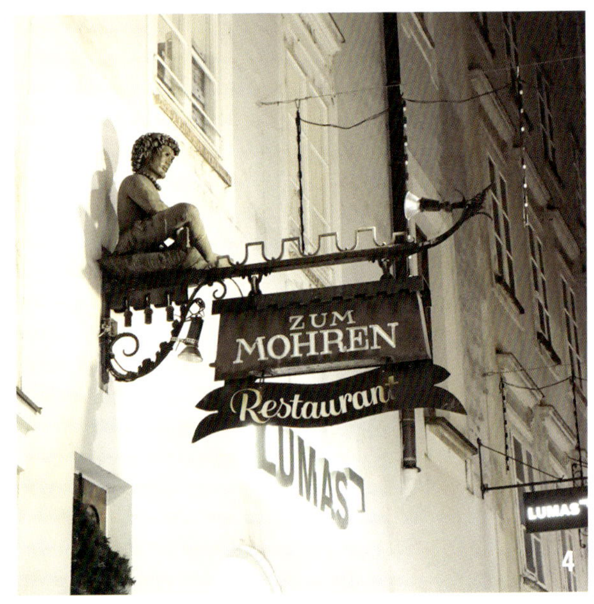

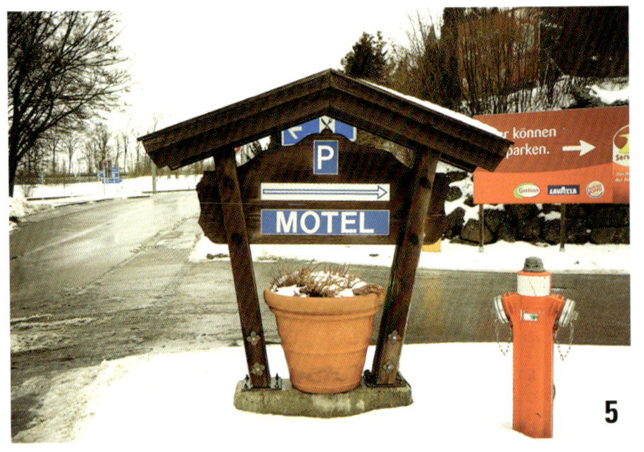

1, 2, 3, 4 오스트리아 잘쯔부르크의 게트라이데 거리에는 클래식 음악
만큼이나 아름다운 돌출사인들이 거리를 가득 장식하고 있다. 점포마다
오랜 세월의 흔적을 느낄 수 있는 개성있는 철제 세공 사인들이 글자
보다는 일러스트 위주로 제작되어 고풍스러운 건물과 어우러져 아름답게
구성되어 있다.

5 이탈리아 어느 고속도로 휴게소에서 본 아날로그 형태의 사인.

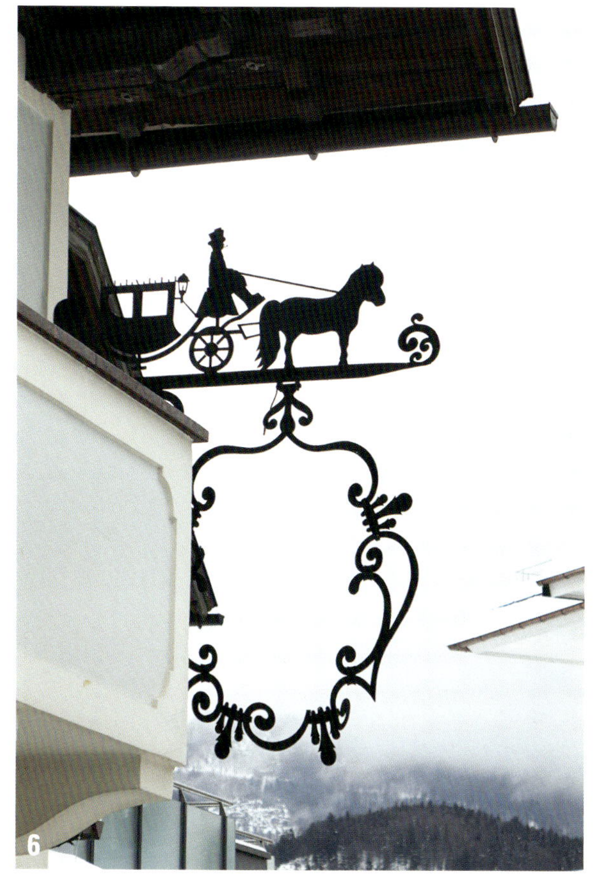

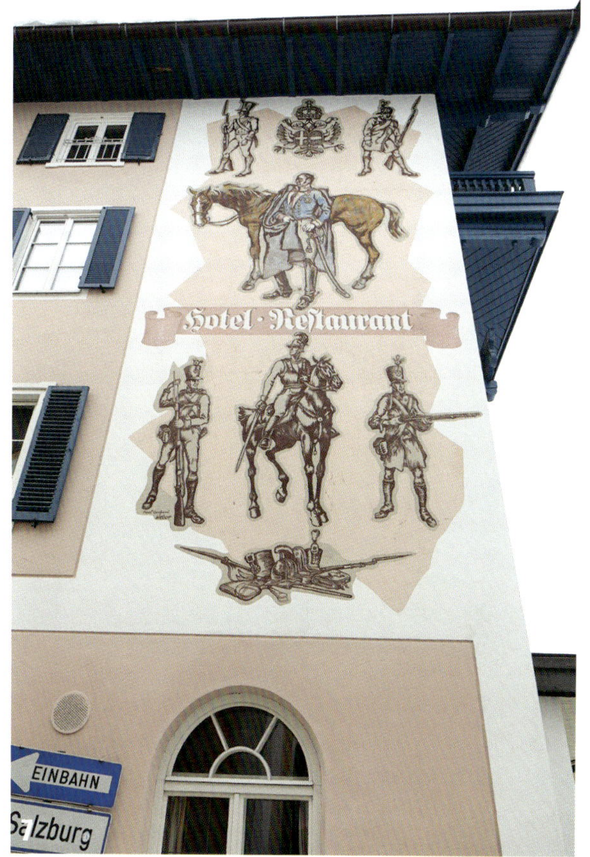

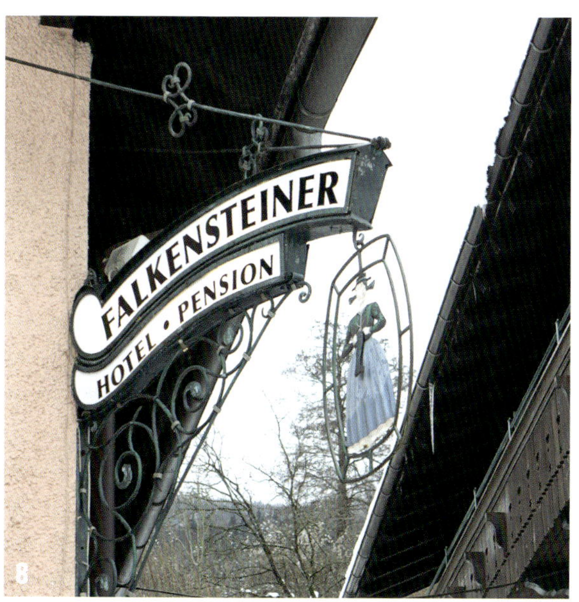

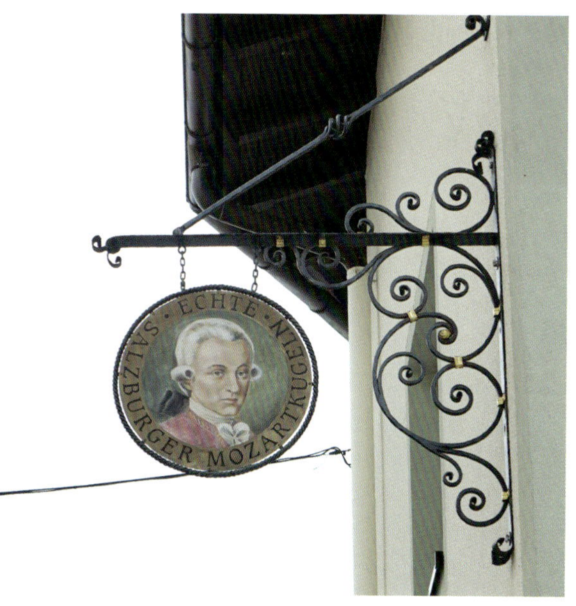

6, 7, 8, 9 오스트리아 짤쯔부르그나 짤쯔 캄머굿 근처의 작은 소도시에는 풍경 만큼이나 아름다운 고전 형태의 철제 돌출사인들이 건축과 잘 어울리게 구성되어 있다.

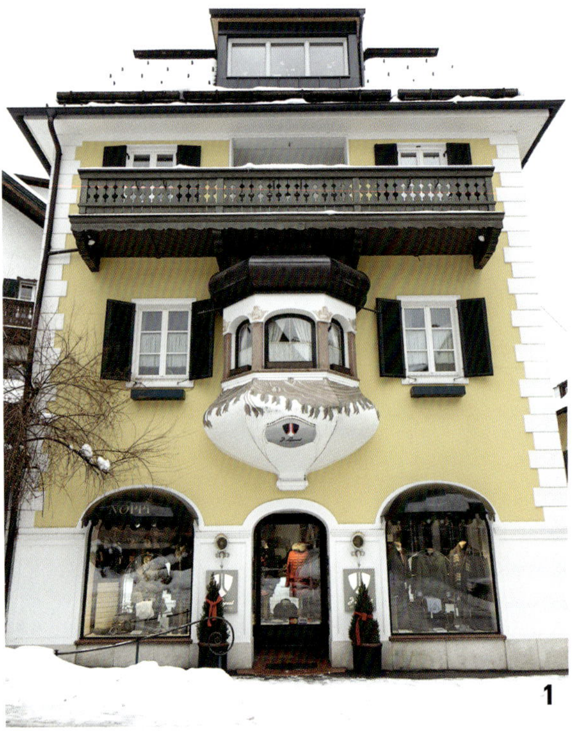

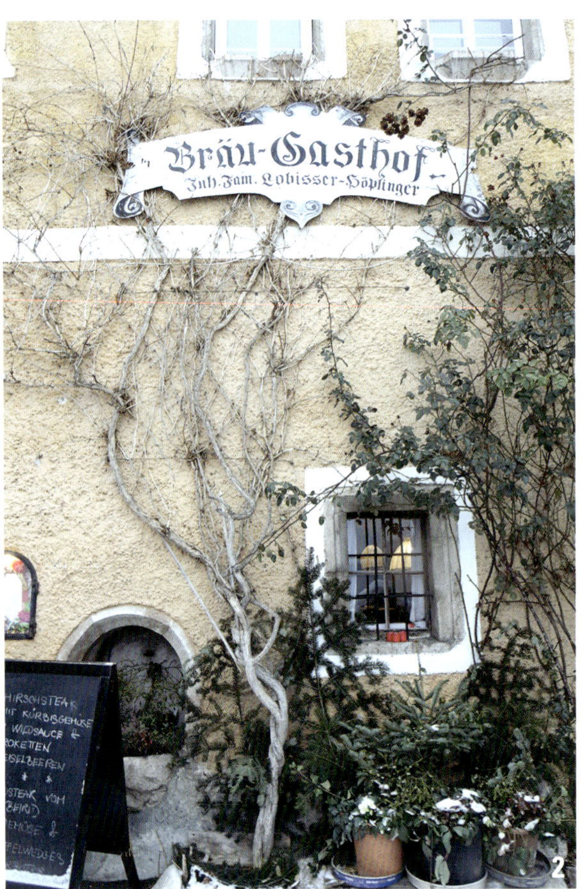

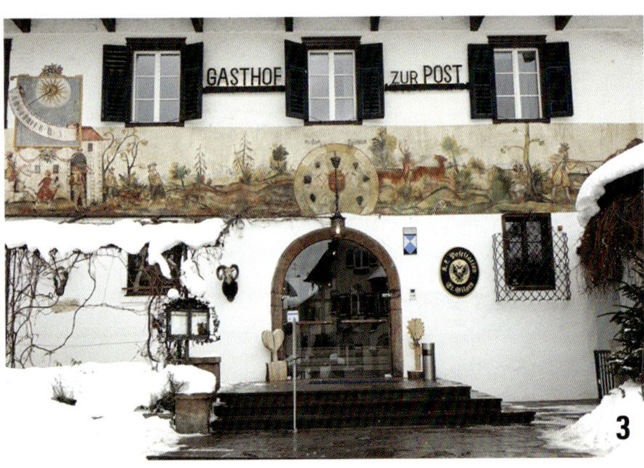

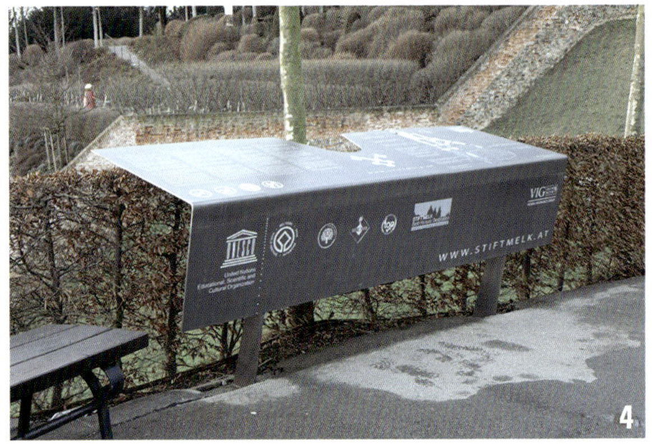

1, 2, 3 오스트리아 짤쯔부르그나 짤쯔캄머굿에는 풍경 만큼이나 아름다운 고전적인 다양한 형태의 사인들이 건축과 잘 어울리게 구성되어 있다.

4 오스트리아 멜크수도원은 유서 깊은 가톨릭 수도원으로 많은 관광객들이 찾는 곳이다. 수도원의 건축도 아름답지만 각종 문화상품들도 특색 있게 디자인되어 있고, 특히 고급스러우면서도 개성 있는 사인시스템은 정제된 완성미를 표현하고 있다.

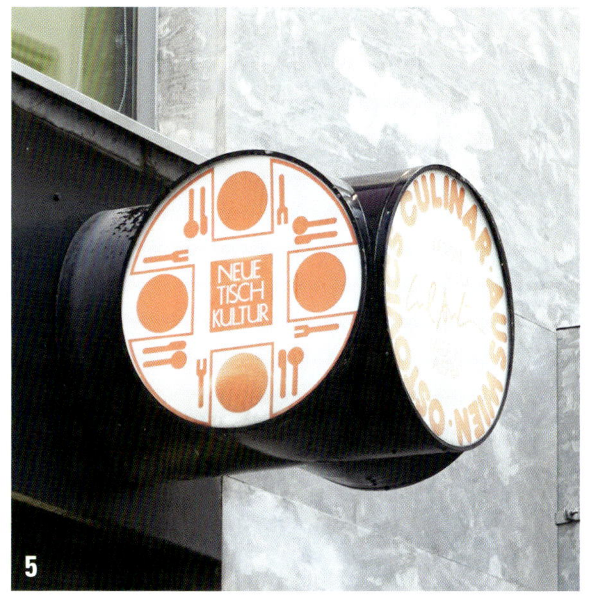

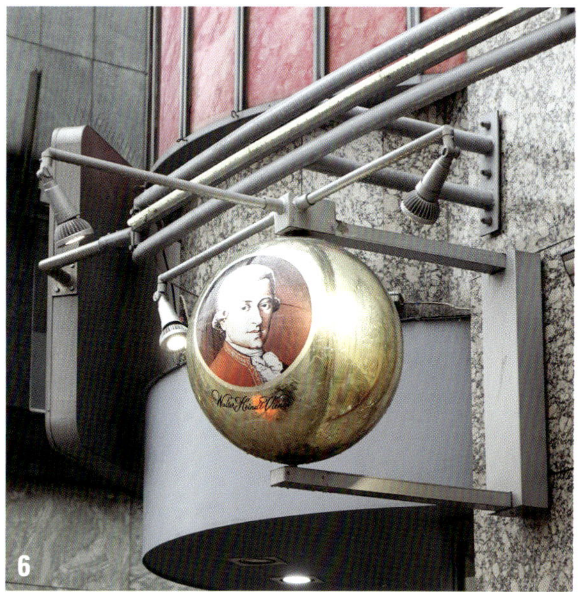

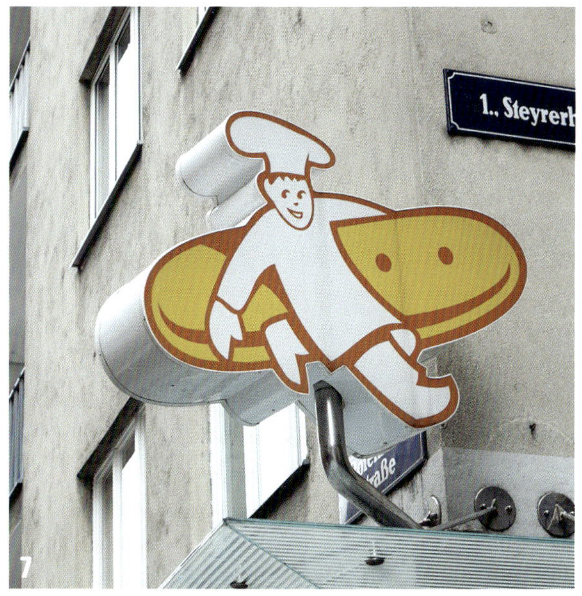

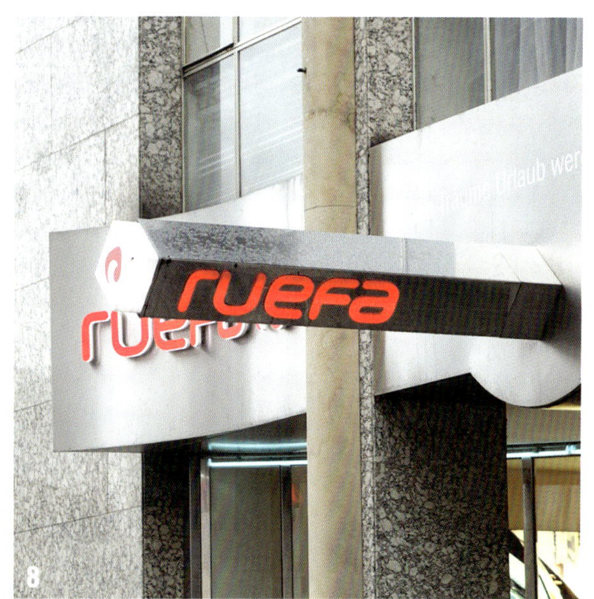

5, 6, 7, 8 오스트리아 비엔나의 쉔부른 궁전 근처와 시내에서 본 사인들로 특히, 비엔나 시내에는 단순하고 독특하며 조형적인 돌출사인들을 다른 유럽 국가들과 달리 많이 볼 수 있다.

European

Signage design of European craft

Czech Republic
Hungary
Poland

1_ 영국, 프랑스, 독일

2_ 벨기에, 룩셈부르크, 네덜란드

3_ 스위스, 오스트리아, 이탈리아

4_ 체코, 헝가리, 폴란드

5_ 핀란드, 스웨덴

6_ 덴마크

7_ 노르웨이

유럽 **공예사인**
European Craft Design

4. 체코, 헝가리, 폴란드

모든 도시는 인상(이미지)을 남긴다, 그 이미지는 거리, 건축물, 특정 공간, 특산품 등으로부터 시작된다. Philip Kotler는 이미지란, 한 개인이 특정 대상에 대해 갖는 신념, 아이디어, 인상의 총체라 하였다. 아울러 이미지는 인간의 행위에 중요한 영향을 미치며 어떤 실체에 대해서 반응하는 것은 실체 자체에 대한 물리적 속성에 대한 것이기 보다는 실체가 주는 느낌 즉, 이미지 때문이라는 것이다.(최인규, 2008) 다시 말해, 어떤 사물이나 대상에 대해 개인이나 집단이 가지고 있는 주관적인 지식, 인상, 상상력, 감정 등에서 표출된 종합적인 심상이 이미지이다. 우리는 여행을 다녀온 후 정리하는 사진데이터 가운데에서 인상 깊었던 거리나 건축물 등을 연상하며 여러 가지 추억을 기억하곤 한다. 필자 또한 동유럽의 여러 도시들을 단편적으로나마 접해본 후 느낀 점은, 동유럽의 도시와 거리는 서유럽의 유명 도시와는 다른 독특함과 개성을 매력적으로 표현하고 있다는 것이었다. 웅장함과 규모면에서는 서유럽보다 작지만, 서유럽의 어느 도시들보다 더 아름답운 개성미를 지니고 있으며 특히 거리와 잘 어울리는 아름다운 공예작품같은 사인 이미지가 연상된다.

동유럽의 유명 관광도시들(체코 프라하, 체스키크롬로프, 헝가리 부다페스트, 폴란드 바르샤바 등)의 거리는 대부분 수공예 돌출 사인이 주를 이루고 있다. 아울러 유럽의 다른 도시와 마찬가지로 개성 있고 스토리를 담은 아름다운 형태로 구성되어 있다. 서유럽의 오스트리아 주변 도시들이 고전적이고 화려한 형태의 수공예 사인들로 유명하지만, 동유럽의 경우는 조형성은 물론 재료의 자연스러운 질감, 점포마다 업종을 잘 드러낸 상징적인 이미지 표현, 주변과의 조화 등에서 아날로그적이고 정감 있는

사인들을 많이 볼 수 있다. 특히, 체코 체스키크롬로프의 경우는 도시전체가 세계문화유산으로 지정된 곳으로 동화마을같이 아름다운 곳이다. 마치 타임머신을 타고 중세의 어느 시간대에 도착한 것 같은 환상적인 풍경과 함께 아기자기한 수공예 사인들이 형형색색의 고풍스러운 건물들과 잘 어우러져 있다. 골목마다 보헤미안적인 개성과 특색을 표현한 목공예와 금속공예 사인들이 장인의 섬세한 손길로 제작되어 있어 아름다운 풍경을 더 매력적으로 만들어주고 있다.

외형적으로 도시의 거리에 통일감을 주고 도시의 개성을 표현하며, 기능적으로 그 도시를 찾는 사람들에게 보다 쉽게 정보를 제공하는 사인디자인은 특색 있고 아름다운 도시를 만들기 위해 도시계획의 초기는 물론 도시재생에도 포함되어야 할 중요한 개념이다. 환경 친화적 도시를 위한 색채·사인디자인은 각 도시가 가지고 있는 역사와 문화, 교통과 관광·레저, 산업과 교육, 주거와 상업 등의 특성들이 서로 자연스럽게 어우러질 수 있도록 하는 것이다. 이러한 환경 친화적 도시의 사인은 위치(Location), 의미(Message), 정보(Information)를 나타내준다.

사인은 공간에서 하나의 커뮤니케이션의 수단과 체계로서 시스템화 된다. 사인시스템 계획 시 심미적 아름다움은 물론, 이용자의 동선을 고려한 편리함과 편안함, 내용과 의도의 명확성과 이해도 등이 고려되어져야 한다. 더불어 현대는 환경적 측면에서 그래픽 요소, 컬러, 재질, 도시의 심미성과 정체성 부여, 도시에 대한 정보 제공, 도시의 보행친화성(Walk ability)을 높이는 효율적인 보행환경을 위한 길 찾기(Way finding)의 개념 등 사인시스템의 형식과 적용된 콘텐츠 또한

다층화 되면서 변화하고 있다. 환경 친화적이고 도시 사용자를 존중하는 쾌적한 도시환경을 조성하기 위해 보다 효율적이고 조화로운 사인시스템 디자인이 반드시 필요한 사항이다.

예술과 디자인분야에서 다양함속에서의 통일은 각각의 다양성을 가지면서 전체적으로 통일되는 것을 말한다. 즉, 질서를 의미하는 것으로 질서는 조화, 대비, 비례, 균형, 리듬 등의 공통되는 원리로서 아름다움을 구성하는 최고의 원리이다. 생활 속에서 우리의 삶을 아름답게 유지하려면 질서가 필요하듯 사인 디자인 또한 미의 질서가 필요하다. 어떠한 공간이나 장소에서든 건축물과 사인의 조화는 통일성을 이루어야만 시각적으로 질서감각을 느낄 수 있으며, 사인이 아름답고 기능적이면 도시의 이미지와 도시사용자들의 태도가 바뀐다. 사인은 단순히 정보를 알리는 목적과 함께 도시경관을 형성하고 도시이미지를 만드는 환경적 요소로서, 단순히 간판제작자나 업무담당자들이 디자인하고 결정해서는 안 되는 도시의 중요한 시각조형물이다. 외국 여행 중에 마주친 친절하고 아름다우며 그 지역만의 개성이 잘 표현된, 감동을 주는 거리의 공예 작품과 같은 사인을 국내에서도 자주 만나고 싶은 마음은 10년 전이나 지금이나 한결같은데 아직도 그 바램은 희망사항인 것 같아 항상 아쉬운 마음이다.

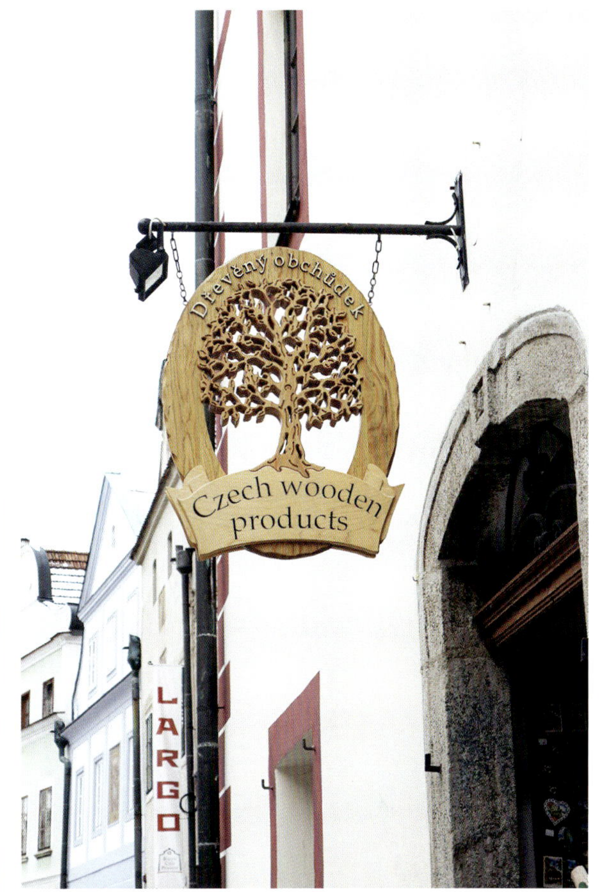

동화마을같이 아름다운 곳, 체코의 체스키크롬로프의 목공예 사인

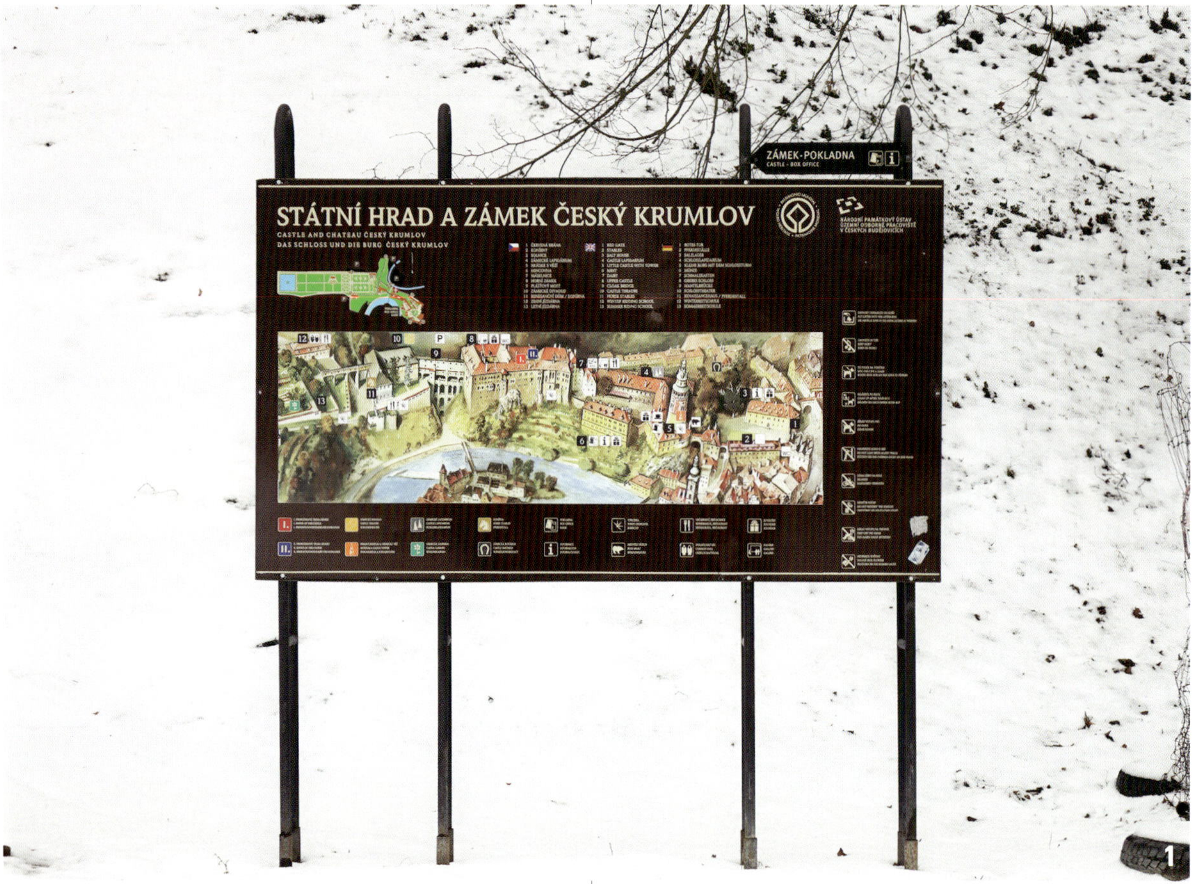

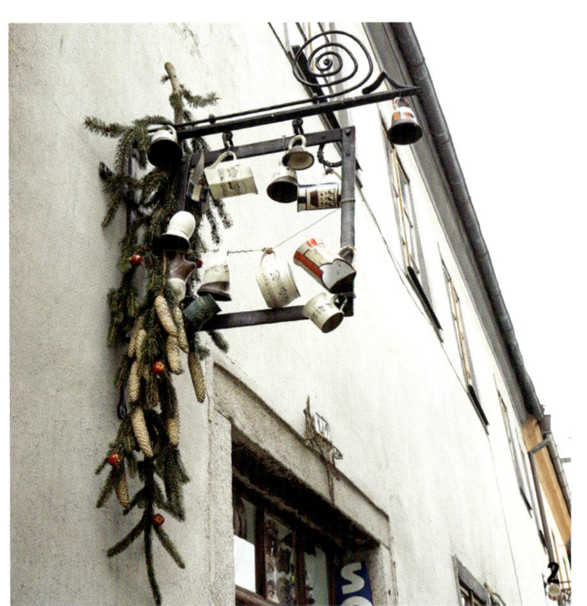

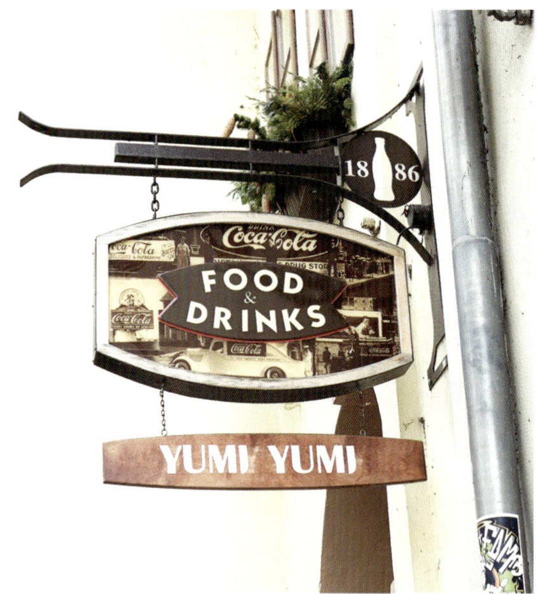

1 체코의 체스키크롬로프는 도시 전체가 세계문화유산으로 지정된 곳으로 동화마을같이 아름다운 곳이다. 마을 입구의 종합안내 사인.

2, 3, 4, 5, 6 마치 타임머신을 타고 중세의 어느 시간대에 도착한 것 같은 환상적인 풍경과 함께, 아기자기한 수공예 사인들이 형형색색의 고풍스러운 건물들과 잘 어우러져 있다.

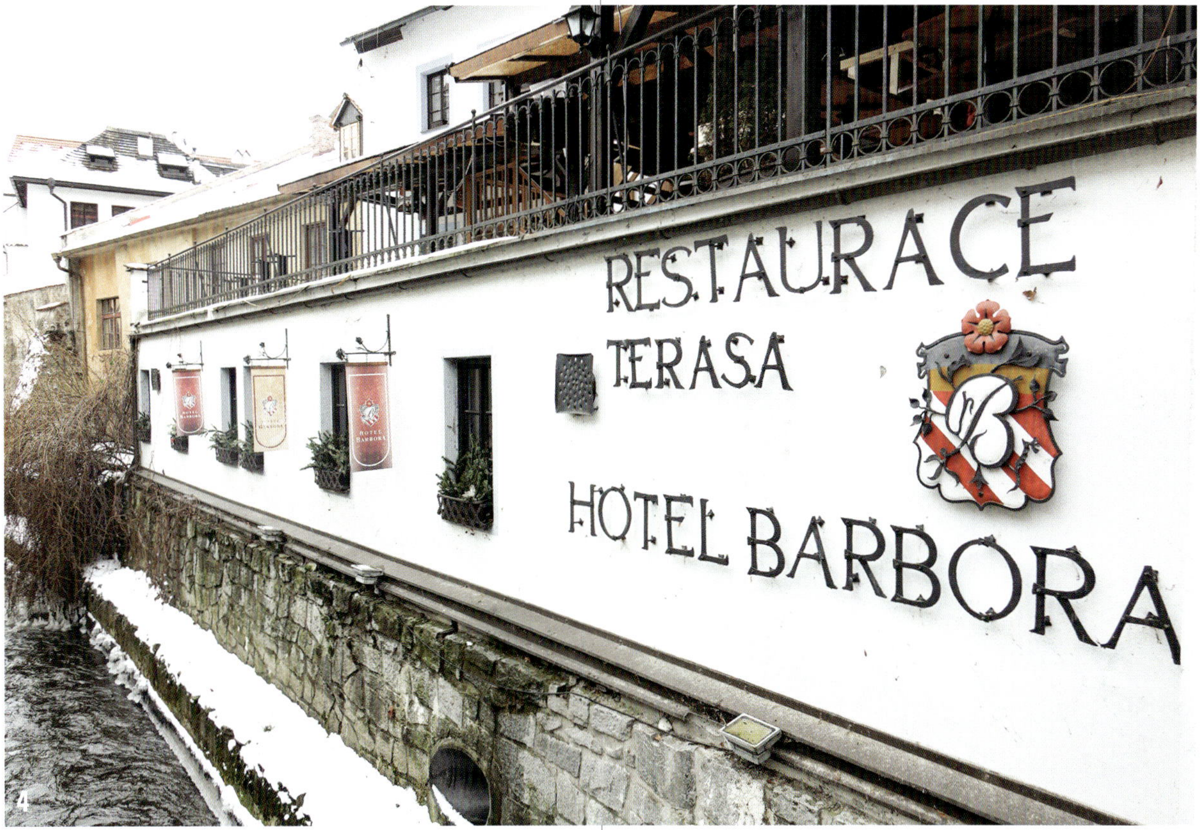

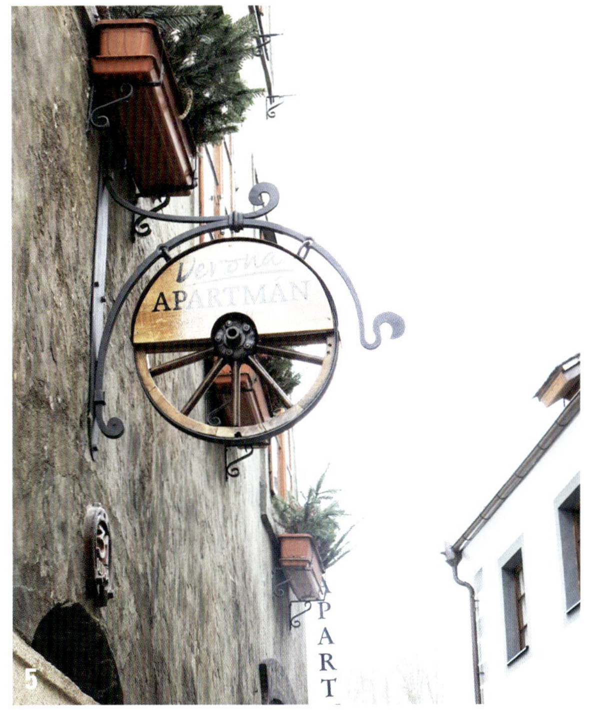

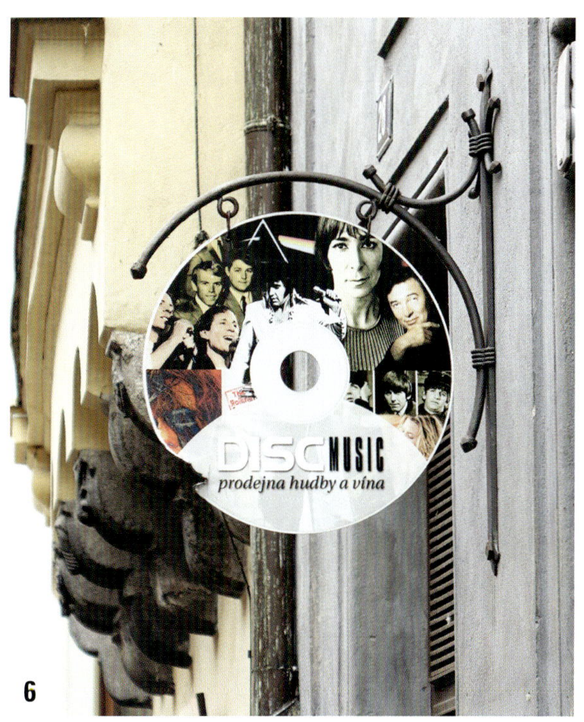

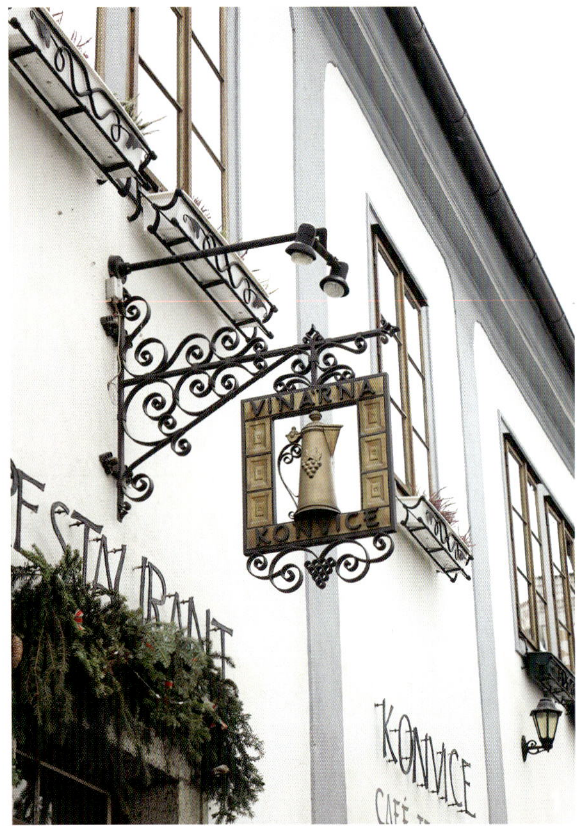

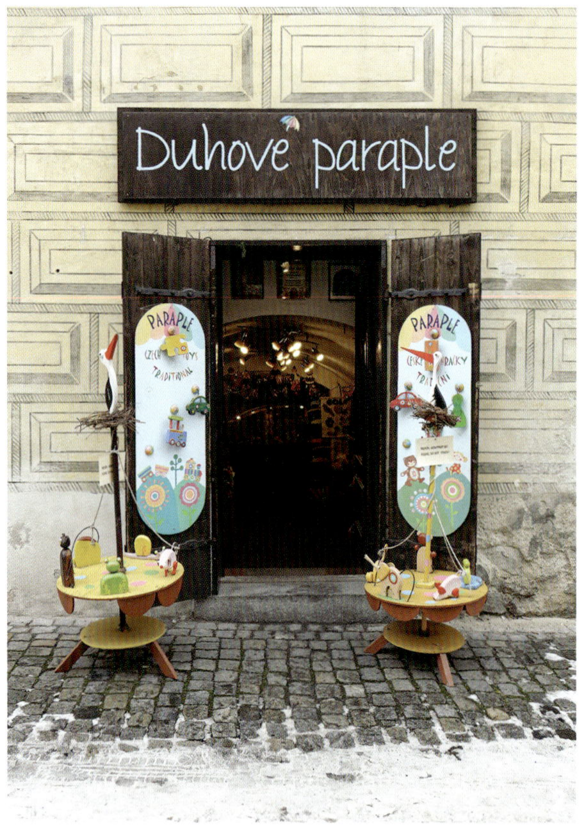

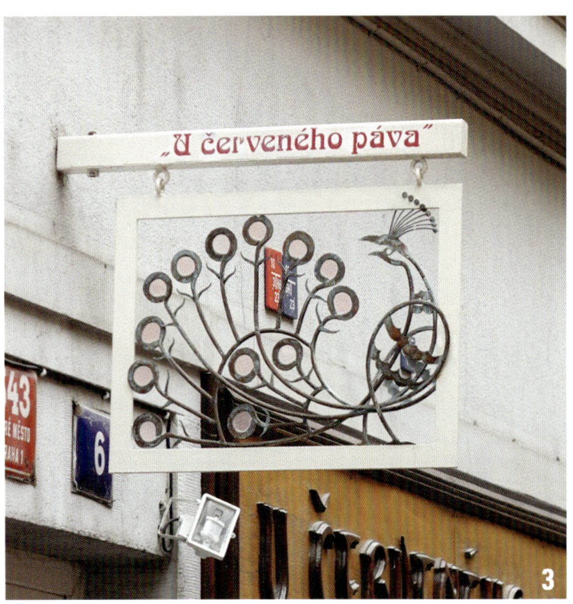

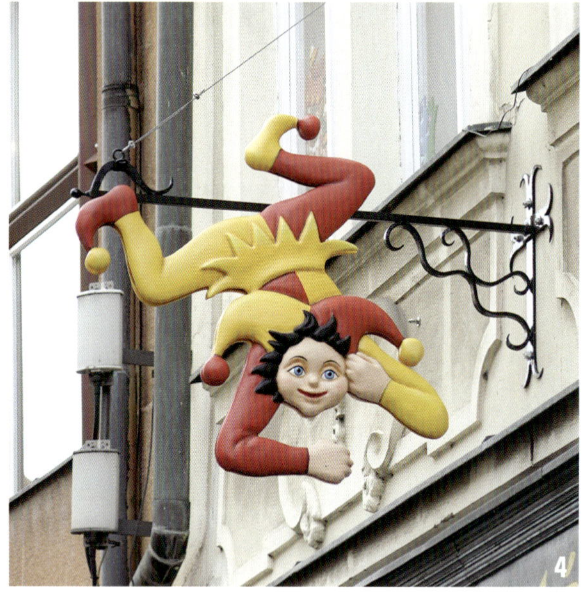

1, 2 체코의 체스키크롬로프는 도시전체가 세계문화유산으로 지정된 곳으로
동화마을같이 아름다운 곳이다. 마치 타임머신을 타고 중세의 어느
시간대에 도착한 것 같은 환상적인 풍경과 함께 아기자기한 수공예
사인들이 고풍스러운 건물들과 잘 어우러져 있다.

3, 4 체코의 프라하 거리 역시 수공예 사인과 아날로그적인 돌출사인이
거리를 조화롭게 구성하고 있다.

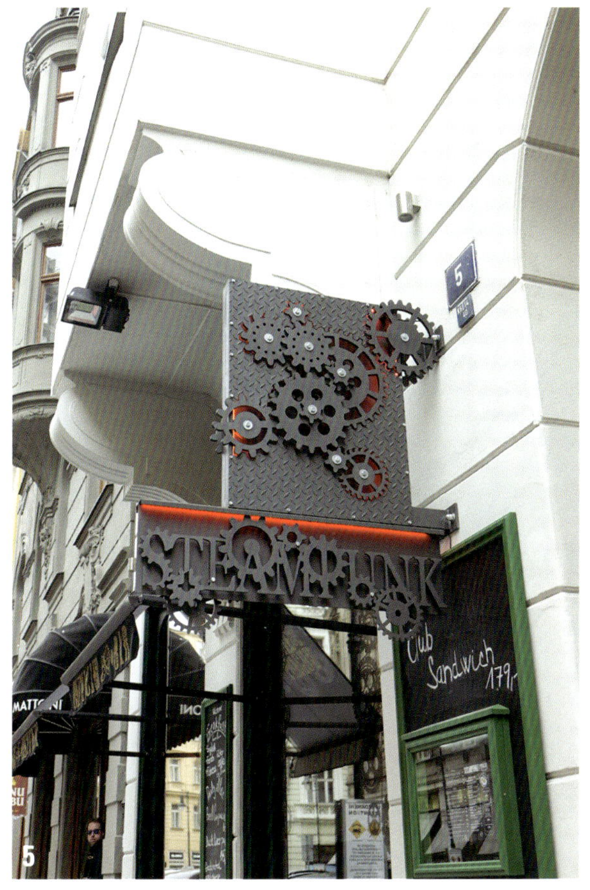

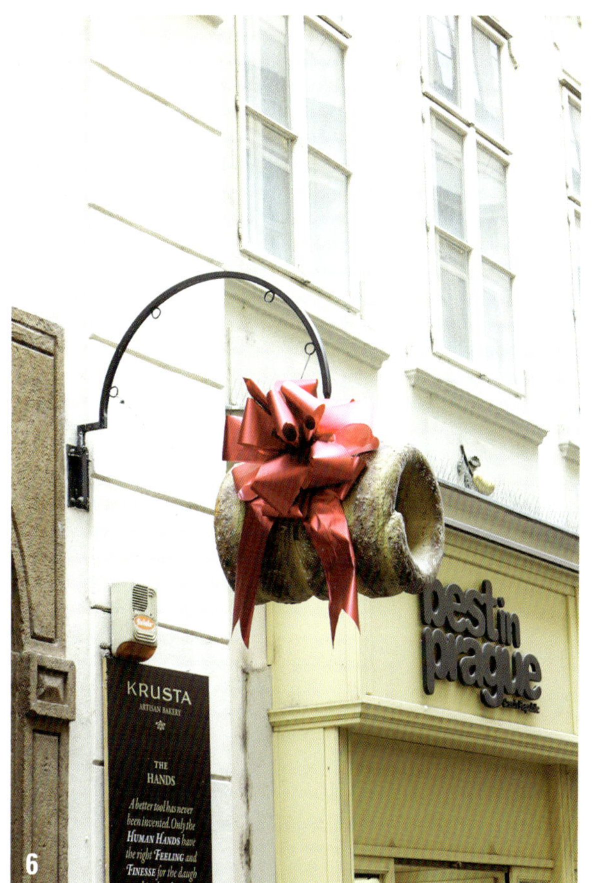

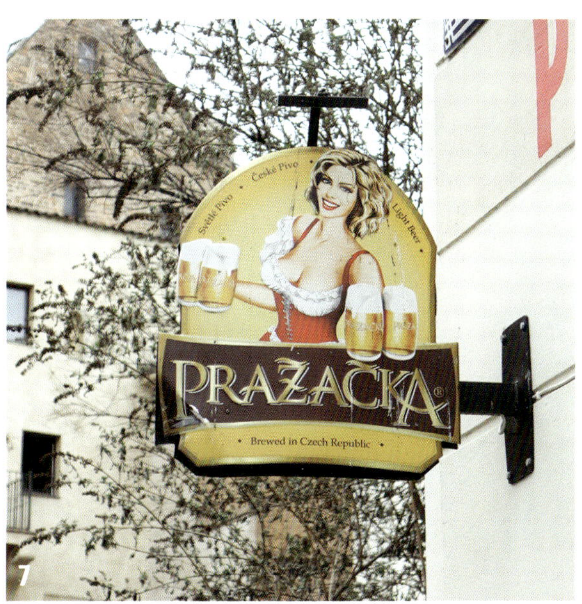

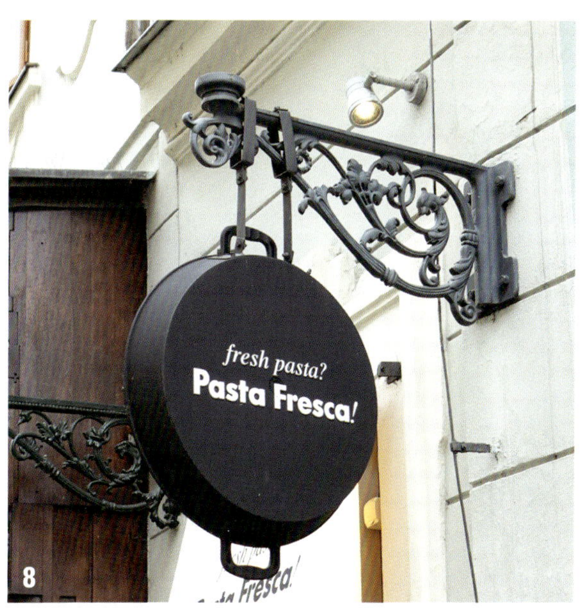

5, 6, 7, 8 세계적으로 많은 여행자들이 찾는 장소인 체코의 프라하는
아름다운 야경과 함께 프라하성, 천문시계탑과 카를교 등 많은 볼거리와
개성 있는 거리로 유명하다. 프라하 거리 또한 여러 재질의 수공예 사인과
아날로그적인 돌출사인이 거리를 조화롭게 구성하고 있다.

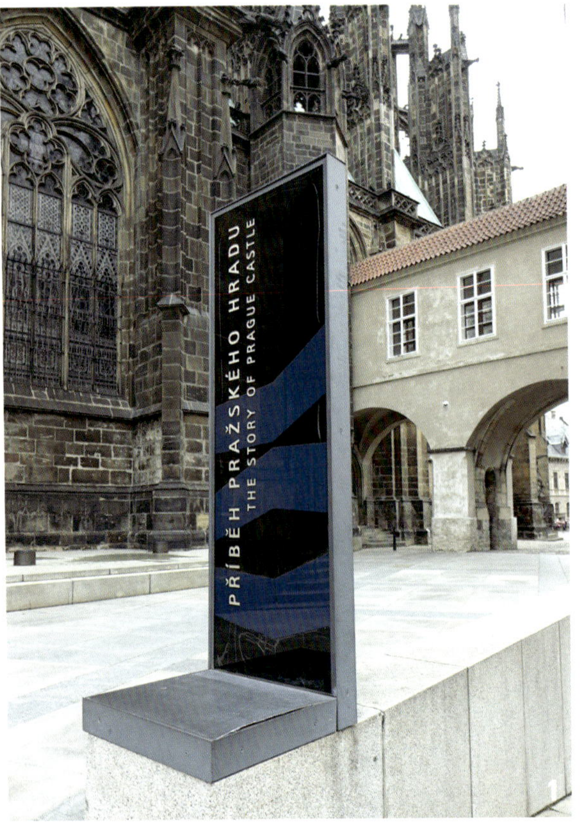

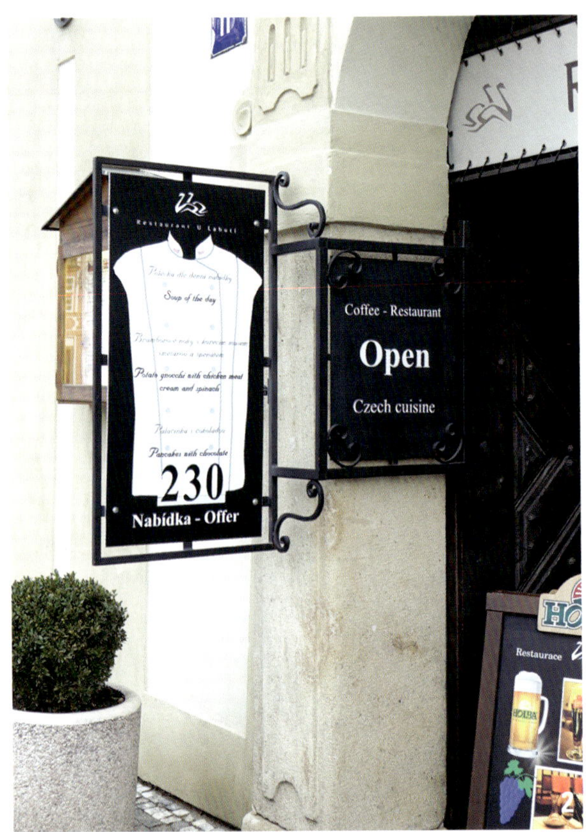

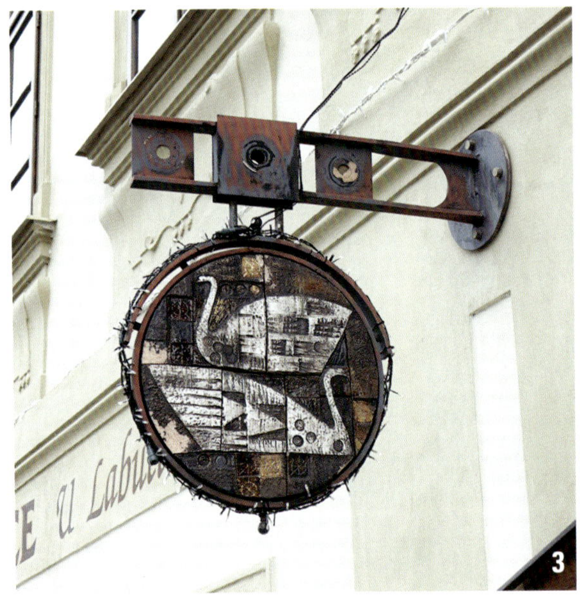

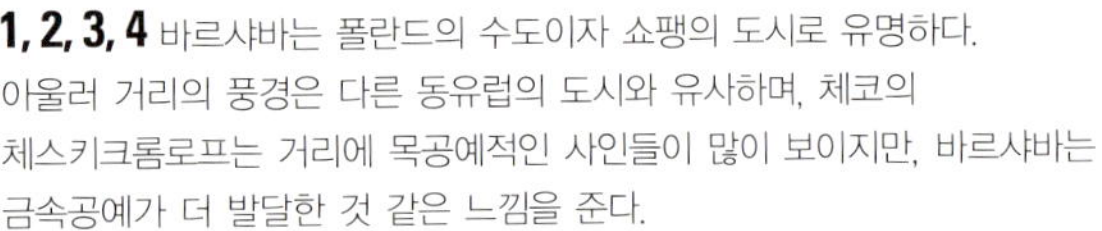

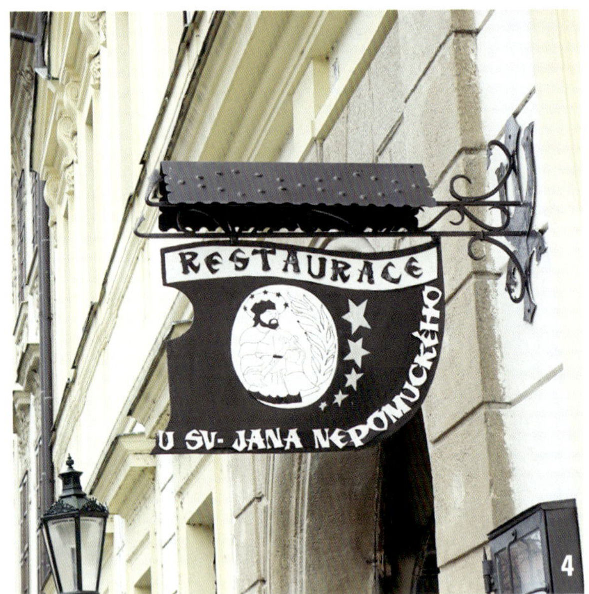

1, 2, 3, 4 바르샤바는 폴란드의 수도이자 쇼팽의 도시로 유명하다.
아울러 거리의 풍경은 다른 동유럽의 도시와 유사하며, 체코의
체스키크롬로프는 거리에 목공예적인 사인들이 많이 보이지만, 바르샤바는
금속공예가 더 발달한 것 같은 느낌을 준다.

5, 6 고풍스러운 건축물과 거리, 아름다운 야경, 영화 글루미 선데이,
우리나라이 아이리스 드라마 촬영지로 유명한 헝가리 부다페스트 역시
다른 동유럽의 도시들과 유사한 이미지의 돌출사인들이 자주 보였다.

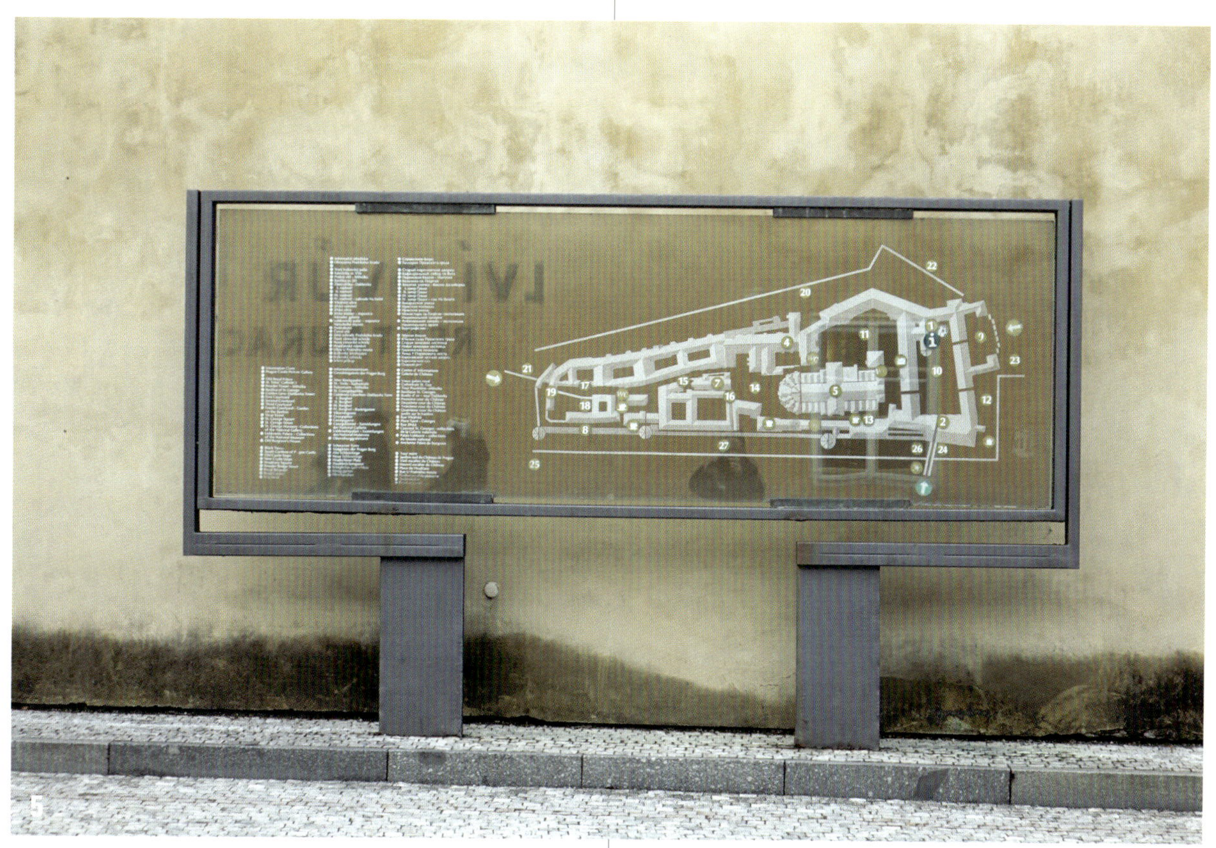

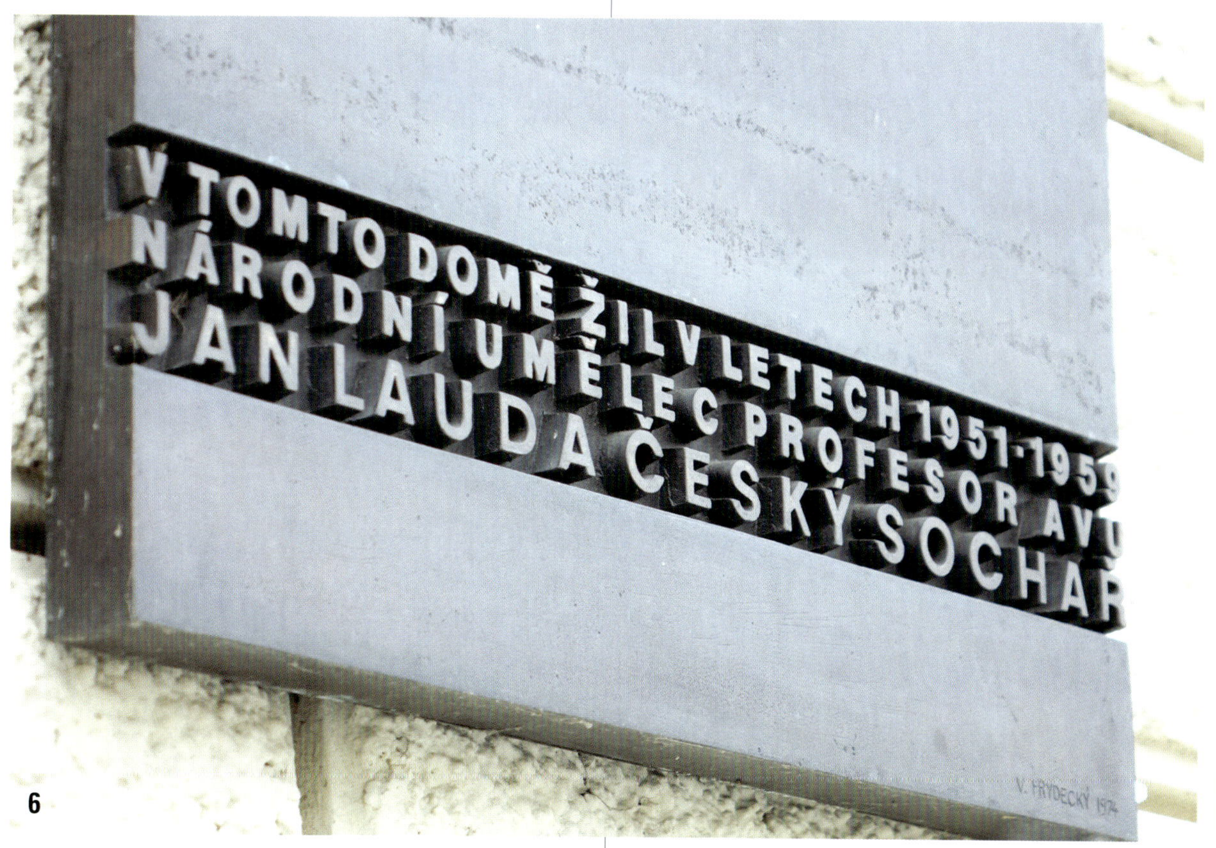

V TOMTO DOMĚ ŽIL V LETECH 1951-1959
NÁRODNÍ UMĚLEC PROFESOR A VU
JAN LAUDA ČESKÝ SOCHAR
V. FRÝDECKÝ 1974

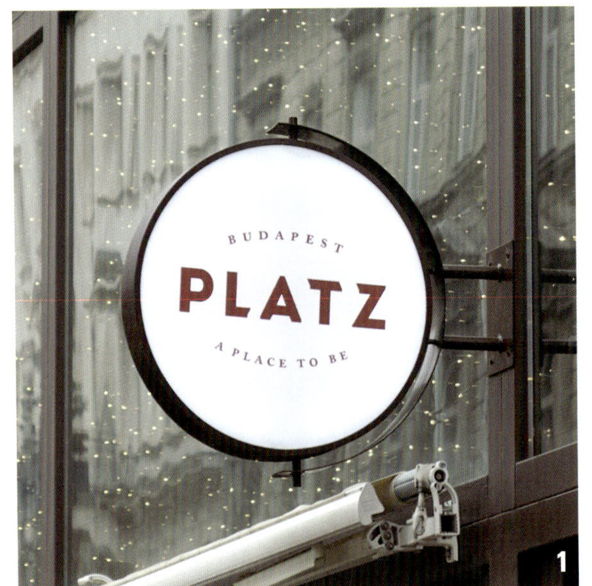

1

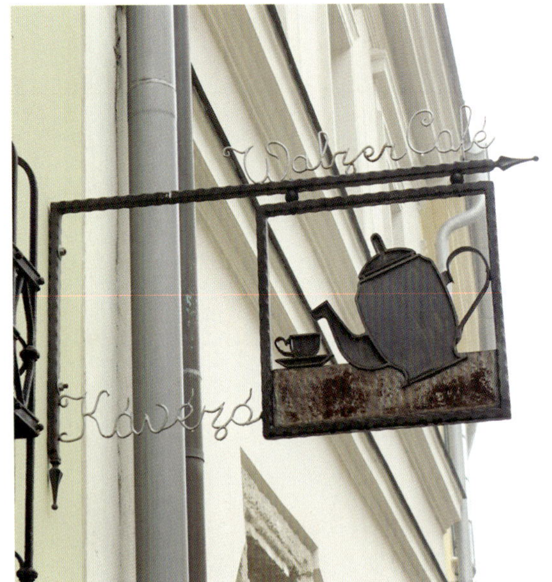

2

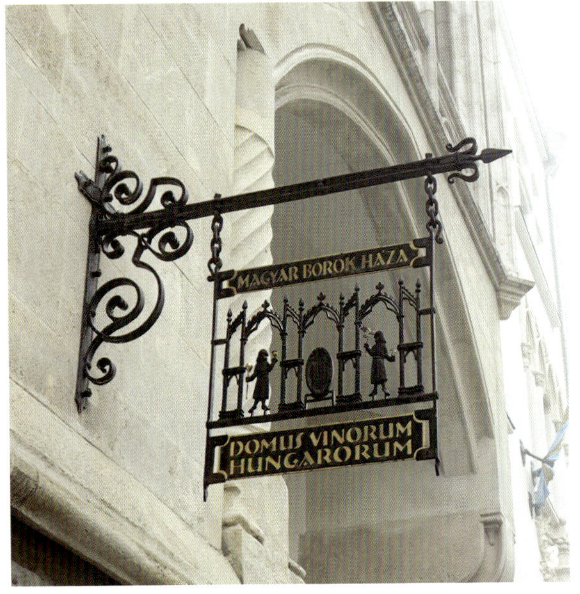

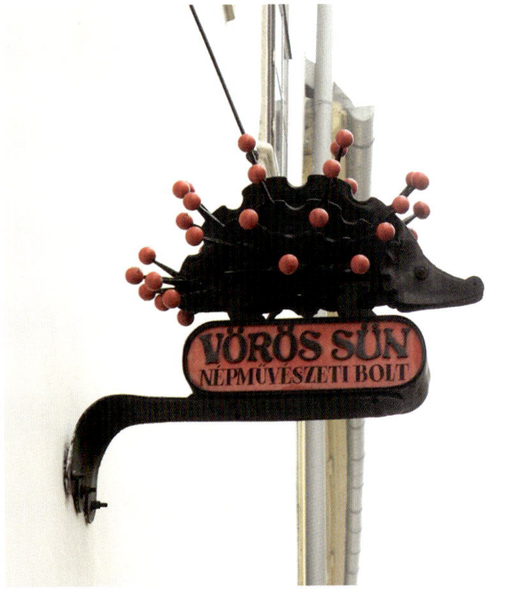

4

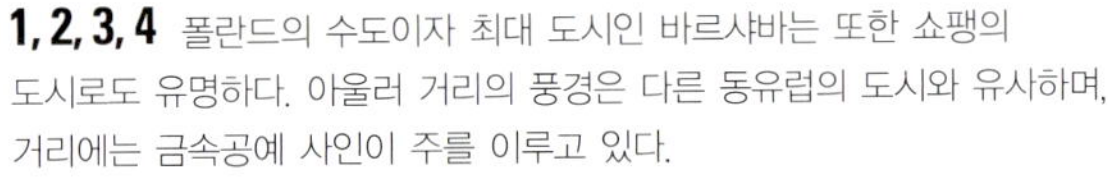

1, 2, 3, 4 폴란드의 수도이자 최대 도시인 바르샤바는 또한 쇼팽의 도시로도 유명하다. 아울러 거리의 풍경은 다른 동유럽의 도시와 유사하며, 거리에는 금속공예 사인이 주를 이루고 있다.

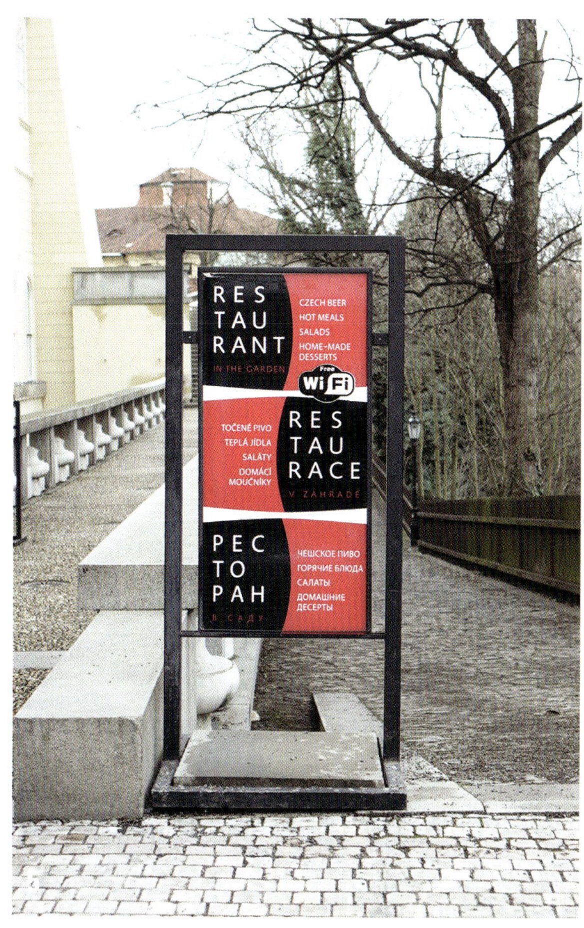

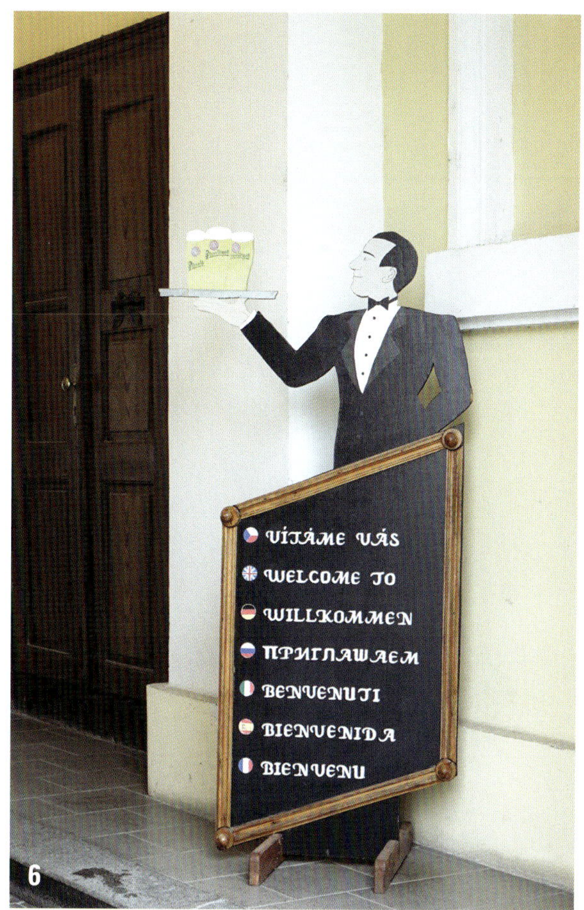

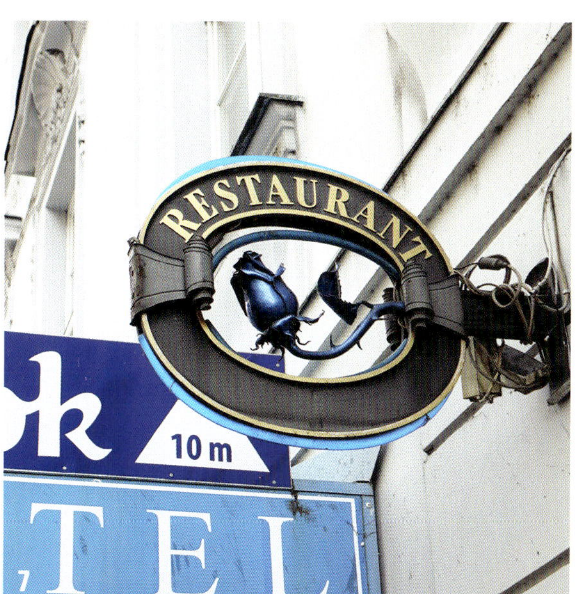

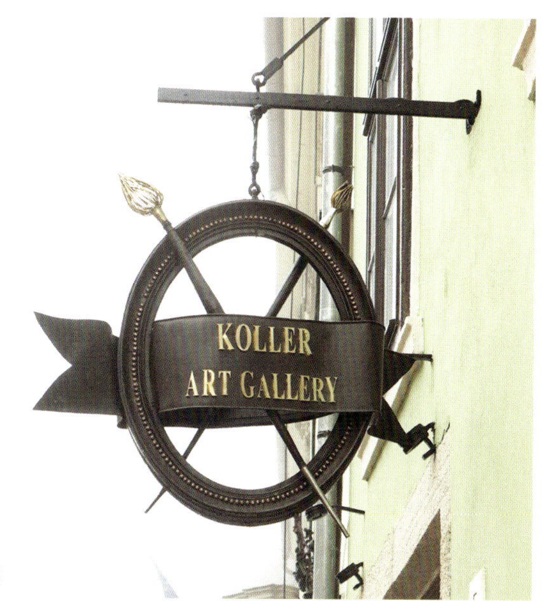

5, 6, 7, 8 고풍스러운 건축물과 거리, 아름다운 야경, 영화 글루미 선데이, 우리나라의 아이리스 드라마 촬영지로 유명한 헝가리 수도 부다페스트는 다른 동유럽의 도시들과 비슷한 돌출사인들이 거리를 구성하고 있다.

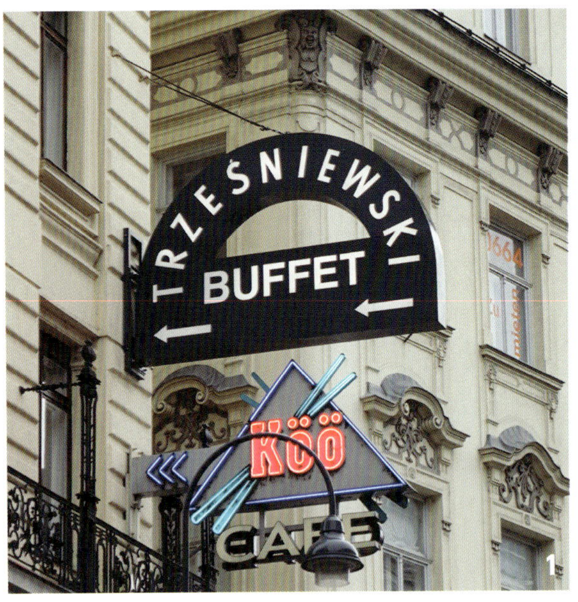

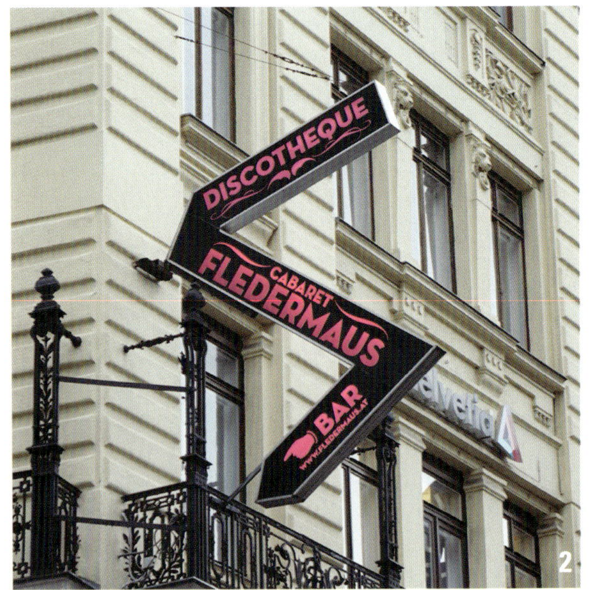

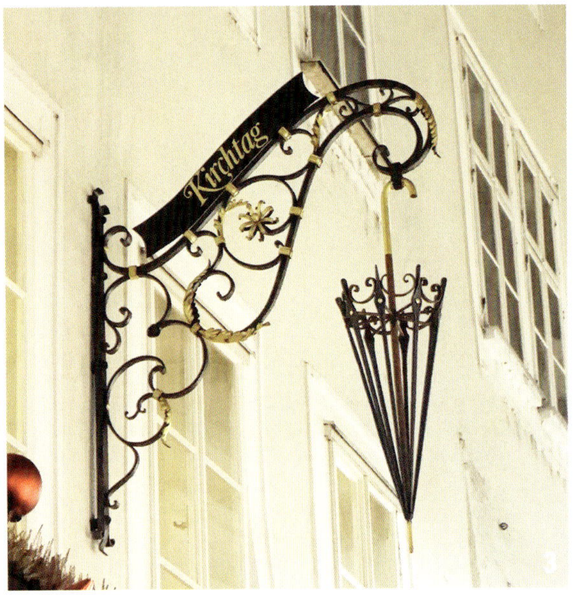

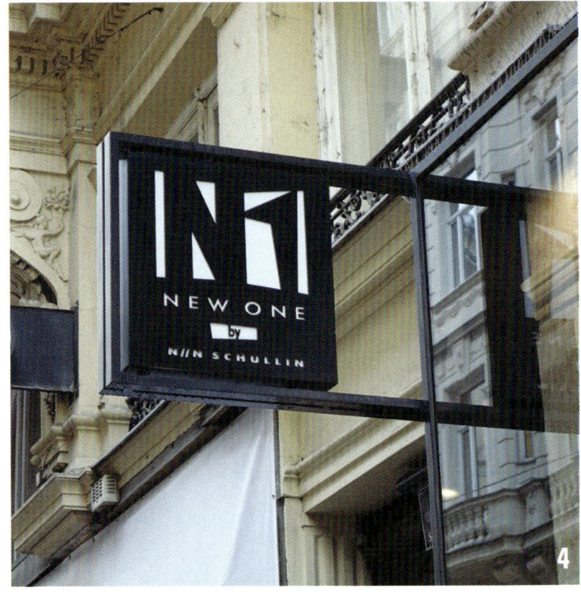

1, 2, 3, 4 바르샤바는 폴란드의 수도이자 쇼팽의 도시로 유명하다. 아울러 거리의 풍경은 다른 동유럽의 도시와 유사하며, 체코의 체스키크롬로프는 거리에 목공예적인 사인들이 많이 보이지만 바르샤바는 금속공예가 더 발달한 것 같은 느낌을 준다. 고전적인 사인과 현대적인 디지털 사인까지 다양함이 공존하는곳이 동유럽의 거리이다.

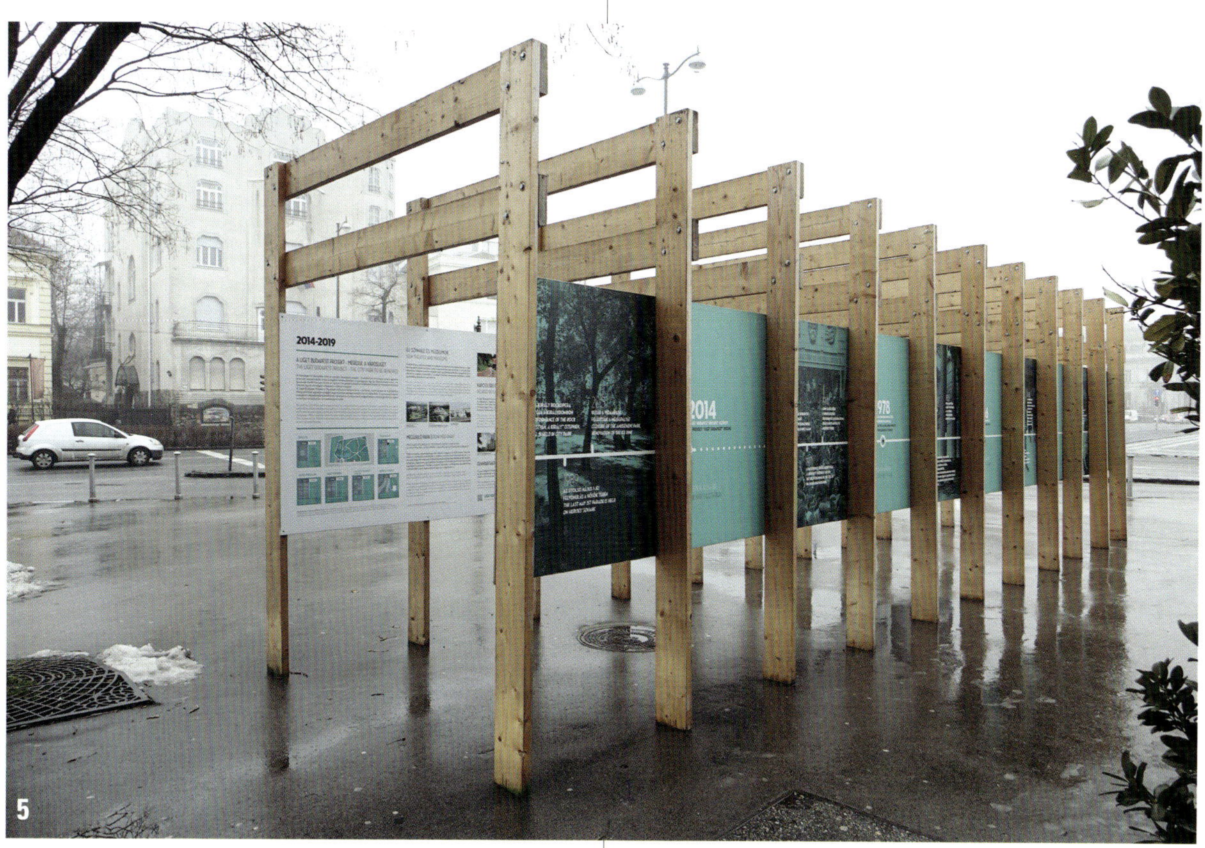

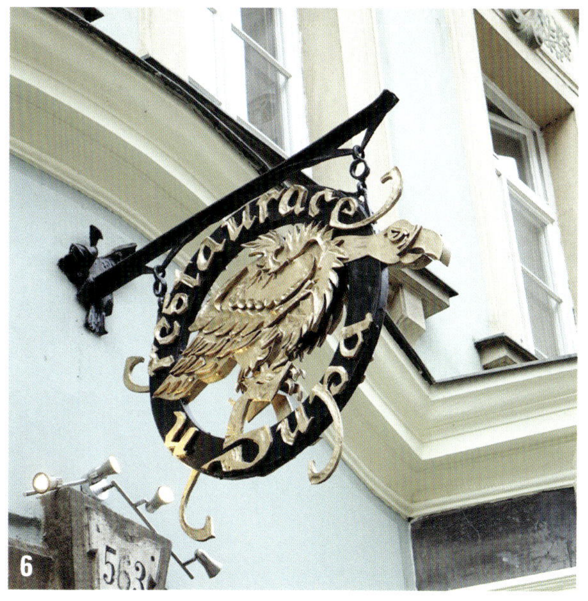

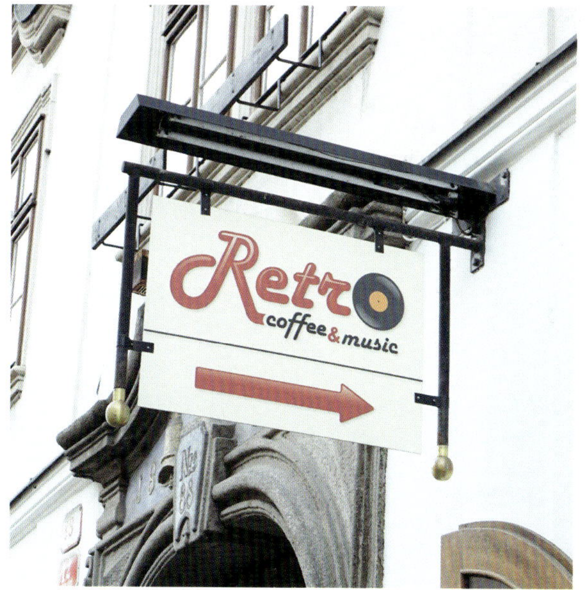

5 폴란드의 수도이자 쇼팽의 도시로 유명한 바르샤바의 어느 광장에서 본 전시공간은 단순하면서도 주목성이 높게 설치되어 있다.

6, 7 바르샤바 거리의 금속공예 사인의 다양한 형태.

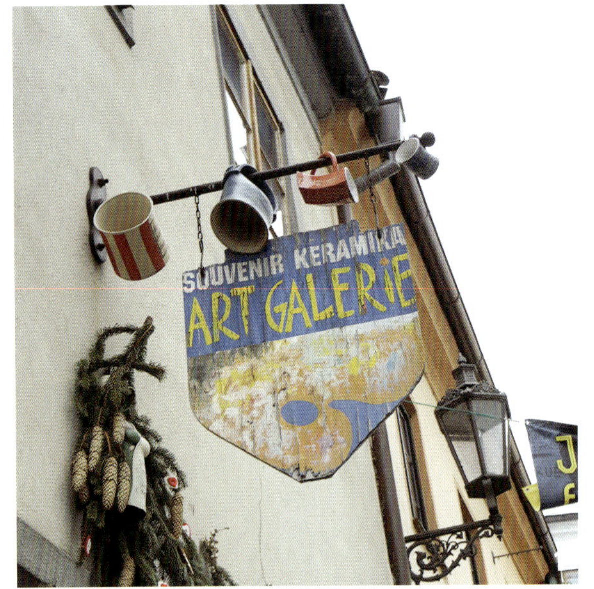

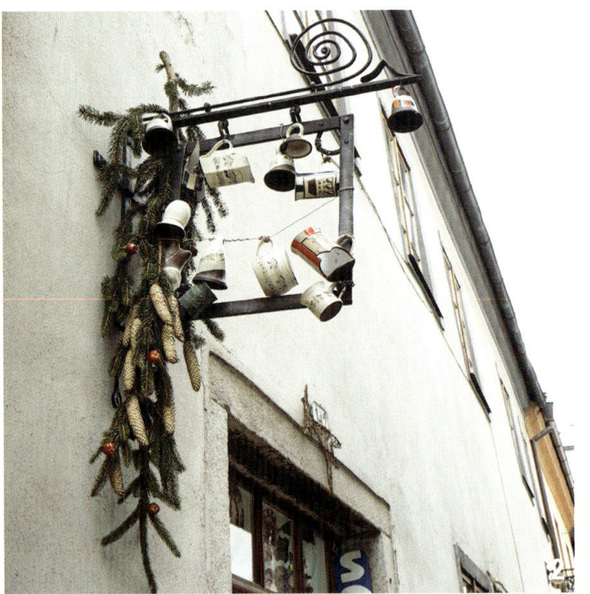

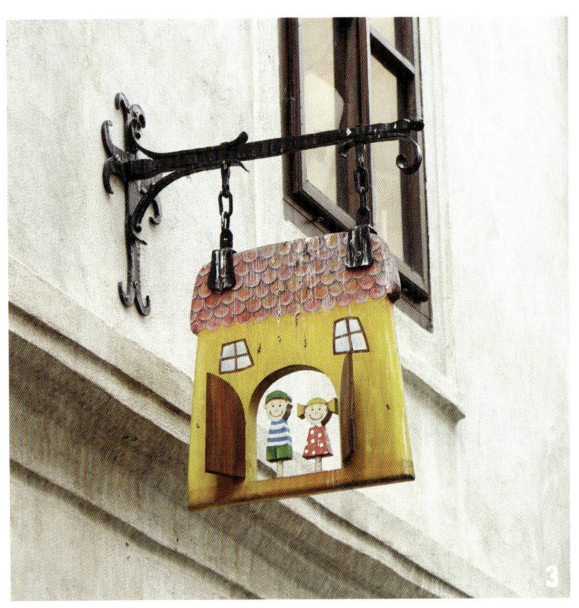

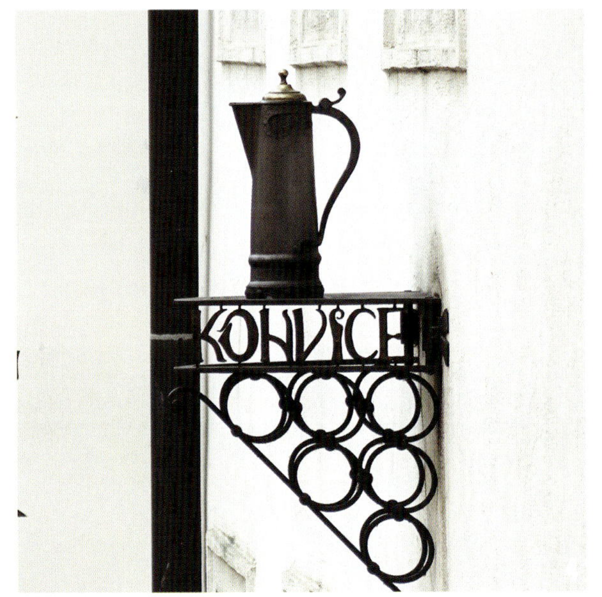

1, 2, 3, 4 도시전체가 세계문화유산으로 지정된 체코의 체스키크룸로프는
동화마을같이 아름다운 곳이다. 마치 타임머신을 타고 중세의 어느
시간대에 도착한 것 같은 환상적인 풍경과 함께, 아기자기한 수공예
사인들이 형형색색의 고풍스러운 건물들과 잘 연출되어 있다. 이러한
노력 덕분에 동유럽을 대표하는 유명 관광지로 자리매김하고 있다.

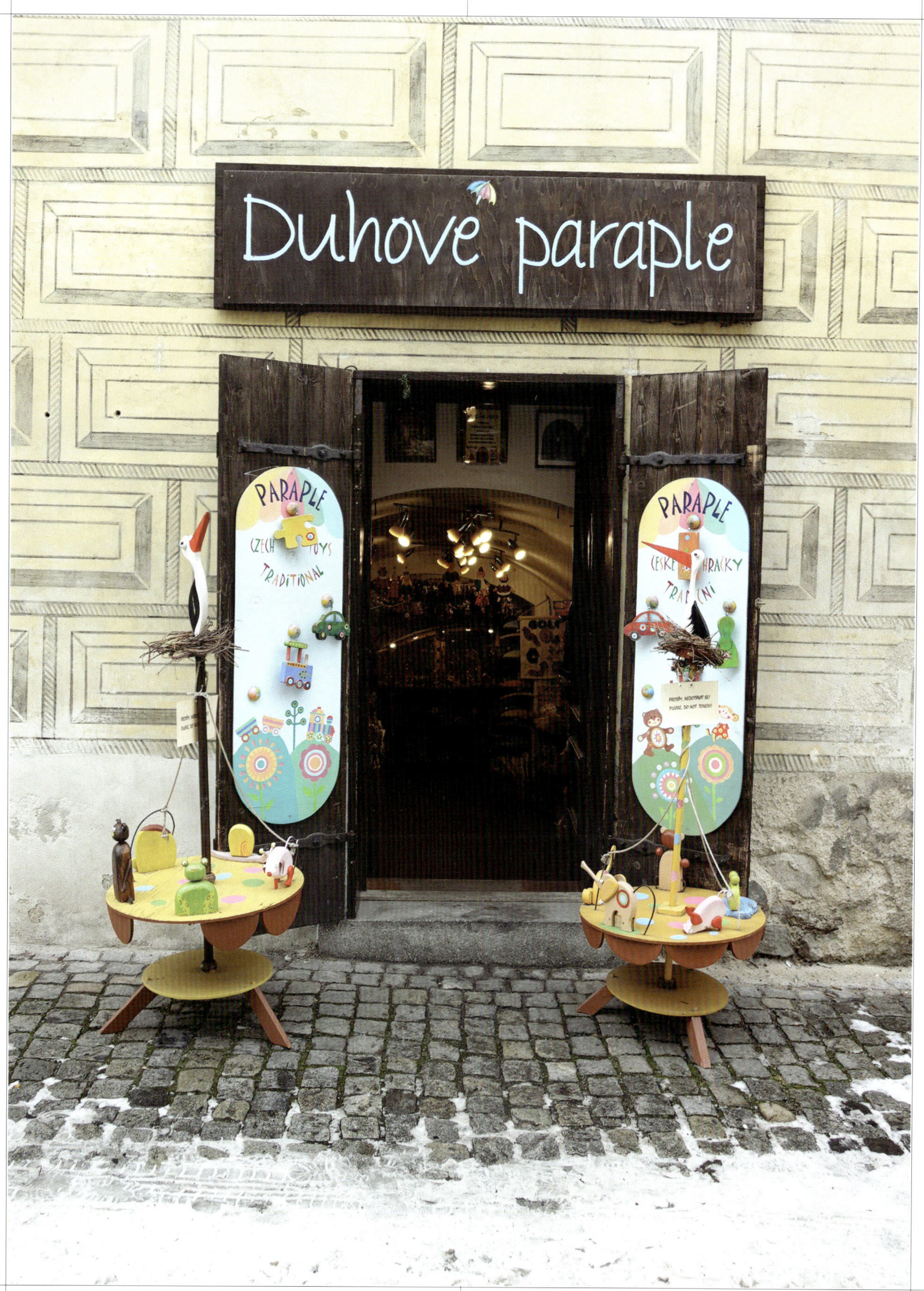
Duhové paraple
PARAPLE
CZECH TOYS
TRADITIONAL
PARAPLE
ČESKÉ HRAČKY
TRADIČNÍ

European craft

nited Kingdom

rance

ermany

elgium

uxembourg

etherland

wiss

ustria

aly

zech Republic

ungary

oland

nland

weden

enmark

orway

Finland
Sweden

1_ 영국, 프랑스, 독일

2_ 벨기에, 룩셈부르크, 네덜란드

3_ 스위스, 오스트리아, 이탈리아

4_ 체코, 헝가리, 폴란드

5_ 핀란드, 스웨덴

6_ 덴마크

7_ 노르웨이

유 럽 **공 예 사 인**
European Craft Design

5. 핀란드, 스웨덴

'진정한 여행은 여행 지역을 좀 더 느끼는 것'이라는 말을 가슴깊이 공감한다. 현재의 해외여행이 특색 없는 패키지보다는 자유여행이나 한나라 깊게 보는 여행 등으로 바뀌어가고 있듯이 최근 국내 여행객들도 북유럽이나 아프리카, 중남미 등 접근이 어려웠던 곳으로의 여행을 선호하고 있다. 그 중 하나가 바로 새로운 힐링 콘셉트로 각광받고 있는 북유럽이다. 10여 년 전부터 전 세계적으로 북유럽 스타일의 디자인이 유행하고 있다. 겉모습과 내면을 꾸미며 가장 나다운 공간인 집에 애정을 갖는 사람들이 늘어나며 특히, 소박하지만 모던한 감각과 실용성, 독창적인 디자인의 북유럽 스타일은 모두에게 사랑 받고 있다. 북유럽의 국가의 이러한 디자인 스타일을 느끼고 체험하는 디자인 씽킹(Design thinking)적인 투어가 확산되고 있다.

북유럽 디자인이 새로운 트렌드로 인식되고 있지만 그럼에도 핀란드에 대해 아는 것은 자일리톨 껌, 노키아 정도이다. 유럽의 다른 국가들이 압도적인 화려함과 관광 · 문화산업으로 전 세계의 이목을 집중시키고 있지만 이러한 디자인 강국 사이에서 북유럽 국가들도 변화하고 있다. 특히 핀란드 헬싱키의 디자인 관련업종 점포(Spot)들이 모인 디자인 클러스터인 디자인 구역(Design District)은 국내에서도 유명할 정도로 세계적인 명소이다. 인접한 스웨덴의 경우도 핀란드와 유사하지만 자신만의 개성미를 자랑하고 있는데, 핀란드와 스웨덴 사인시스템의 특징은 다양한 문화시설들에서 찾아볼 수 있다. 핀란드 헬싱키에 위치한 Kiasma미술관과 HAM(Helsinki Art Museum)의 경우는 최고의 사인디자인 작품을 연출하고 있어서 디자인 전공자는 물론 일반인들도 색다른 시각적 만족감을 경험할 수 있다.

국가 간 장벽이 무너지면서 풍부한 상상력, 문화, 친환경 등으로 평가된 도시경쟁력을 강조하는 신 개념의 도시 경제학이 생성되었는데 바로 시티노믹스(Citinomics:City+Economics)이다. 이는 경제성 · 문화성 · 예술성 · 친환경성을 고루 구비한 도시만이 살아남고 각광받는다는 것을 의미한다. 도시경쟁력이 곧 국가 경쟁력이 되는 시대라고 인식하면서 세계 곳곳의 도시들이 '시티노믹스'를 추구하고 있다. 이러한 시티노믹스 시대를 발 빠르게 선점하고 있는 곳이 바로 북유럽 국가들이라고 생각된다. 이들은 오래전부터 디자인의 중요성을 인식하고 디자인 원리를 사회전반에 합리적으로 잘 적용하고 있기에 '북유럽 스타일'을 전 세계에 전파하고 있는 것이다.

도시환경을 구성하고 있는 요소들은 상호 융합하며 재구성됨으로서 그 속에서 생활하는 도시사용자들에게 정서적, 미적, 실용적인 목적을 만족시킬 수 있어야 한다. 이러한 구성 요소들이 모여 도시사용자와 도시환경과의 상호작용 극대화에서 창조적인 환경이 조성된다. 세계의 유명도시들은 더 창조적이고 안락한 도시환경 조성을 위해 다양한 아이디어를 구체화하고 있다. 도시의 경제성과 효율성은 기본이며 그것에 더하여 여유로움, 편리성, 안락함 등이 바로 그것이다. 일상적으로 접하는 생활공간에서 편리함, 아름다움, 감성체험 등 쾌적함을 느끼고 싶어 하는 욕구가 증대하면서 도시경쟁력을 결정하는 핵심요소로서 어메니티(Amenity)가 부상하기 시작하였다. 아울러 시간이 지나면서 도시 어메니티 욕구는 편리성, 환경성, 심미성, 문화성의 순으로 그 비중이 높아지고 있다.

사인시스템은 도시환경 아이덴티티의 요소로서 우리가 생활하고 사회적으로 관계하는 모든 지식과 정보를 도시정체성(City Identity) 또는 환경 이미지와 연계되고 통합하여 정보 커뮤니케이션을 만든다. 각종 전달매체 가운데 시각적 자극을 통해 이루어지는 사인은 제 2의 언어로서 시각언어(Visual language)라고 할 수 있으며 신속, 정확하게 그 의미를 전달해 주어 인간의 원활한 커뮤니케이션을 위한 정보전달 수단이며 모두에게 이해될 수 있는 가장 쉬운 전달매체이다.

외형적으로 도시의 거리에 통일감을 주고, 내적으로 도시의 개성을 결정하며, 기능적으로 그 도시를 찾는 사용자들에게 보다 쉽게 정보를 줄 수 있게 하는 체계적인 사인계획은 특색 있고 인상 깊은 도시를 만들기 위한 도시계획과 설계의 초기부터 포함되어야 할 중요한 개념이다. 하지만 국내의 경우, 시티노믹스 차원의 사인시스템 관리와 규제가 지방자치제 실시 이후 명확하게 집행되지 않고 있다. 도시공용재(공원, 도서관, 미술관 등 도시사용자들이 일상적으로 공유하는 시설이나 공간)디자인 등에서의 키치적이고 비효율적인 문제점들이 여전히 개선되지 못하고 있다. 특히 수도권과 지방의 격차는 더 심한 상태이다. 지방자치단체의 디자인 씽킹(Thinking)이나 디자인 마케팅 개념 부족, 도시환경 관리와 개선에 대한 혁신적 개념설계 부재, 사인제작 업체나 종사자들의 디자인 감각 결여, 업주들의 이기적인 상업주의, 우리 교육환경의 미적ㆍ문화적 교육과 대학의 사인전문 교육과정 부재 등 복합적인 결과의 악순환이 계속되고 있다.

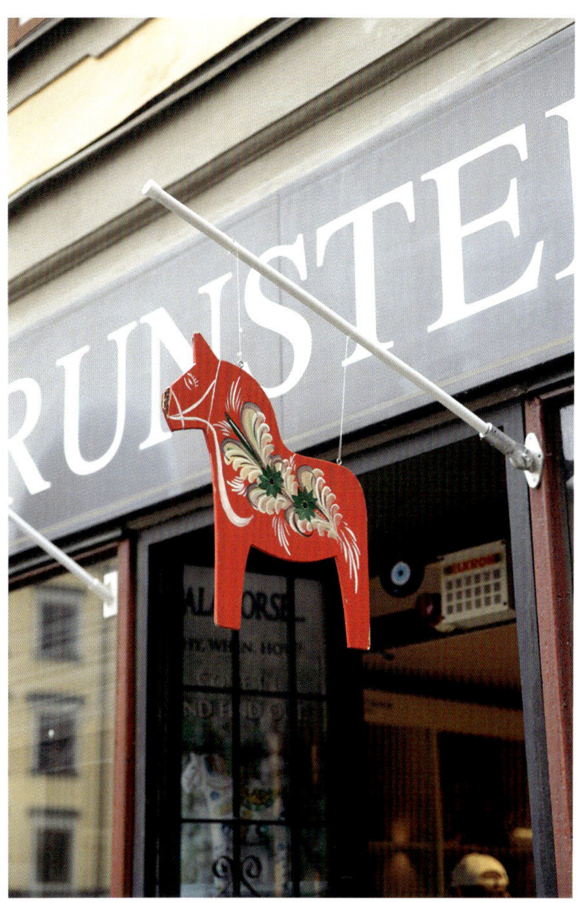

스웨덴 스톡홀름 감라스탄 지역 기념품 샵의 스웨덴 상징 아이콘 사인

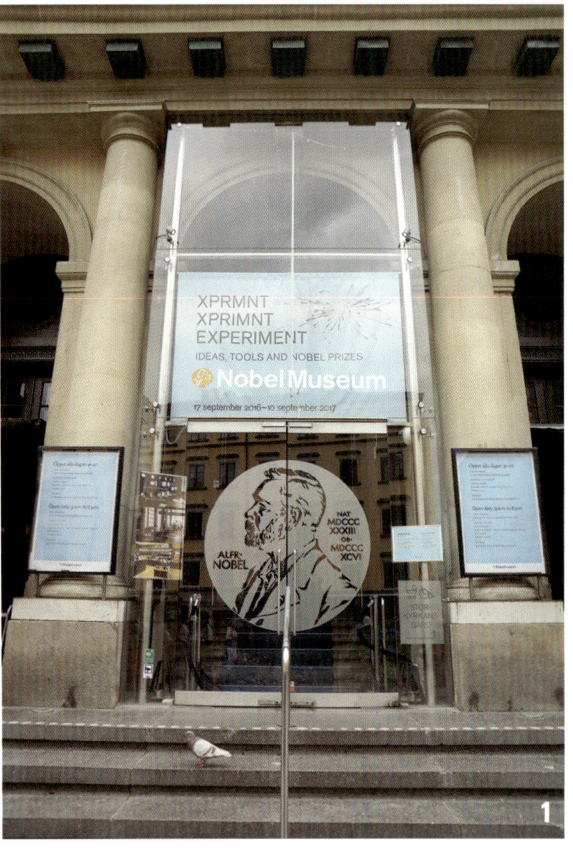

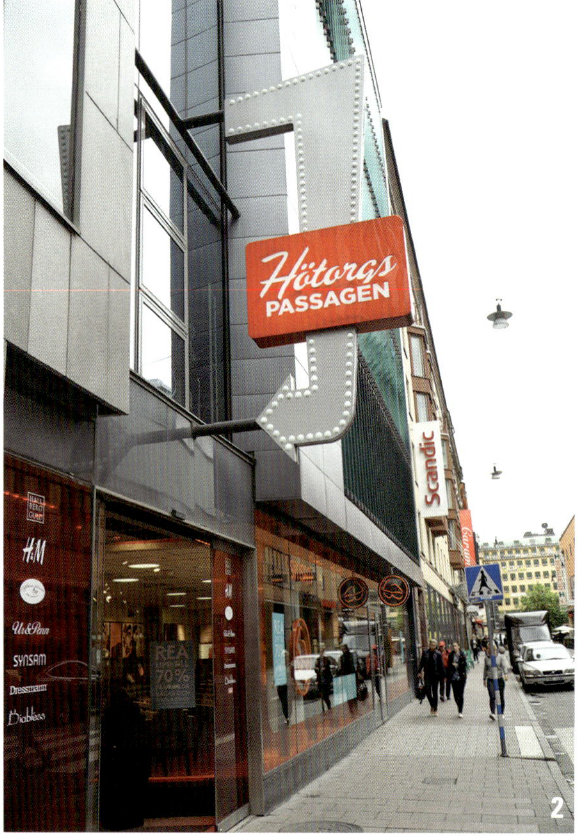

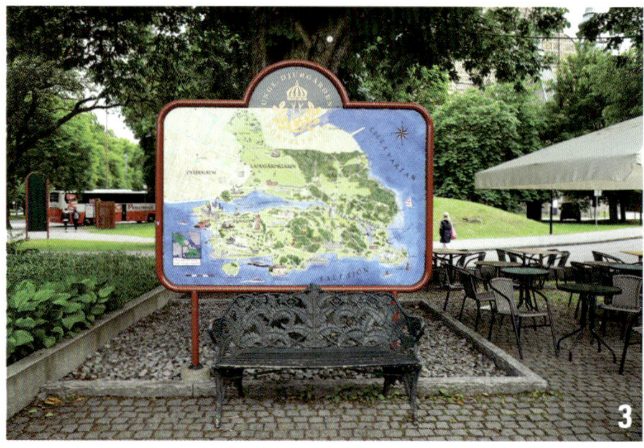

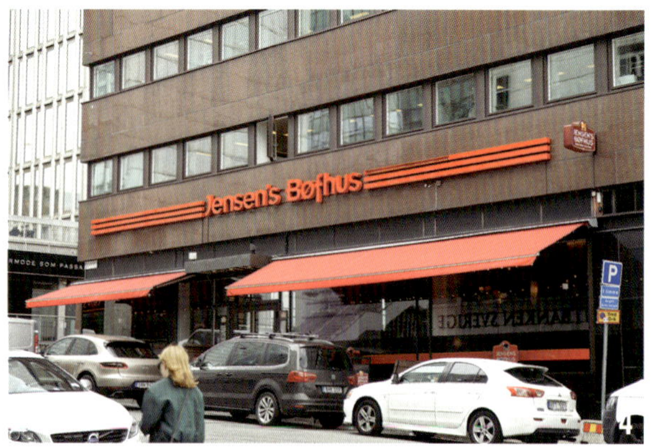

1 스웨덴 스톡홀름에 위치한 노벨박물관의 입구 모습.

2, 4 스톡홀름에 거리의 다양한 형태와 컬러의 사인 모습으로 특히,
북유럽의 경우 레드 컬러의 사인들이 많은것이 특징이다.

3 ABBA Museum 주변에는 다양한 문화시설들이 모여 있는데,
주변의 관광 안내지도 사인이 공원에 설치되어 있다.

5 한 시대를 풍미했던 스웨덴의 혼성그룹 ABBA의 모든 것을 전시하고
있는 ABBA Museum의 전경과 지주사인.

6 스톡홀름 시내의 어느 문화시설의 전면에는 현대적인 패턴과 컬러로
디자인된 대형배너가 설치되어 있다.

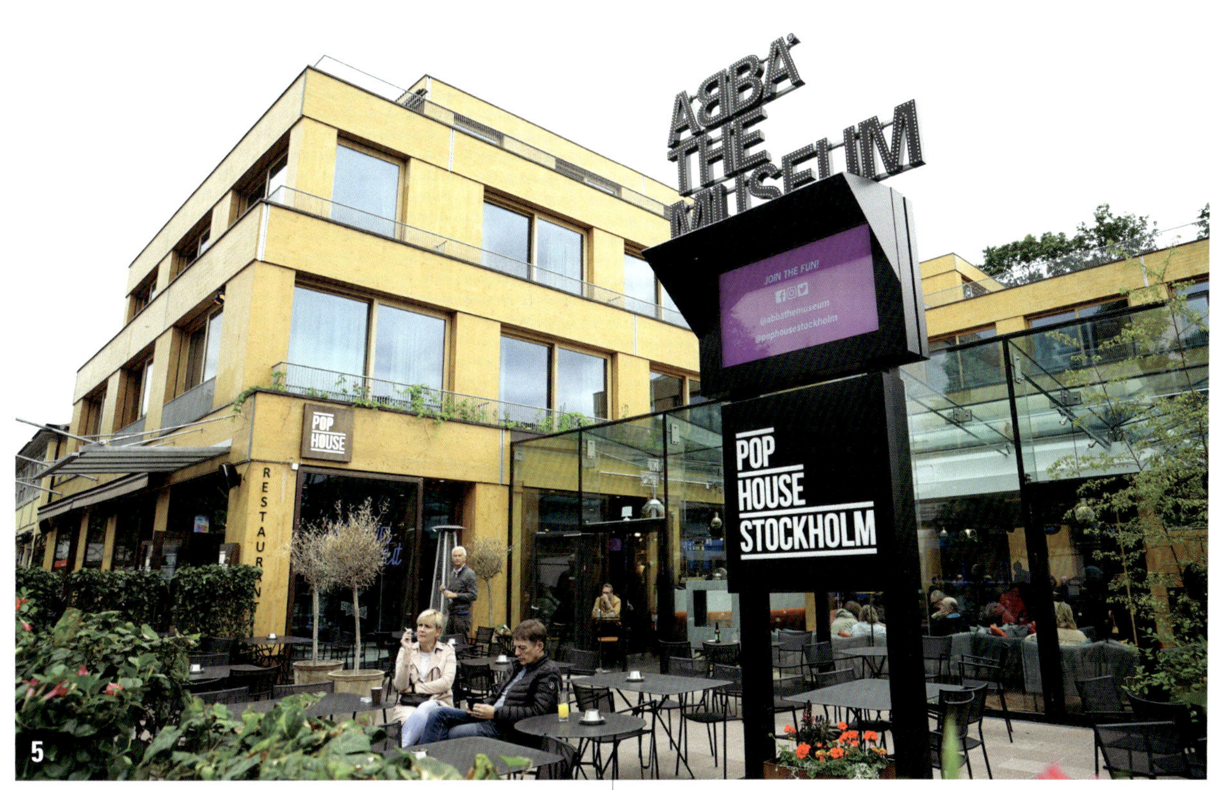
ABBA
THE
MUSEUM
JOIN THE FUN!
@abbathemuseum
@pophousestockholm
POP
HOUSE
POP
HOUSE
STOCKHOLM
RESTAURANT

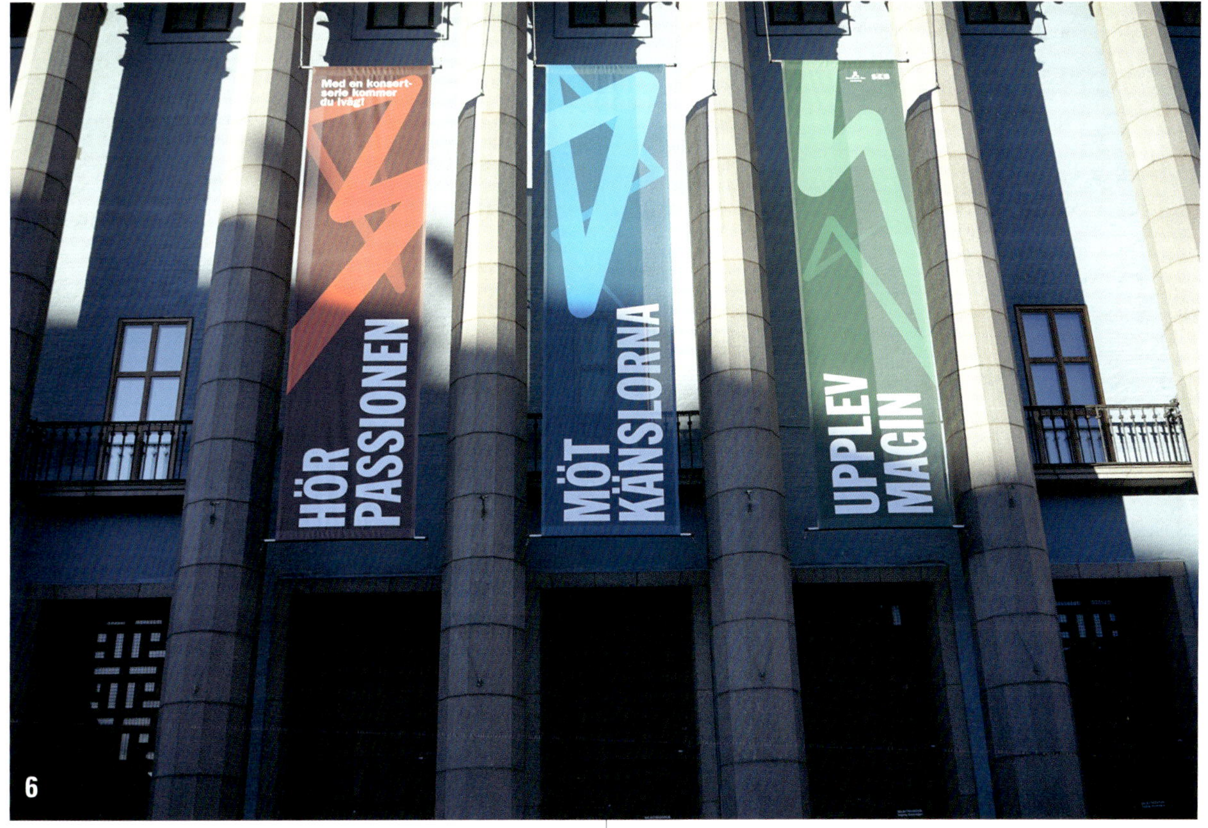
Med en konsert-
serie kommer
du iväg!
HÖR
PASSIONEN
MÖT
KÄNSLORNA
UPPLEV
MAGIN

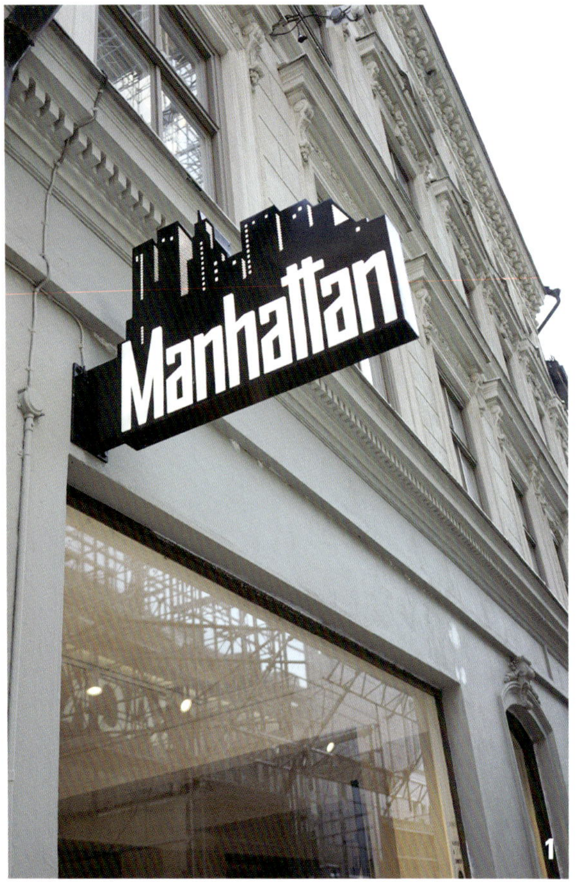

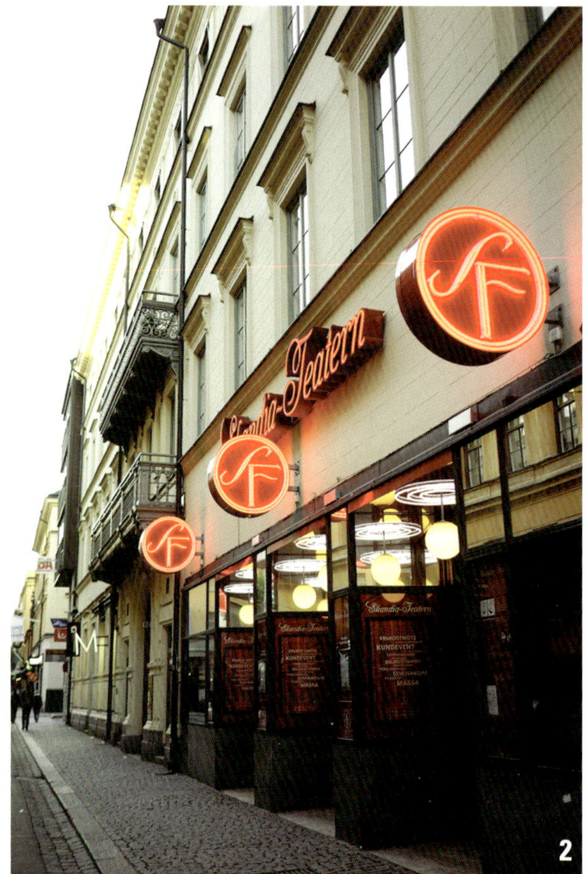

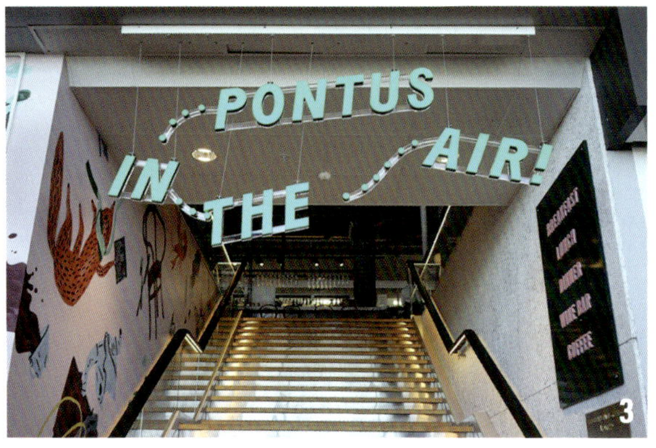

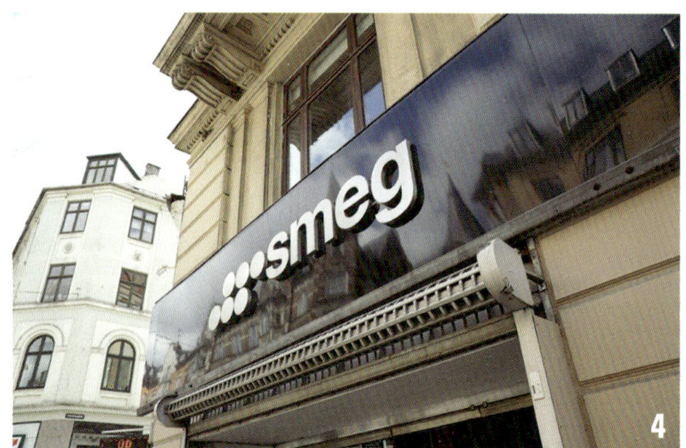

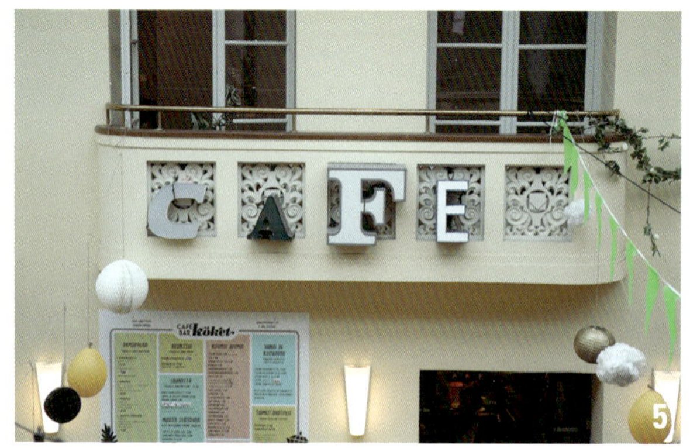

1, 2, 4 스톡홀름에 거리의 다양한 형태와 컬러의 사인 모습으로 특히,
북유럽 도시들은 명시성이 뛰어난 레드 컬러의 사인들이 많이 보인다.

3 스톡홀름 국제공항의 내부 상가의 사인으로 리듬감있는 타입으로
마치 음악이 연주되고 있는 형상으로 연출되어 있다.

5 핀란드 헬싱키 대성당 앞에 위치한 카페의 사인은 다양한 폰트들의
조합으로 이루어져 있다.

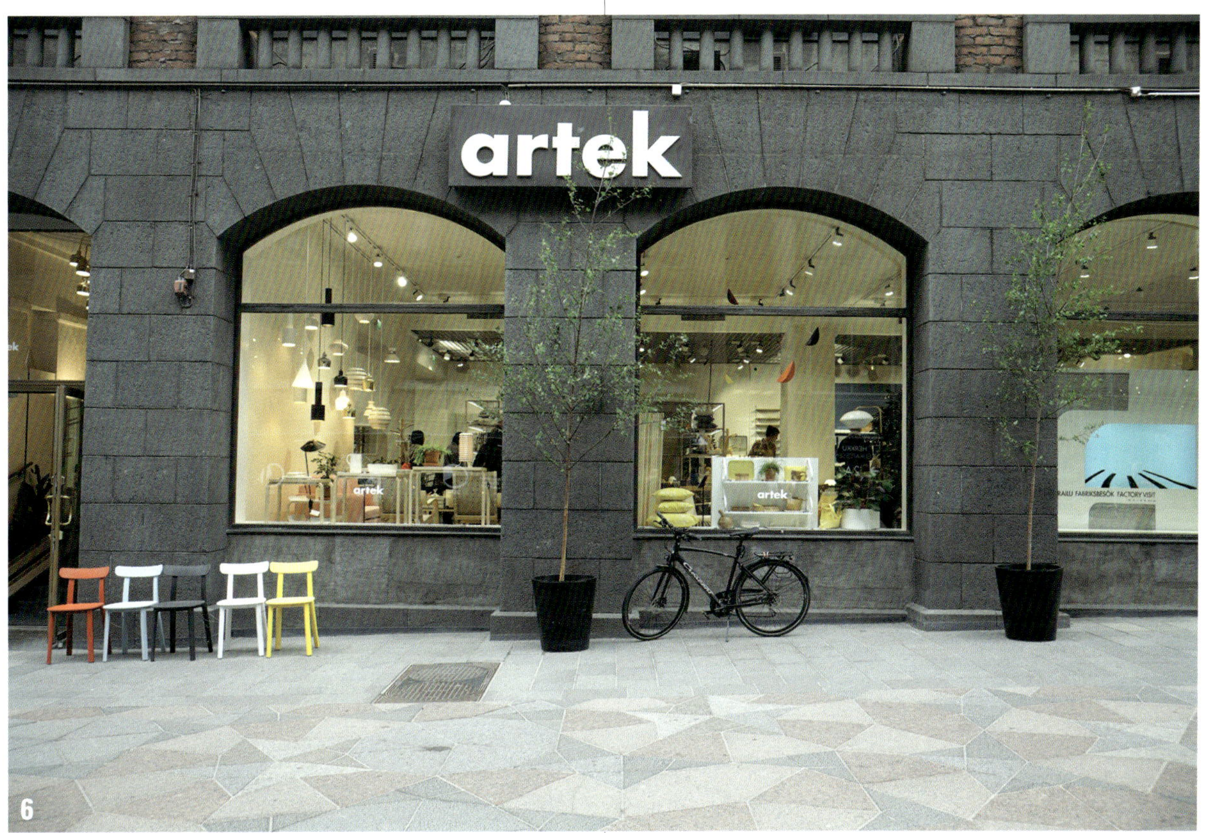

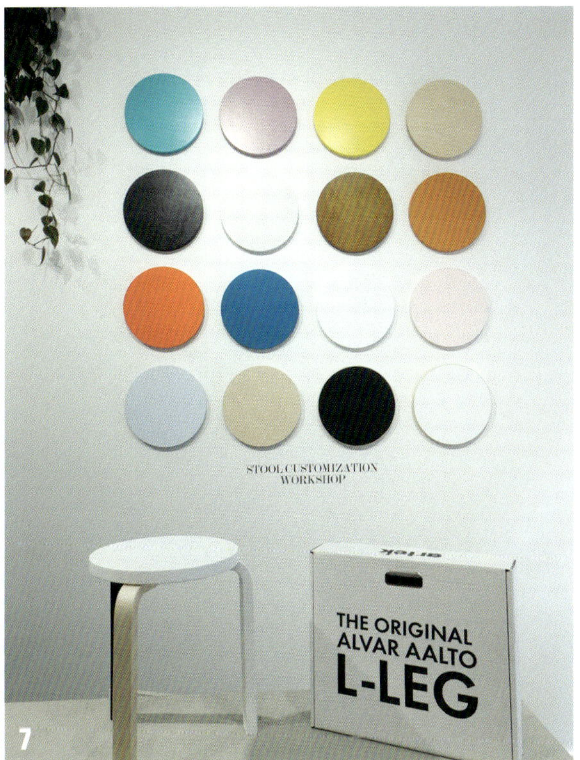

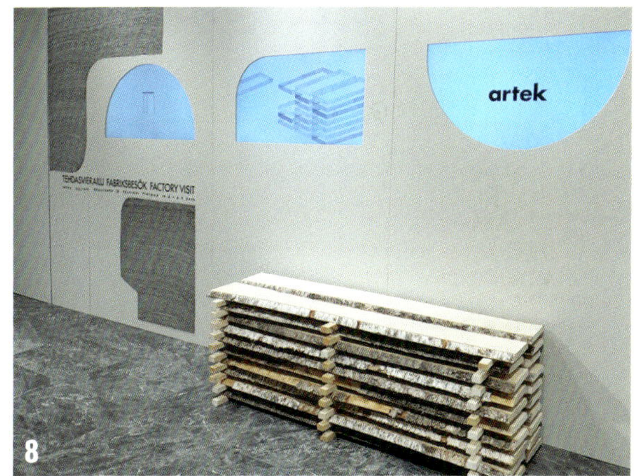

6, 7, 8 핀란드 헬싱키의 디자인 구역(Design district) 중 현대적이고
북유럽 스타일의 가구와 소품을 전시하고 있는 artek매장의 파사드 사인.
매장 내부의 벽면에는 판매되고 있는 의자의 받침을 부착시켜 아름답고
현대적인 북유럽 스타일의 컬러 감각을 연출하고 있다.

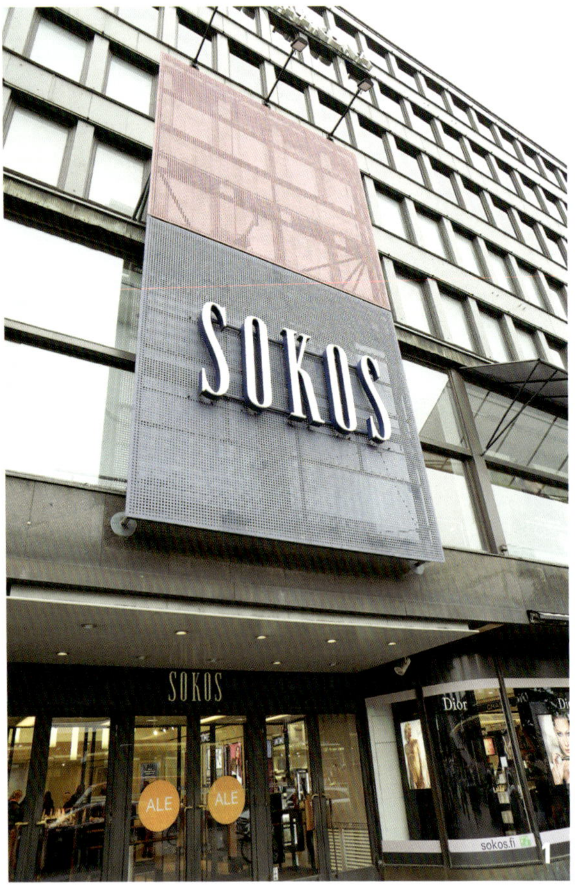

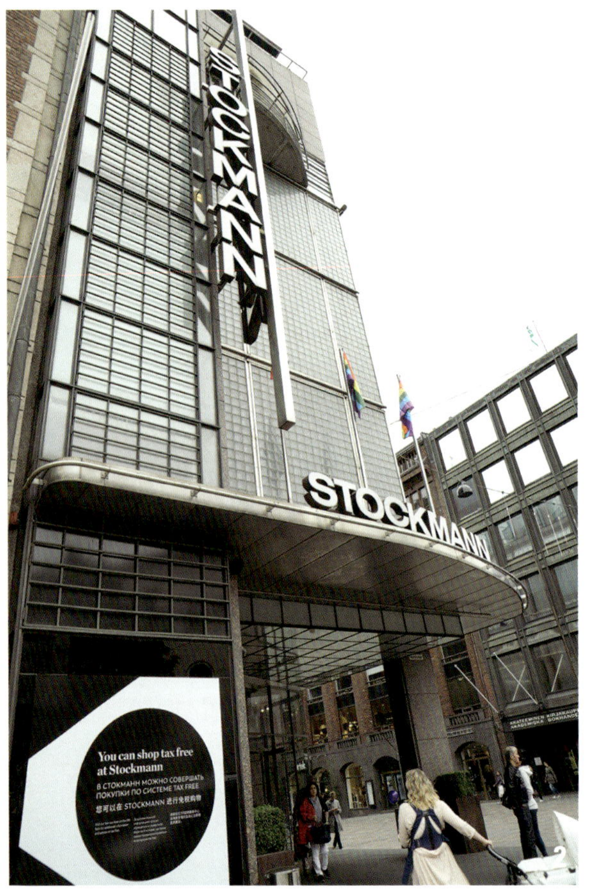

1, 2, 3, 4, 5 헬싱키의 유명한 백화점 SOKOS와 Stockmann의 입구 사인. 그리고 헬싱키 시내 곳곳의 쇼핑몰, 백화점, 교통환승역 상가의 사인들로 다양한 이미지를 연출하고 있다.

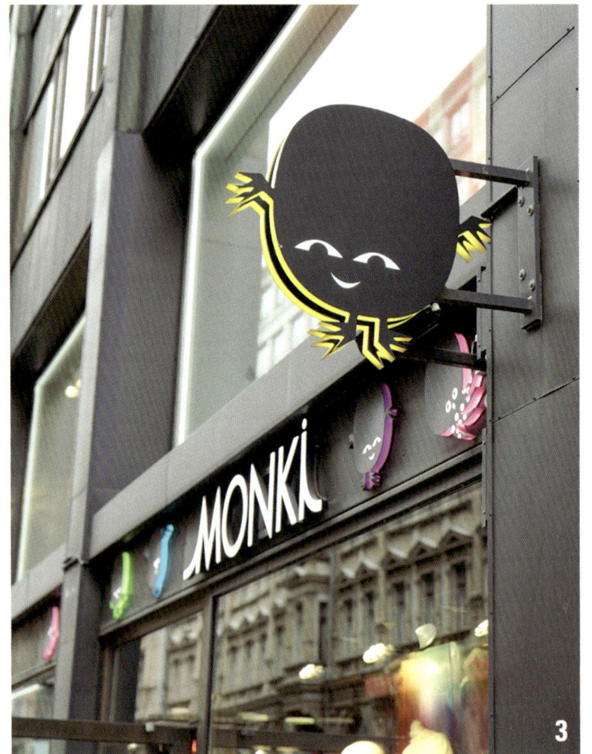

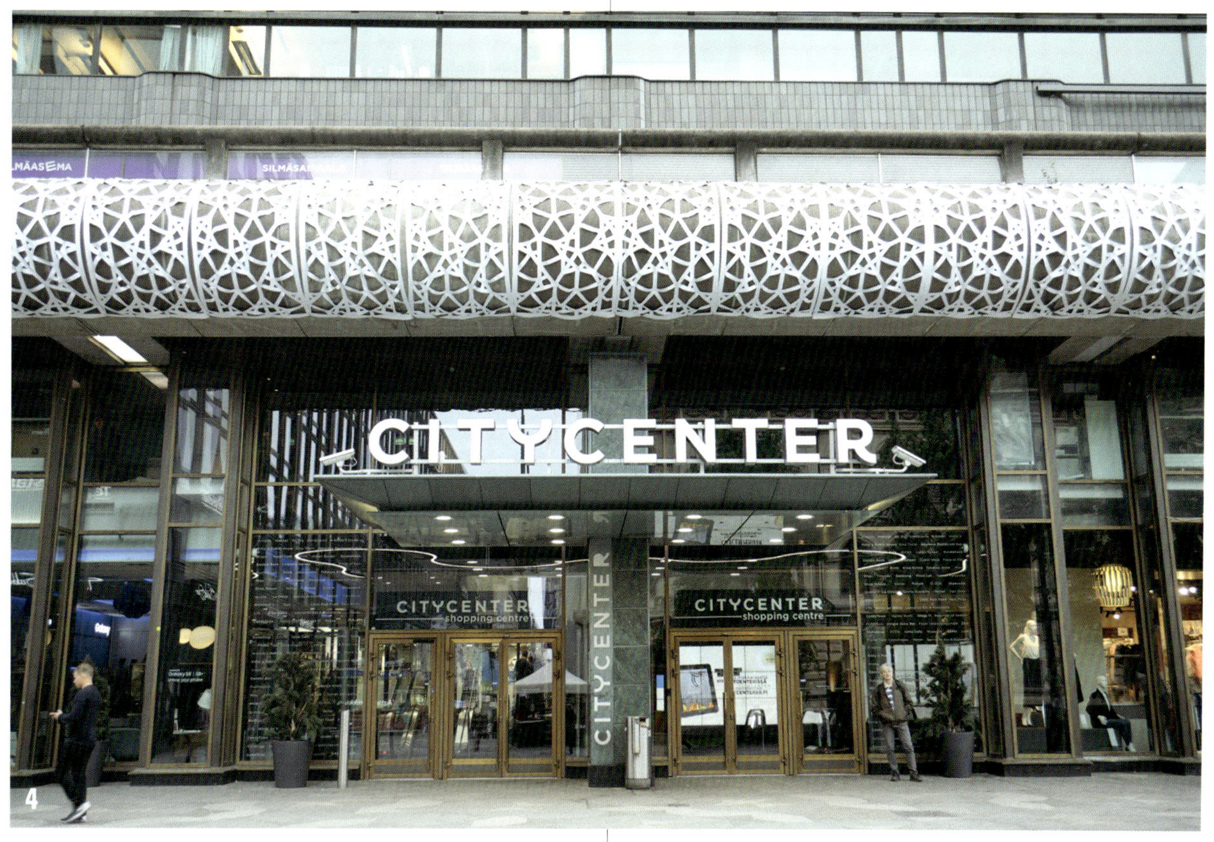

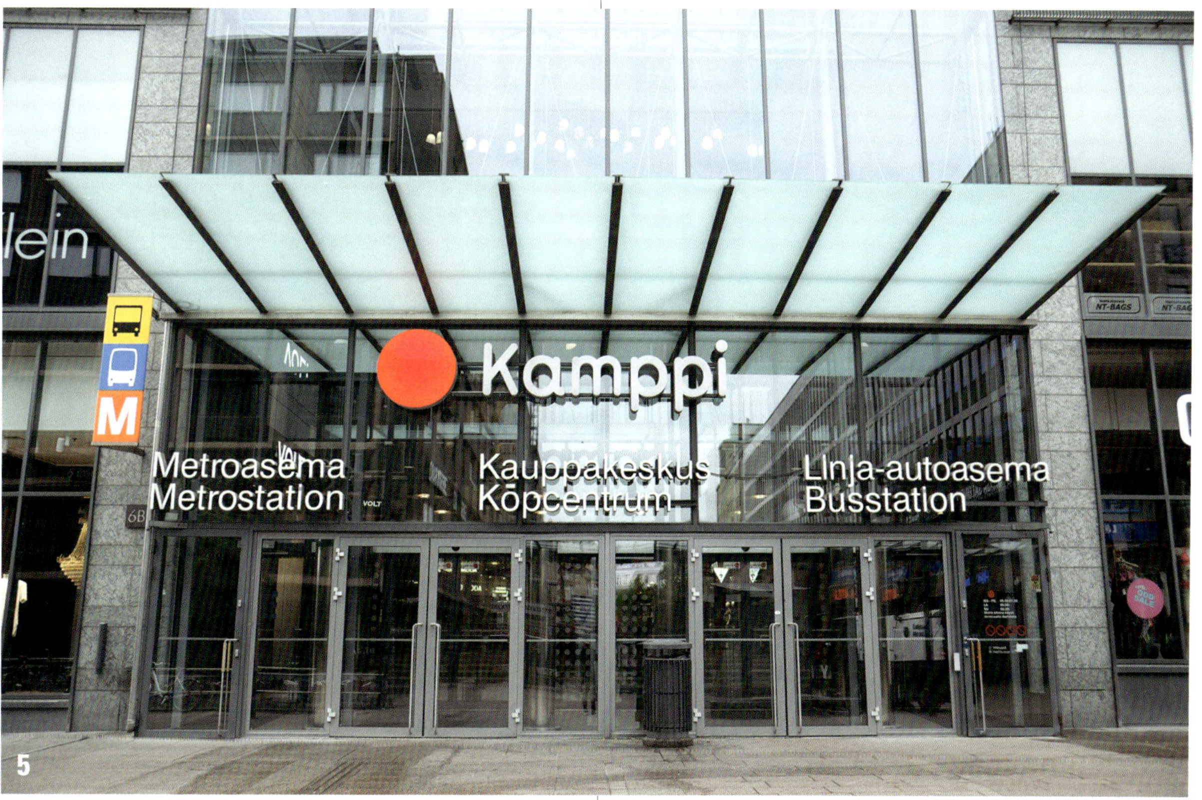

Kamppi
Metroasema
Metrostation
Kauppakeskus
Köpcentrum
Linja-autoasema
Busstation

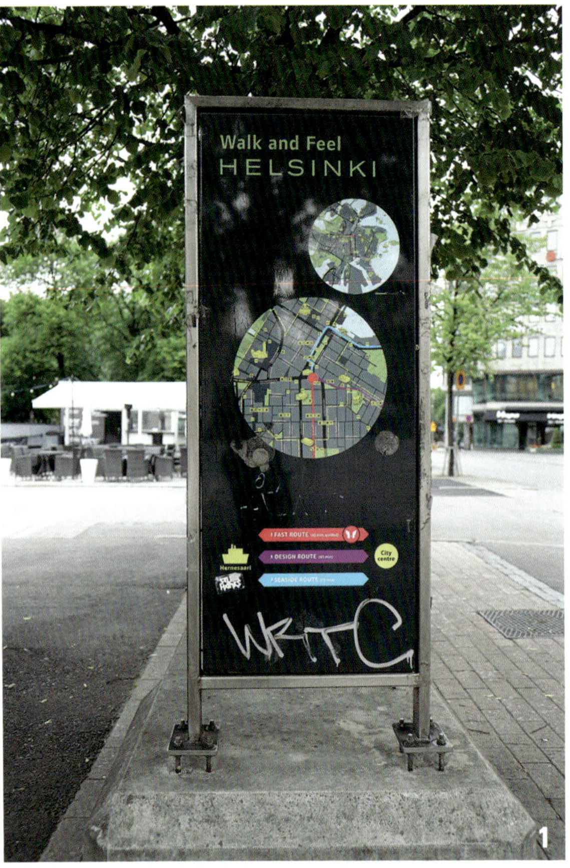

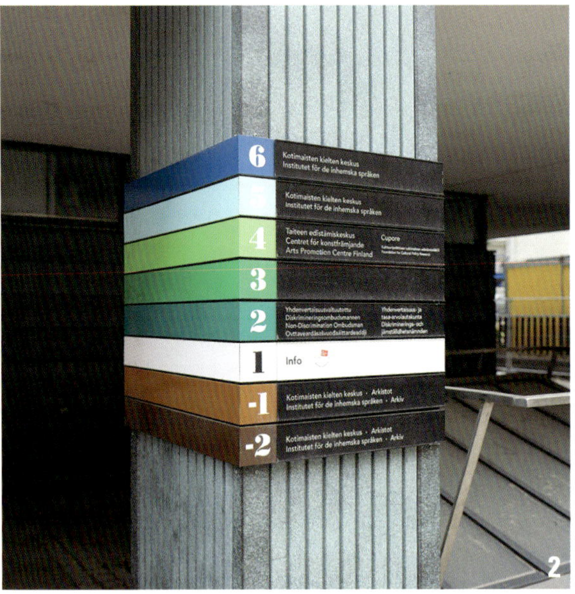

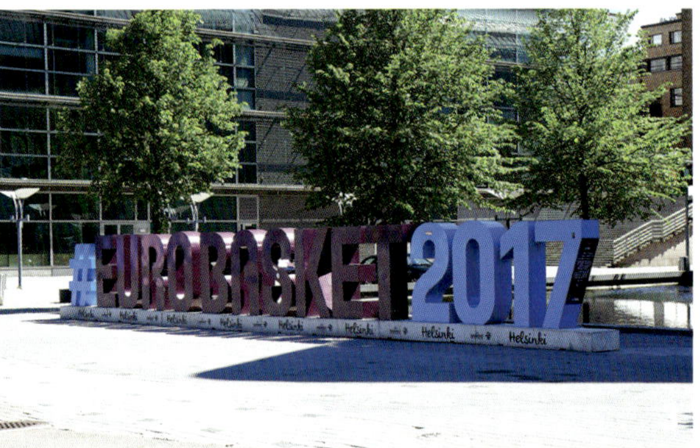

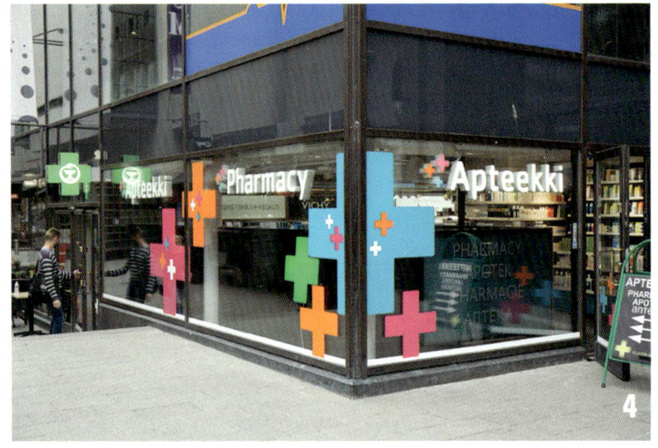

1 헬싱키 관광안내소 앞에 위치한 주변 관광안내 사인.

2 헬싱키 중앙역 근처의 어떤 오피스 빌딩은 기둥을 활용한 층별 안내판을
모던한 컬러배열로 구성하여 디자인하였다.

3 헬싱키에서 개최된 Euro basket 타입 조형사인으로 포토존의
역할을 하고 있다.

4 헬싱키 시내의 약국 윈도우 그래픽은 감각적인 컬러와 레이아웃으로
구성되어 있어 쉽게 눈에 들어온다.

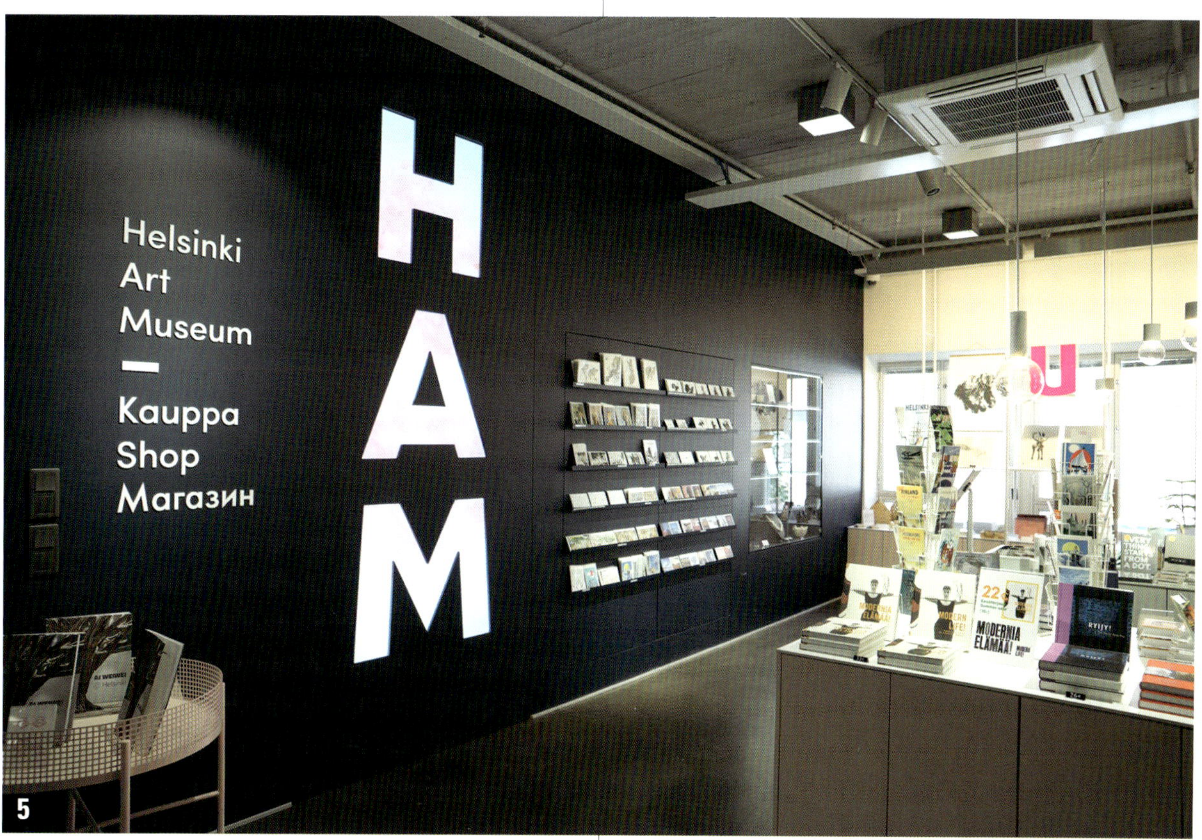

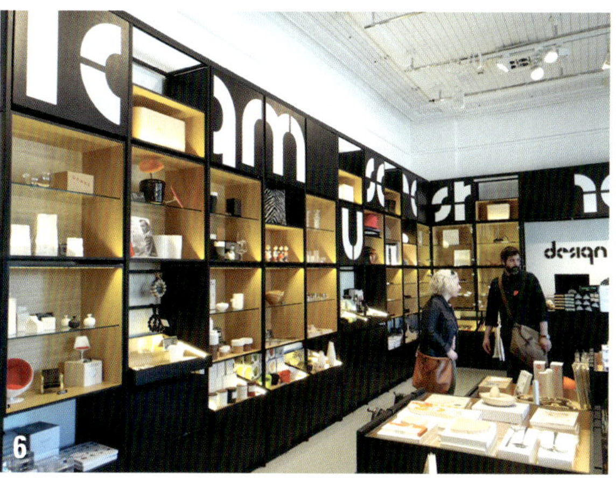

5 Helsinki Art Museum의 아트샵 벽면에는 HAM 글자 부분에 무빙 디지털 이미지가 연속적으로 화려한 색상을 연출하여 시선을 끈다.

6 헬싱키 디자인박물관 내부의 아트샵 모습으로 장식장이 타입과 어울리게 구성되어 있어 색 다른 느낌을 연출하고 있다.

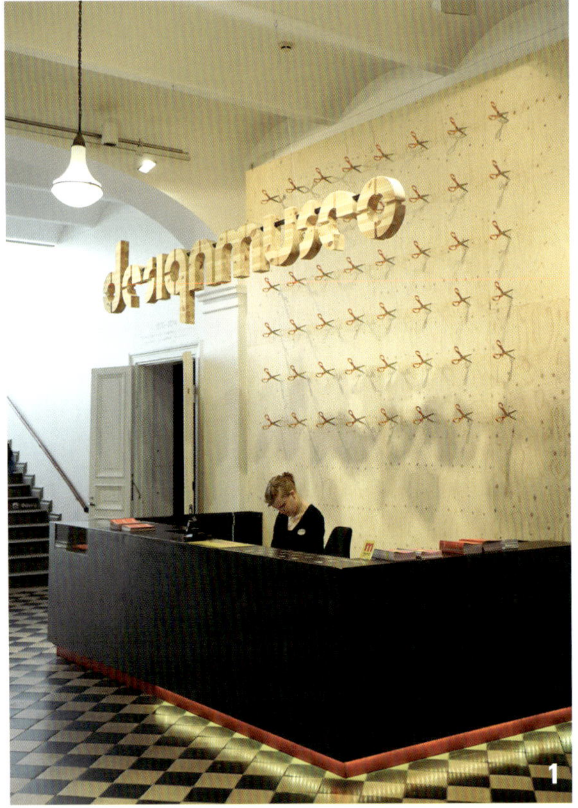

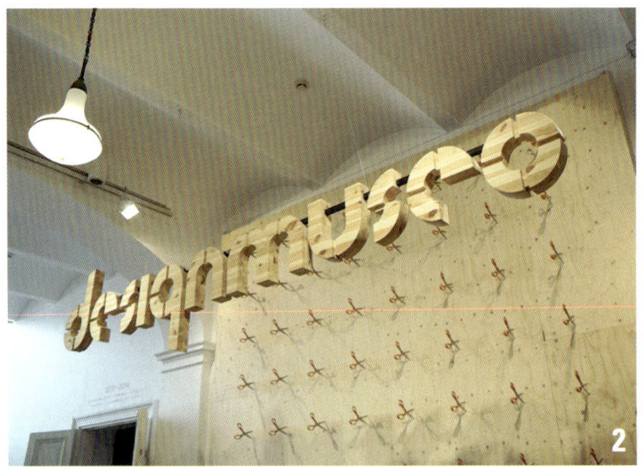

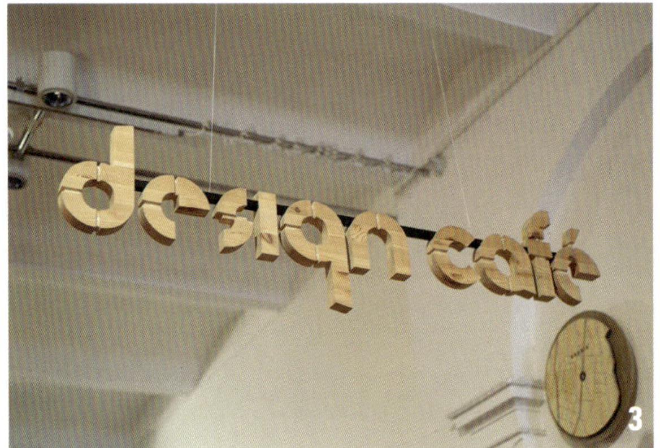

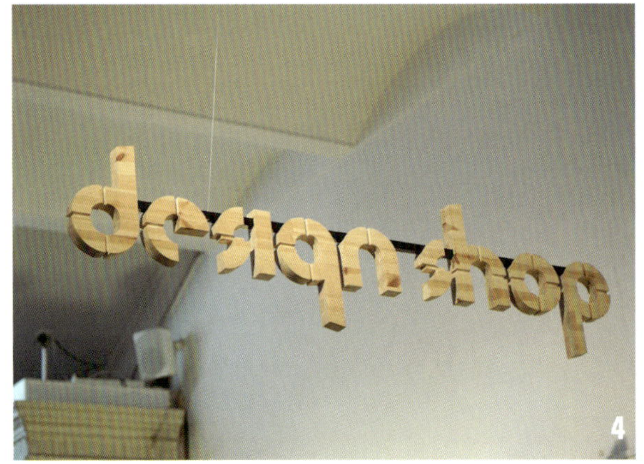

1, 2, 3, 4 헬싱키 디자인박물관 내부의 인포메이션 데스크는 벽면을 특이하게 가위로 장식하였다. 내부의 사인들은 모두 나무 재질의 입체 문자로 구성하고 있다.

5 헬싱키 중앙역 근처의 헬싱키대학 1층에 위치한 전면사인은 채널문자로 명시성이 강하게 시공되어 있다.

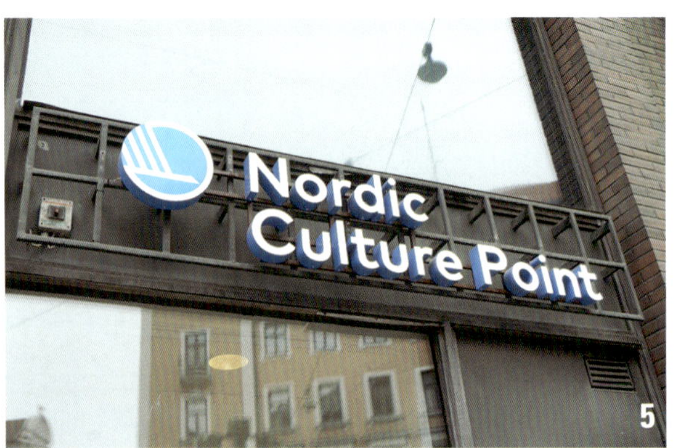

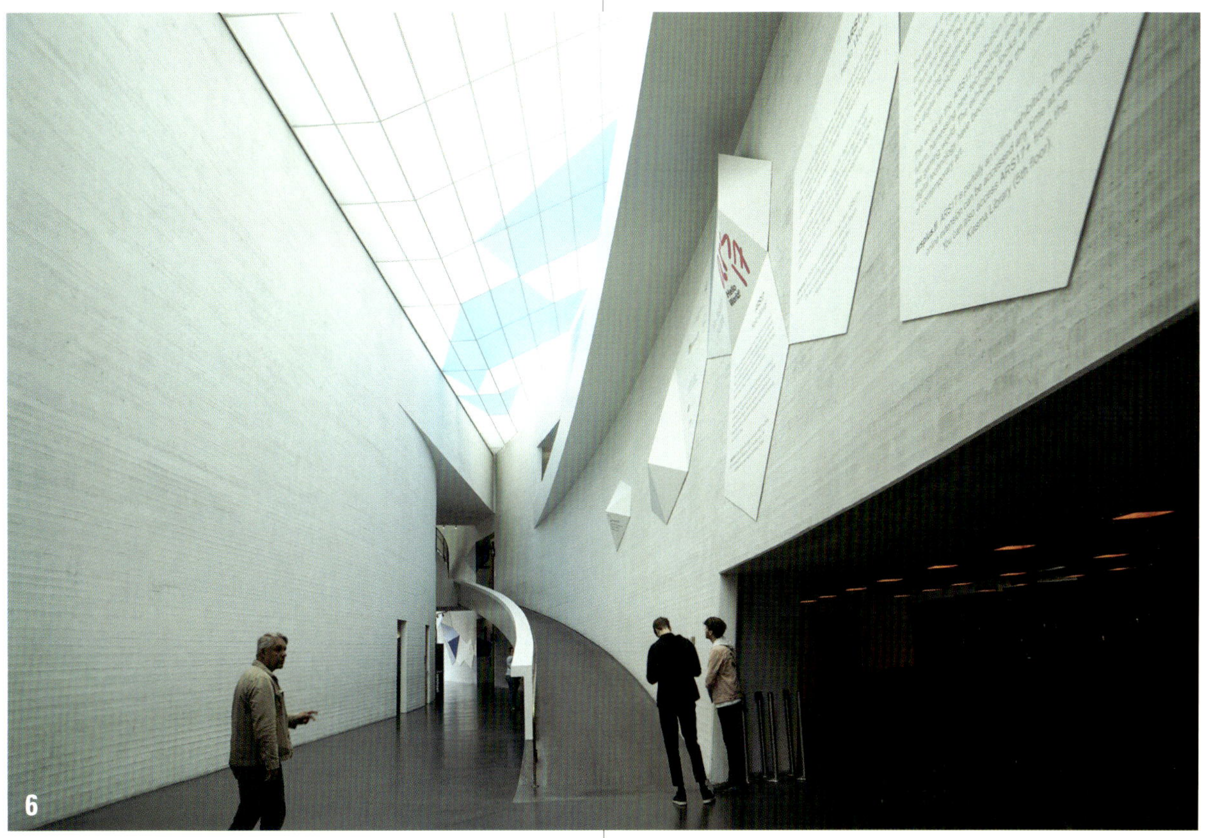

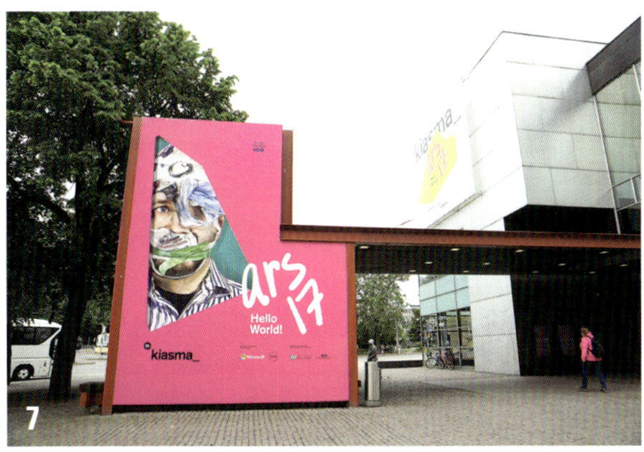

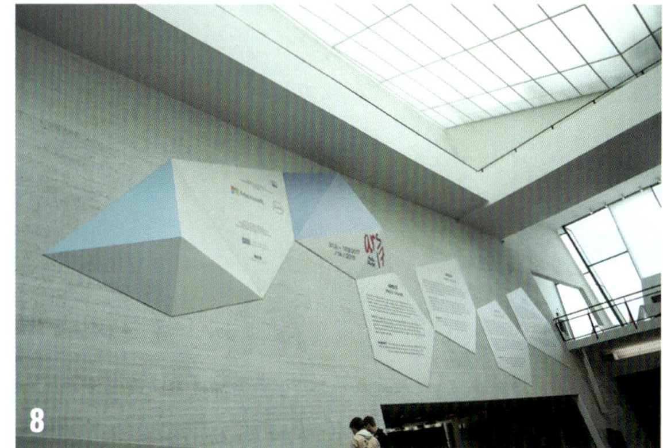

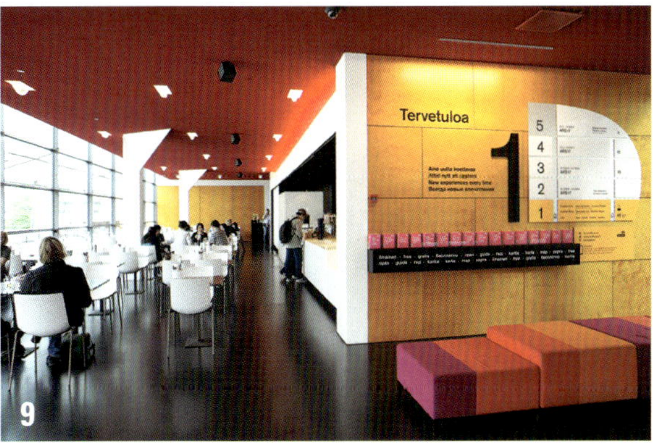

6, 7, 8, 9 헬싱키에 위치한 Kiasma미술관의 내부와 입구, 커피숍과
문화상품 판매점의 인테리어는 감각적이고 현대적으로 구성되어 있다.
외부의 단조로운 건축형태와 달리, 내부의 유기적인 건축구조와 조형성이
뛰어난 벽면부착 사인은 현대적이고 완성도 높은 디자인 결과물로
독특한 형태를 보여준다.

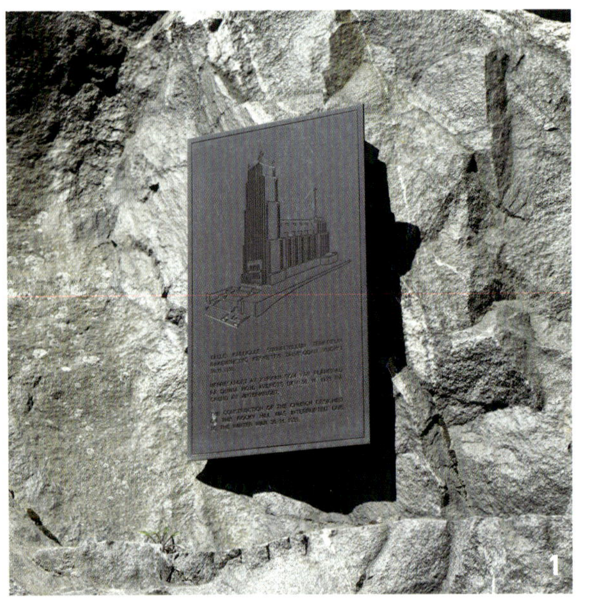

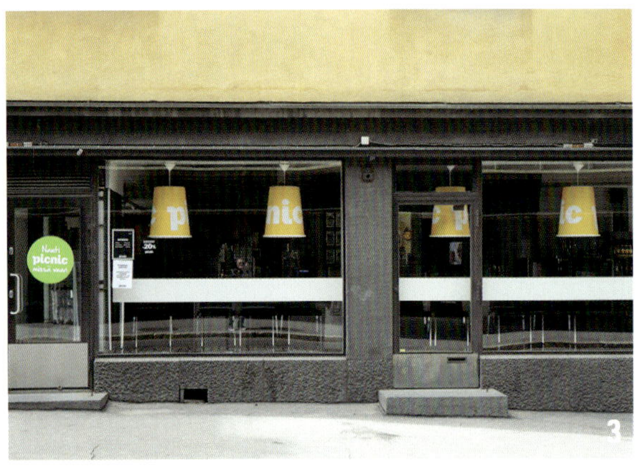

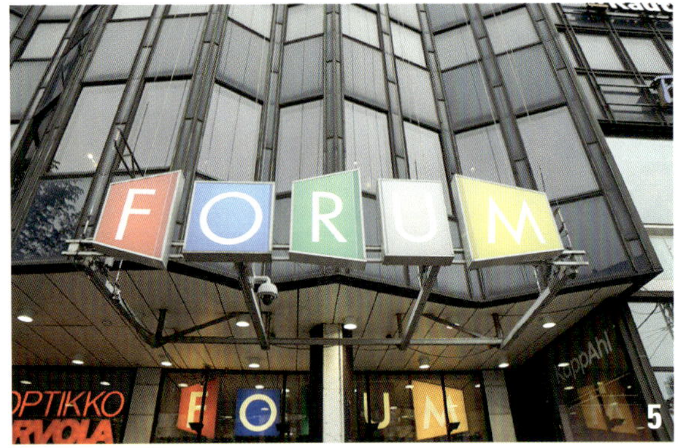

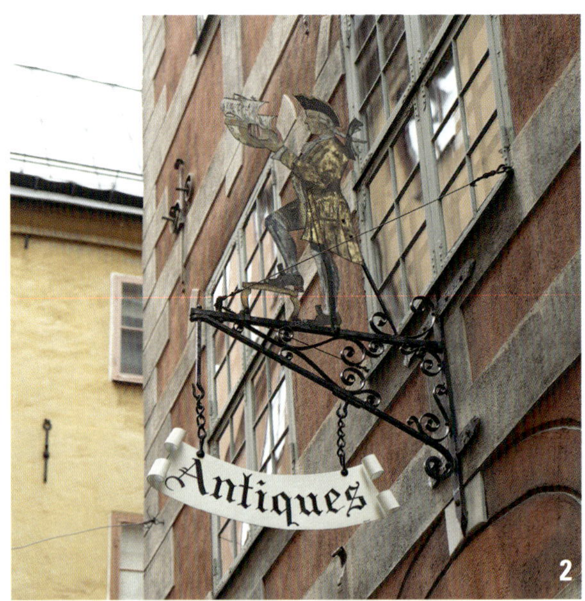

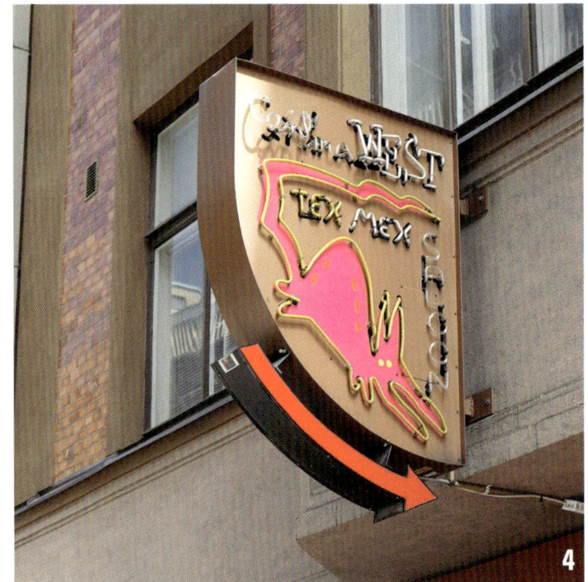

1 세계적인 건축디자인으로 유명한 암석교회 입구의 작고 단순한 철판사인.

2 스웨덴 스톡홀름 감라스탄지구의 고전적인 돌출 사인.

3, 4, 5 헬싱키 시내에서 본 여러가지 형태의 사인으로 실내 조명등을
상호로 강조한 디자인과 사각형태를 변형한 포름의 전면사인, 그리고
네온관을 이용한 돌출사인 등 다양한 디자인을 보여주고 있다.

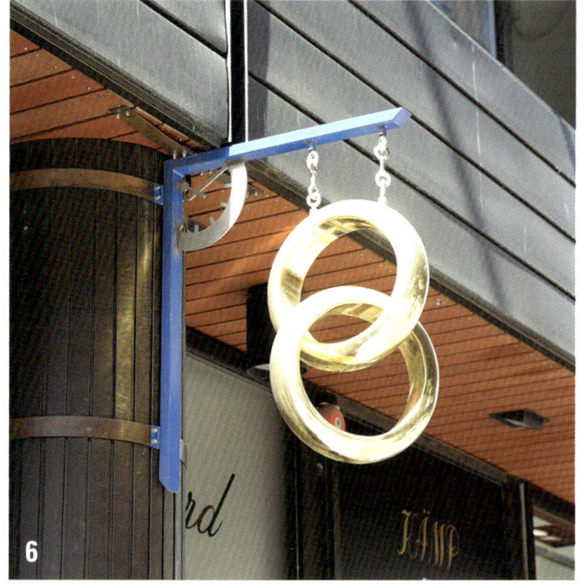

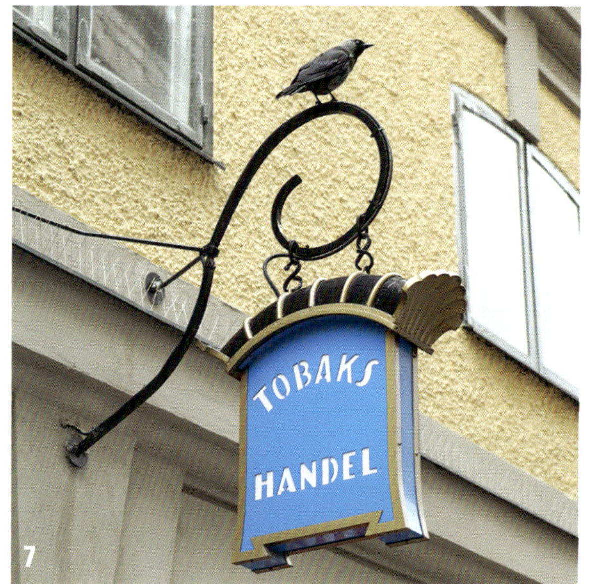

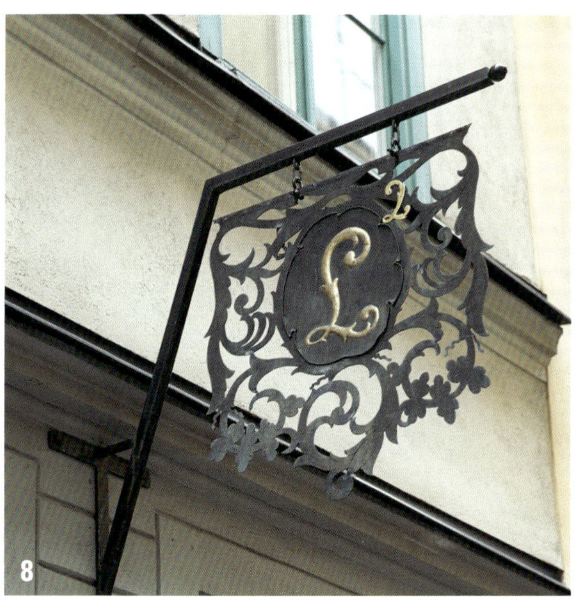

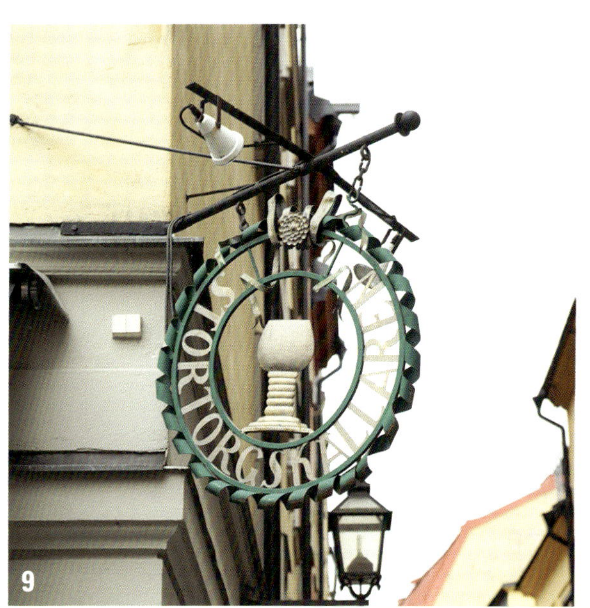

6, 7, 8, 9 스톡홀름의 감라스탄 지역은 아름답고 오래된 건축물과 아기자기한 골목이 유명한 세계적인 관광명소이다. 스웨덴의 이미지를 상징하는 아이콘을 여러곳에서 만날 수 있으며골목 곳곳의 고전적인 돌출 수공예 사인들은 오스트리아나 독일의 오래된 소도시의 사인들과 유사한 모습이다.

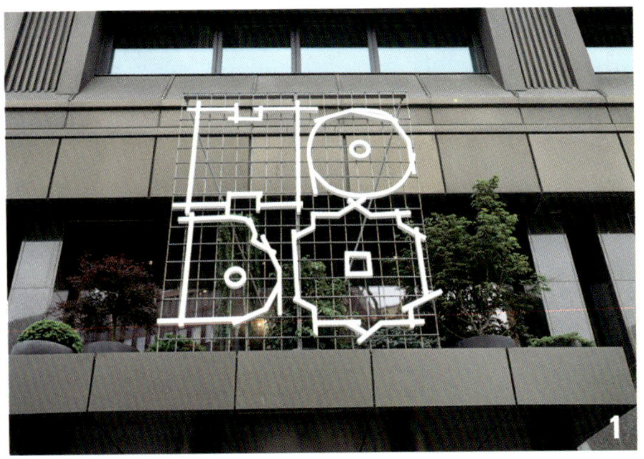

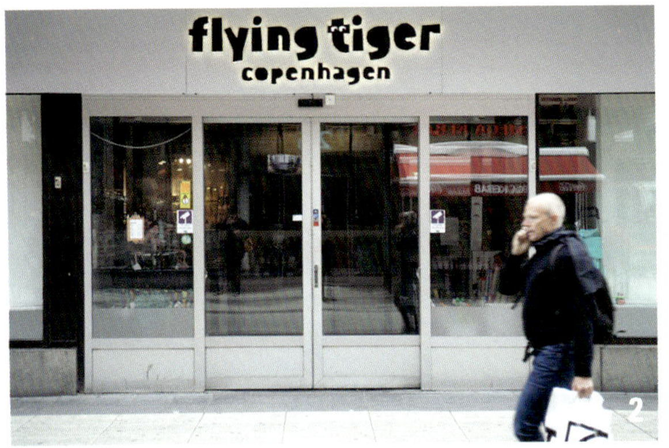

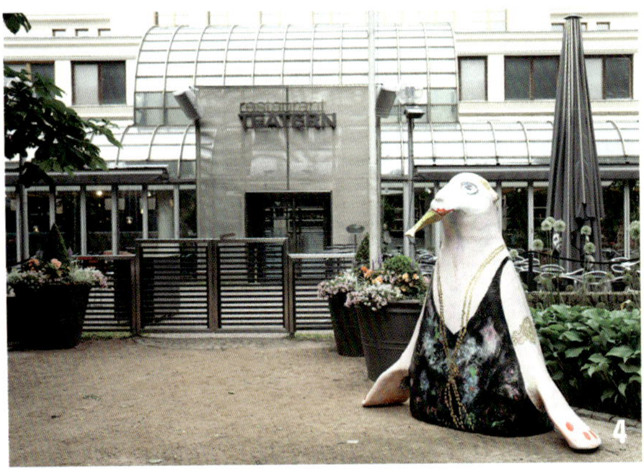

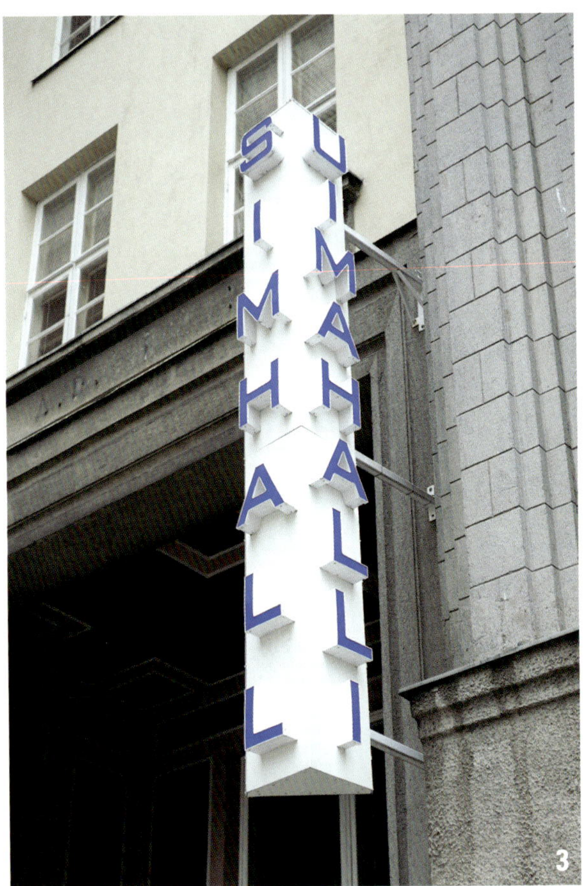

1, 2 스톡홀름의 감라스탄 지역 근처에서 본 어느 건물의 전면사인으로 세련된 조형감각을 보여주고 있다. 여러나라에서 볼 수 있는 유명 브랜드의 전면 사인.

2, 3, 4, 5 핀란드 헬싱키 시내 곳곳에서 만난 사인들은 다양한 형태와 문화적인 차이를 사인과 조형물을 통해 드러내고 있다.

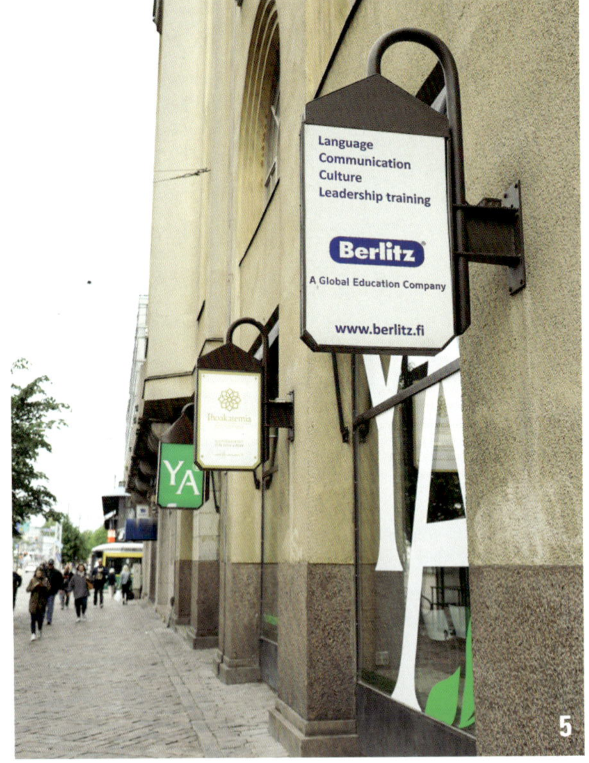

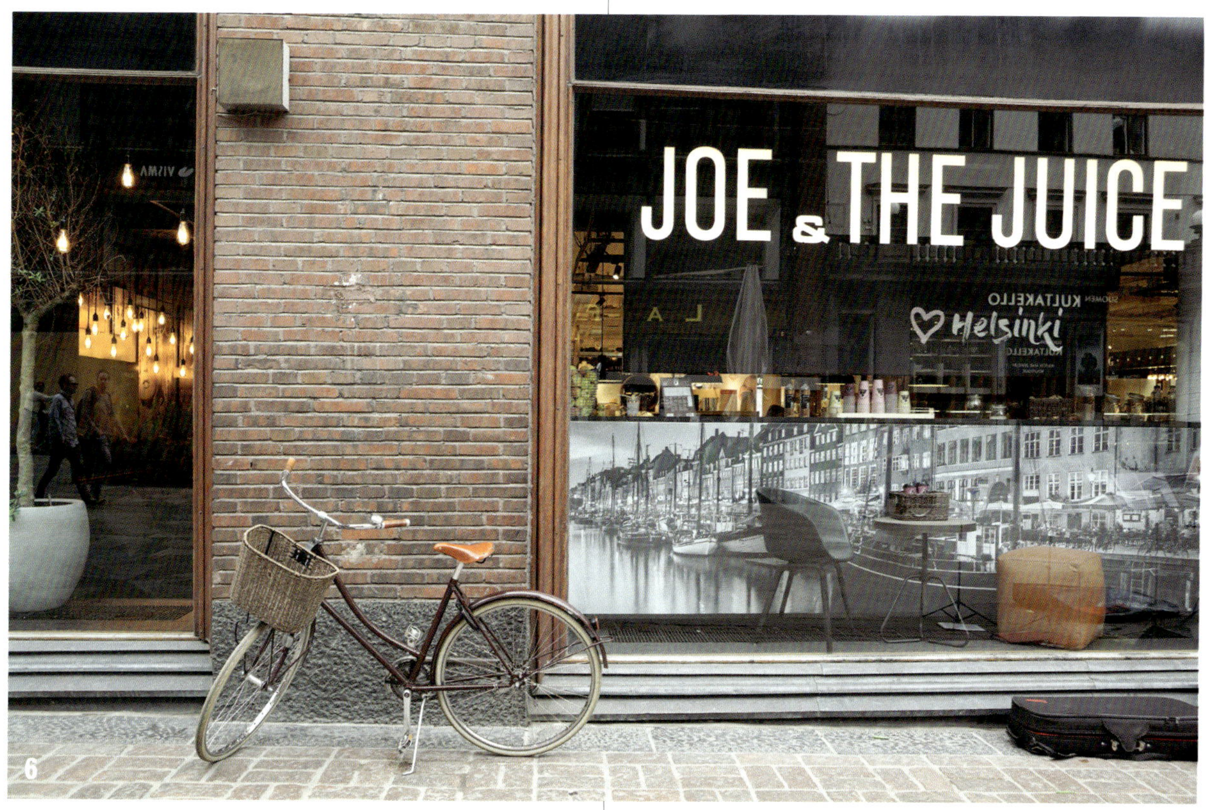

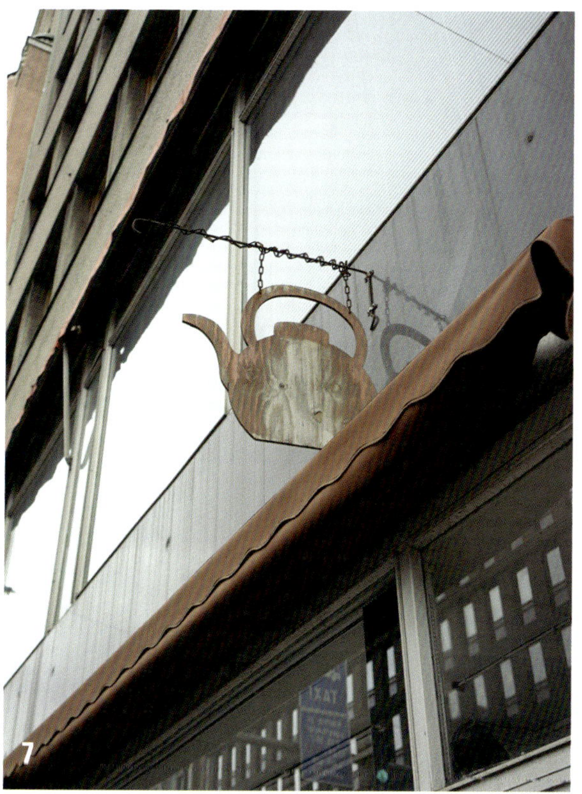

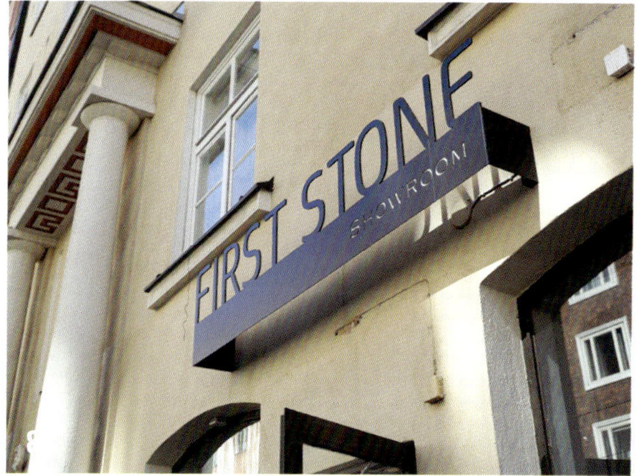

6 핀란드 헬싱키 시내에 위치한 커피 브랜드의 매장으로 특히 북유럽에서 자주 볼 수 있는 브랜드이다. 북유럽 스타일의 감성적인 인테리어와 익스테리어로 전 세계인의 사랑을 받고 있다.

7, 8 핀란드 헬싱키 시내 곳곳에서 만난 사인들은 단순하지만 다양한 형태와 문화적인 차이를 사인을 통해 표현하고 있는듯 하다.

European craft

Denmark

1_ 영국, 프랑스, 독일

2_ 벨기에, 룩셈부르크, 네덜란드

3_ 스위스, 오스트리아, 이탈리아

4_ 체코, 헝가리, 폴란드

5_ 핀란드, 스웨덴

6_ 덴마크

7_ 노르웨이

유럽공예사인
European Craft Design

6. 덴마크

최근 몇 년 사이에 YOLO(You Only Live Once), 휘게(Hygge-안락함, 편안함- 덴마크어)라는 단어가 유행하고 있다. 이러한 용어가 의미하듯 현대 정보화 사회에서 개인의 삶과 여유로움이 가장 소중한 개념으로 인식되고 있다. 10여 년 전 부터 전 세계적으로 북유럽 스타일의 디자인이 유행하고 있는데, 겉모습과 내면을 꾸미며 가장 나다운 공간인 집에 애정을 갖는 사람들이 늘어나고 있다. 또한 북유럽 스타일의 건축, 그래픽, 인테리어 공간에서 나만의 시간을 갖고자하는 현대인의 삶의 모습도 더욱 확산되고 있다. 소박하지만 모던한 감각과 실용성, 독창적인 디자인의 북유럽 스타일은 모두에게 사랑 받고 있는데 그 중 덴마크 디자인은 북유럽 디자인의 중심에 있다고 하겠다.

덴마크 디자인, 스칸디나비아 디자인은 가정용품을 중심으로 발전해왔다. 초기 덴마크 디자인 운동은 그 나라 풍토와 현실에 잘 맞는 디자인을 실천하는 것을 목표로 하였고, 전통에 집착하기 보다는 현대적 생활에 적합한 진보를 일궈내는 디자이너에 의해 발전되어 왔다.(정시화 교수, 덴마크 디자인 에센스) 콘셉트나 스타일 면에서 별다른 변화가 보이지 않는다는 평가가 지배적인 것이 덴마크 디자인이지만 '변화' 와 '수용' 의 측면에서도 스칸디나비아 디자인의 정체성에 대한 논의는 분분하다. 그러나 덴마크의 그래픽 디자인은 '스칸디나비아의 컬러 필드 디자인(Scandinavian color field design)' 이라고 불릴 만큼 독특한 양식을 지니고 있는 것이 (월간 디자인네트)특징이다.

덴마크의 수도인 코펜하겐은 무역항으로 유서 깊은 궁전과 교회 등 건축물들이 많아 북유럽 내에서도 아름다운 도시로 꼽히고 있다. 덴마크의 유명한 동화 작가 안데르센의 명작 '인어공주' 의 주인공인 인어 공주 동상은 전체길이 80cm에 불과한 작은 크기이지만 코펜하겐의 랜드마크로 전 세계 관광객들의 포토 존 역할을 톡톡히 하고 있다. 덴마크에는 세계적으로 유명한 제약회사도 많고 디자인 등 산업분야에서 세계의 제일인 분야가 있지만 가장 유명한 것은 아마도 '레고' 완구가 아닐까 생각된다. 손톱만 한 작은 크기로 세계의 어린이와 어른들에게 환상의 세계를 구체화 시켜주는 블록, 레고는 장난감의 대명사이다. 레고의 고향인 빌룬(Billund)에 들어선 레고 체험관 '레고하우스(LEGO House)' 는 웃음·재미·배움 세 요소로 '레고 다움' 을 만끽할 수 있는 공간이다. 이곳은 세계의 관광객들이 끊임없이 찾아오는 명소로도 유명하다. 아울러 코펜하겐은 아트 갤러리, 좁은 골목, 운하, 공원, 바로크 양식 교회가 도시의 문화적 명소를 이루고 있다. 특히 니하운 항구는 '새로운 항구'라는 의미로 운하의 남쪽에 운하를 따라 나열되어있는 18세기풍의 알록 달록한 건물들이 눈에 띄며, 현재 레스토랑과 카페, 부티크 등 상점과 관광객들로 붐비는 쇼핑과 휴식처로 변모되었다. 건물들은 전체적으로 파스텔 톤으로 아름 다운 경관을 자랑하며 관광객들의 발 길이 끊이지 않는 곳으로 유명하다. 아름다운 건축물과 잘 어울리는 돌출사인들은 업소의 개성을 드러낸 디자인으로 관광객의 시선을 사로잡는다. 주변의 오페라하우스 등 다양한 문화시설 또한 독특한 건축 스타일과 덴마크적인 독창 적인 사인디자인으로 시각적인 즐거움을 느낄 수 있다.

자전거의 도시 코펜하겐은 대부분의 시민이 자전거를 이용할 정도로 도시 곳곳은 자전기 전용도로가 잘 조성되어 있다. 코펜하겐의 이미지는 관광 항구도시로 서유럽과는 다른 사인 디자인 경향을 보여주고 있다. 단순하지만 한 번 더 생각하게 하는 매력적인 형태와 컬러로 구성되어 있는데 조그만 자석기념품 하나에서도 미니멀리즘의 진수를 보여준다. 덴마크 디자인을 단편적으로 살펴보면서 '디자인은 생각을 가시화하는 도구이다(Design is thinking made visual)' 라는 명언을 다시 생각하곤 하였다. 현대사회의 복잡한 것들을 좀 더 쉽게 이해하고 사용할 수 있도록 만들어 주는 효과적인 커뮤니케이션을 통해 도시사용자들이 편하고 안락하게 공간을 활용할 수 있도록 만들어준다.

현대 산업정보화 시대는 디자인이 모든 분야에 접목되어 그 힘을 발휘하고 있으며 그 역할 또한 광범위하다. 사인 디자인도 그중의 하나로 시각적 공해로 인식되지 않기 위해서는 도시사용자 모두가 먼저 사인 디자인의 중요성을 인식하여야 한다. 사인시스템은 도시환경 아이덴티티의 요소로서 인간이 생활하고 사회적으로 관계하는 모든 지식과 정보를 도시 정체성(City Identity) 또는 환경의 이미지와 연계, 통합하여 정보의 커뮤니케이션을 이루어낸다. 그리고 사인은 정보전달 기능 외에 도시 발전과 그에 수반하는 경관변화, 갖가지 시스템 변화등도 도시환경과 연관하여 생각하고 계획되어져야한다. 옥외 공공 사인 역시 도시환경에 지대한 영향을 미친다는 사회적 인식과 더 나은 도시경관을 조성하고 새로운 공공 사인 문화 정착을 위해 개선되어야할 중요한 과제이다. 아울러 지역자치 단체들은 그 지역만의 정체성 확립과 홍보, 좀 더 살기 좋고 지속가능한 도시환경 구축을 위해 종합적인 도시 마케팅 개념의 공공디자인 조직구성과 함께, 효율적이고 개성미 넘치는 사인의 적극적인 활용과 정착이 글로벌 시대의 선결과제라고 생각된다.

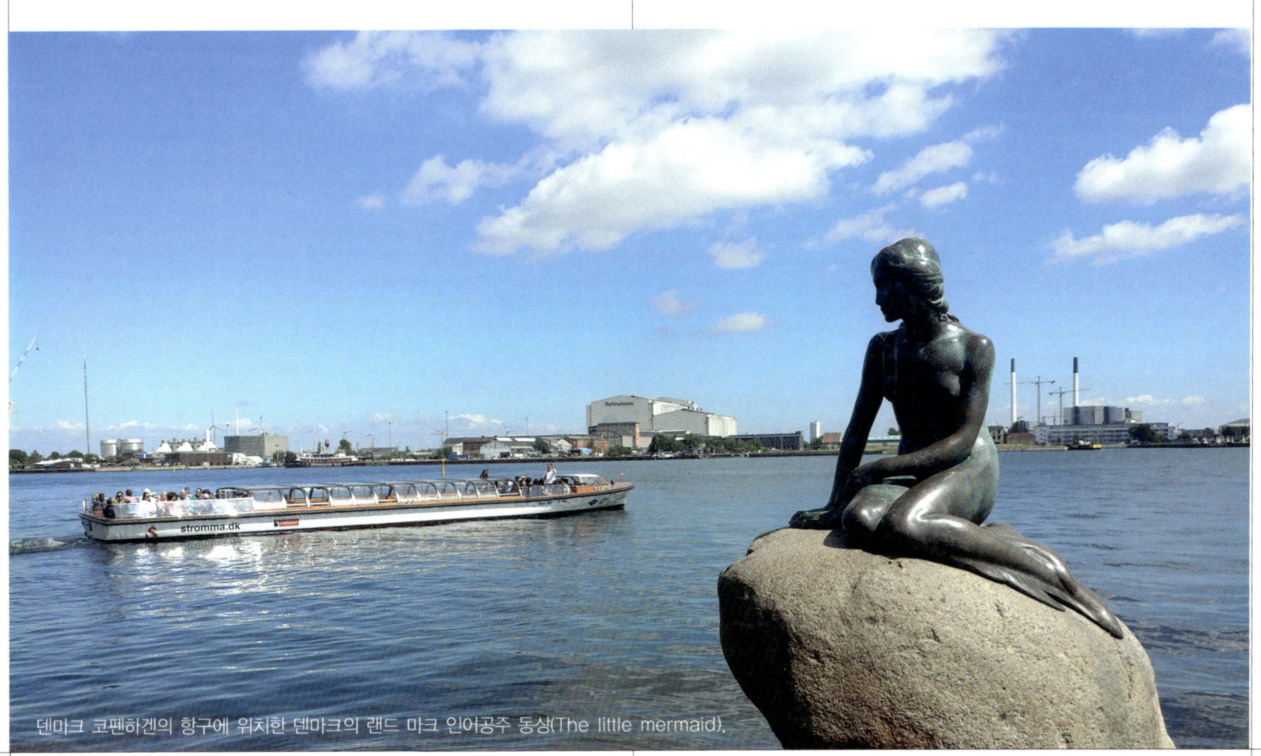

덴마크 코펜하겐의 항구에 위치한 덴마크의 랜드 마크 인어공주 동상(The little mermaid).

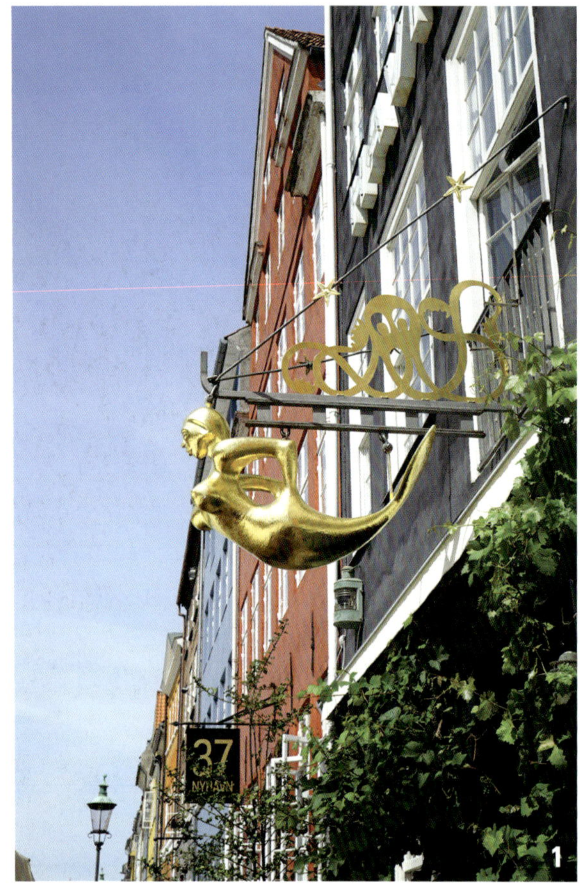

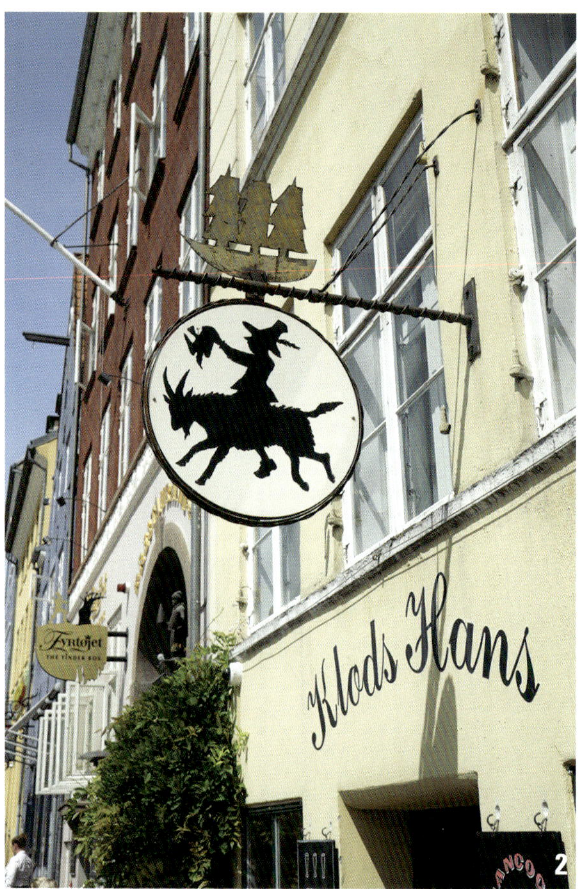

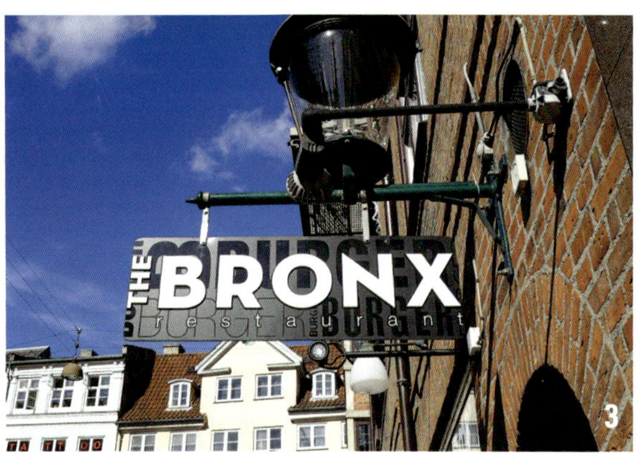

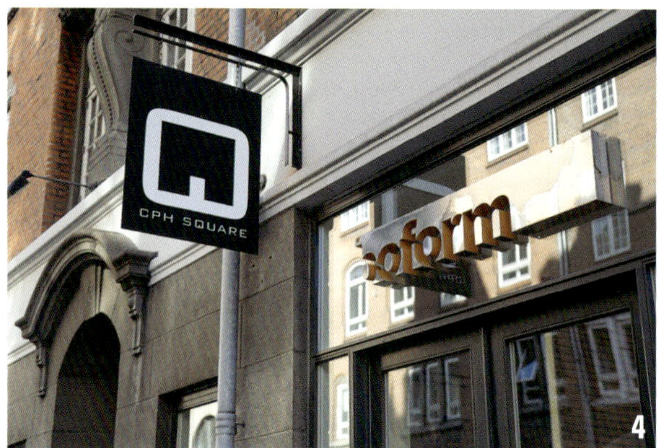

1, 2, 3, 4 니하운 항구는 '새로운 항구'라는 의미로, 운하의 남쪽에 운하를 따라 나열되어있다. 18세기풍의 알록달록한 건물들은 전체적으로 파스텔 톤으로 아름다운 경관을 자랑하며 관광객들의 발 길이 끊이지 않는 곳으로 유명하다. 아울러 아름다운 건축물과 잘 어울리는 돌출사인들은 업소의 개성을 드러낸 디자인으로 관광객의 시선을 사로잡는다.

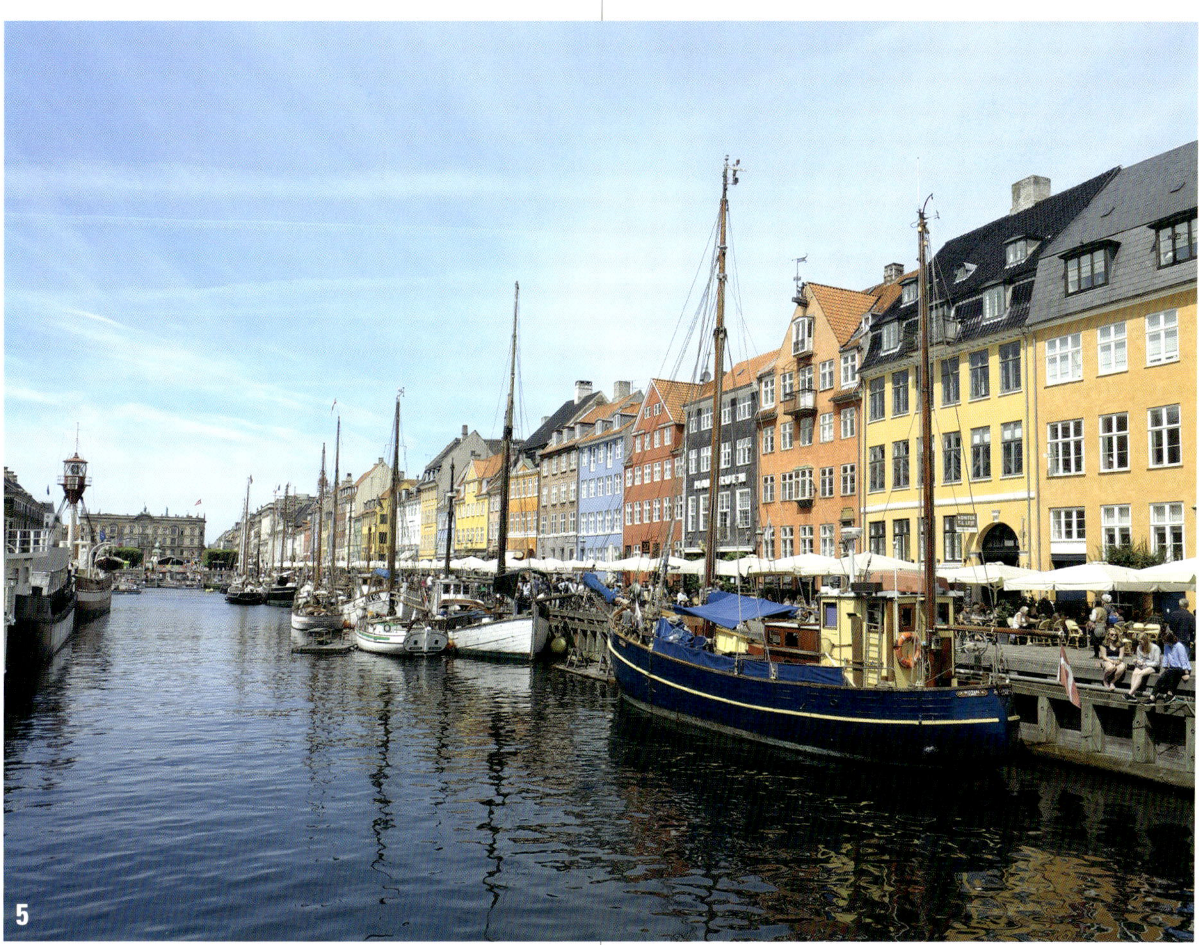

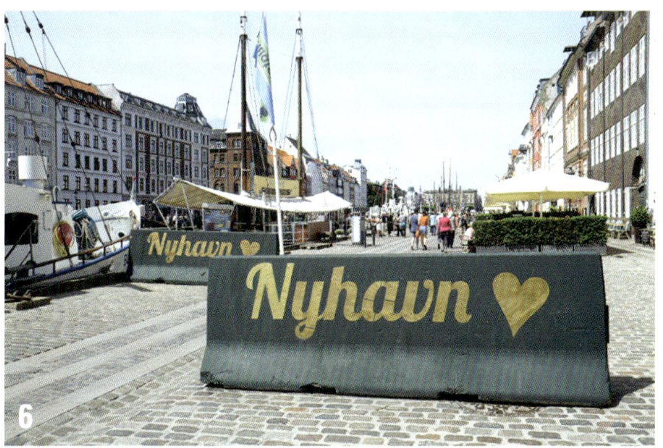

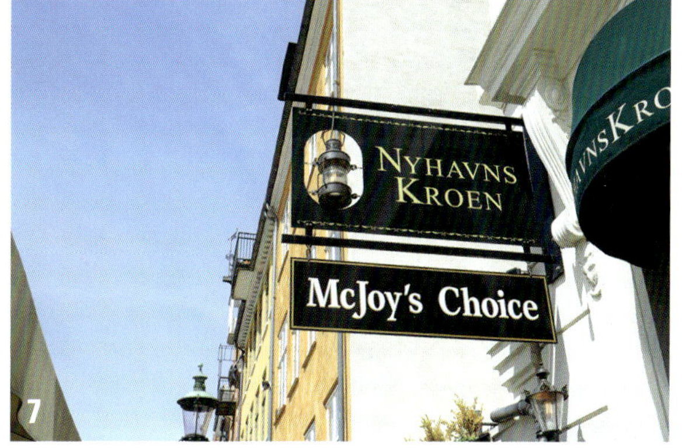

5 '새로운 항구'라는 의미의 아름다운 니하운 항구의 전경.

6, 7 세계적으로 여러 형태의 테러가 많은 탓인지 인도의 양끝을
방호벽으로 막아놓고 그 위에 니하운 로고를 부착하였다. 아름다운
건축물과 잘 어울리는 돌출사인들은 업소의 개성을 드러낸 디자인으로
관광객의 시선을 사로잡으며 아울러 그 거리를 더욱 아름답게 만들고 있다.

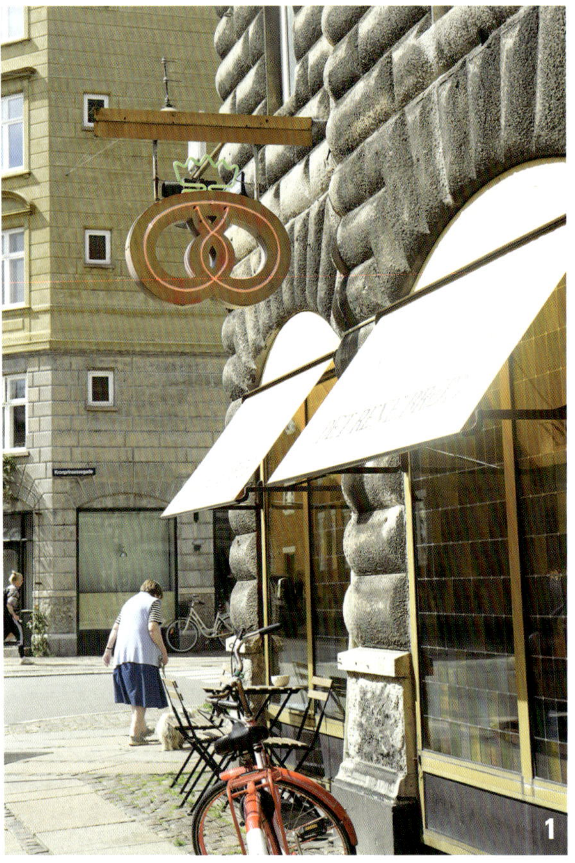

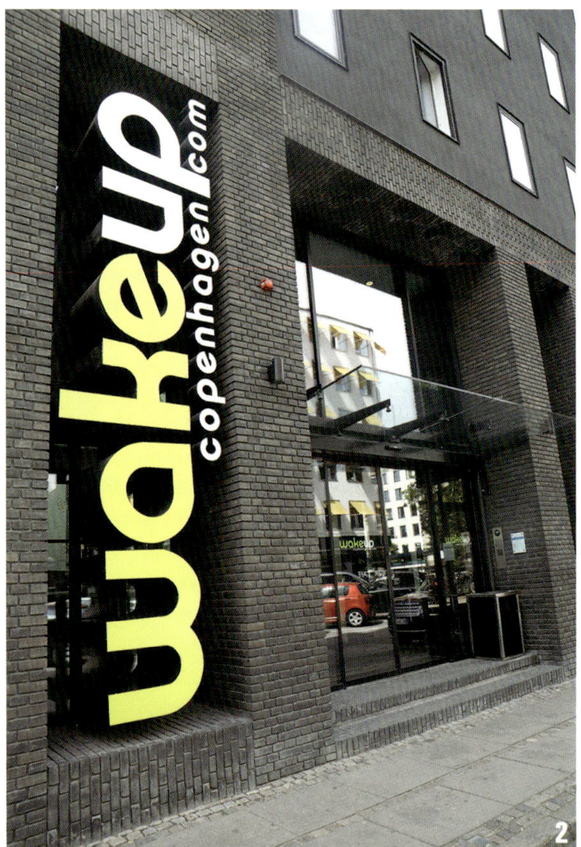

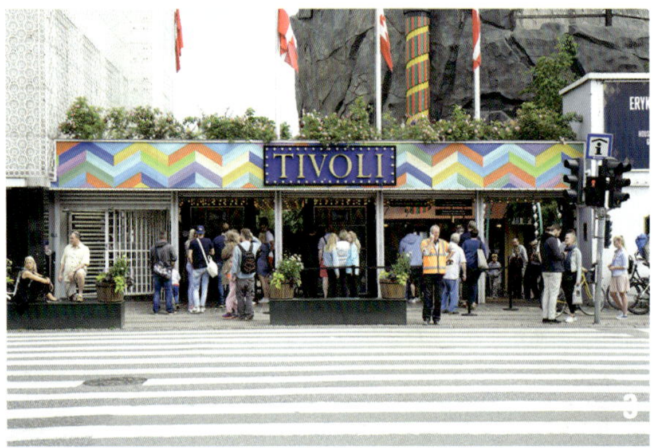

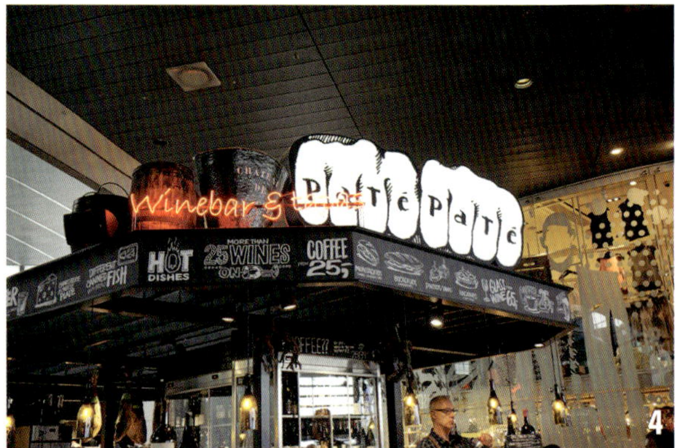

1, 2 덴마크 코펜하겐 시내 곳곳에는 다양하면서도 현대적인 디자인 감각의 돌출사인들이 저마다의 개성을 자랑하고 있다.

3 170년이 넘는 역사를 자랑하는 전 세계 놀이공원의 원조인 티볼리공원의 입구사인.

4 코펜하겐 공항내에 위치한 어느 점포의 독특한 캐노피 사인.

5 덴마크 코펜하겐 시내에서 본 현대적인 디자인의 윈도우 그래픽.

6 코펜하겐 왕립극장 근처의 돌출사인은 수공예 사인의 진면목을 보여주고 있는듯 하다.

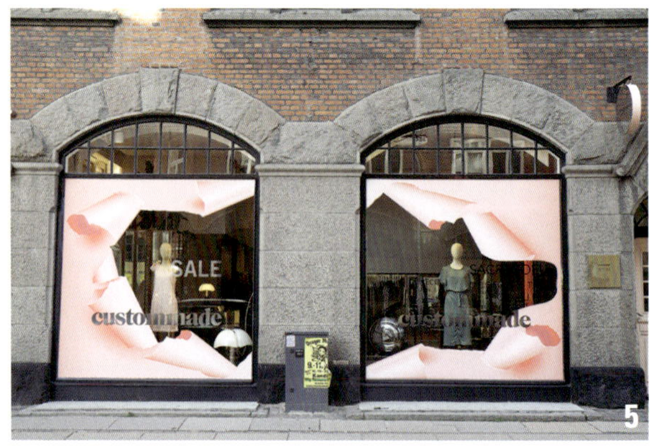

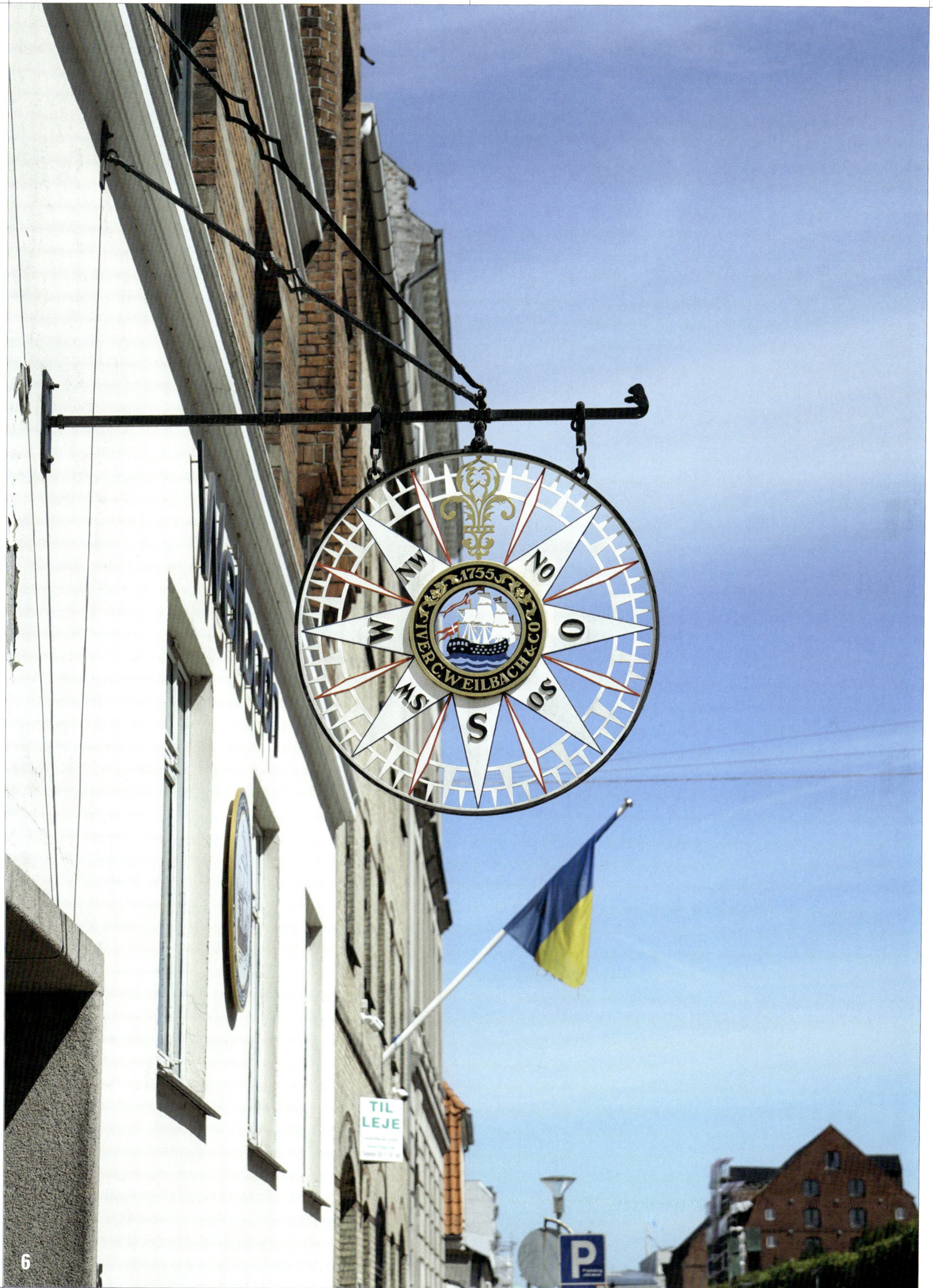

1755
IVER C. WEILBACH & CO
NO
O
SO
S
SW
W
NW
N
TIL
LEJE
P

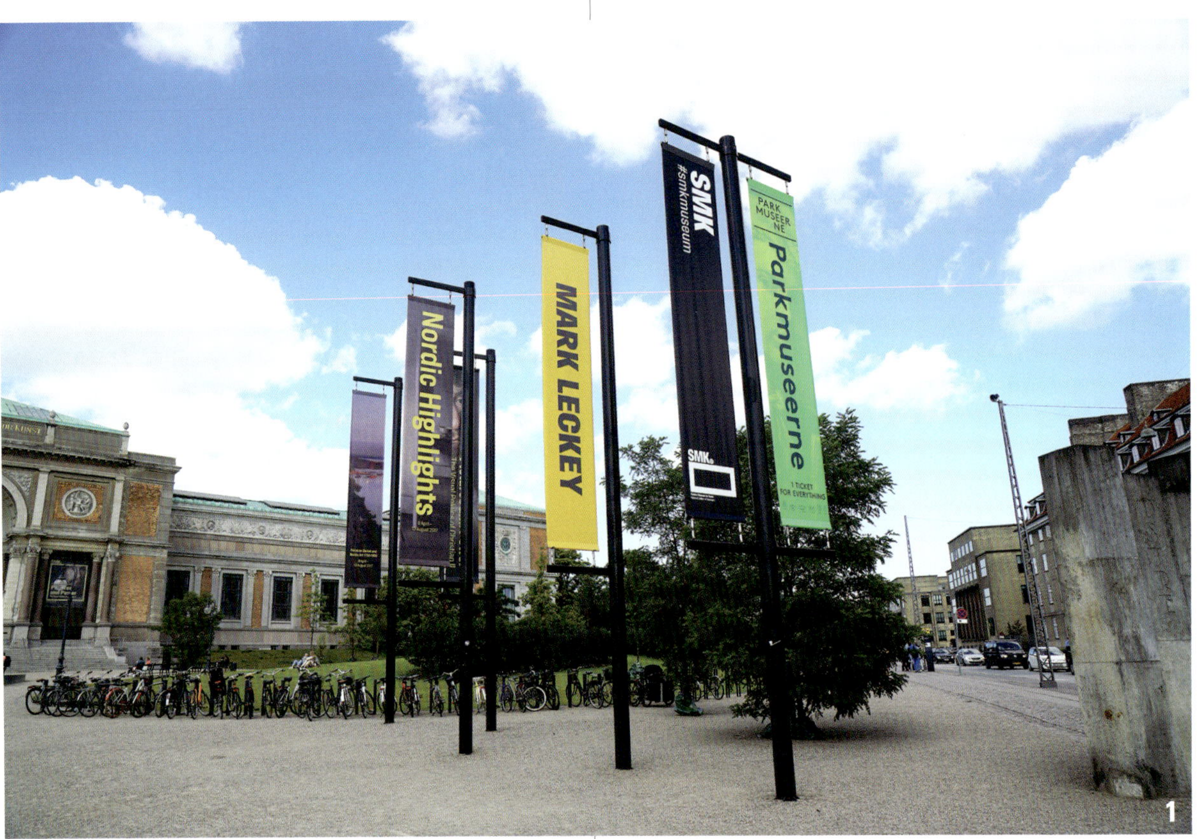

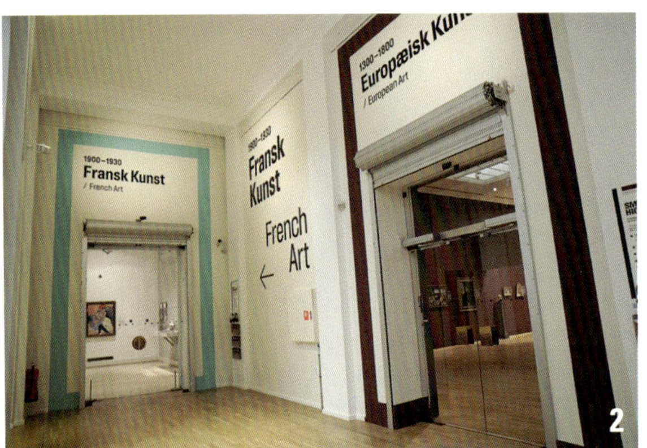

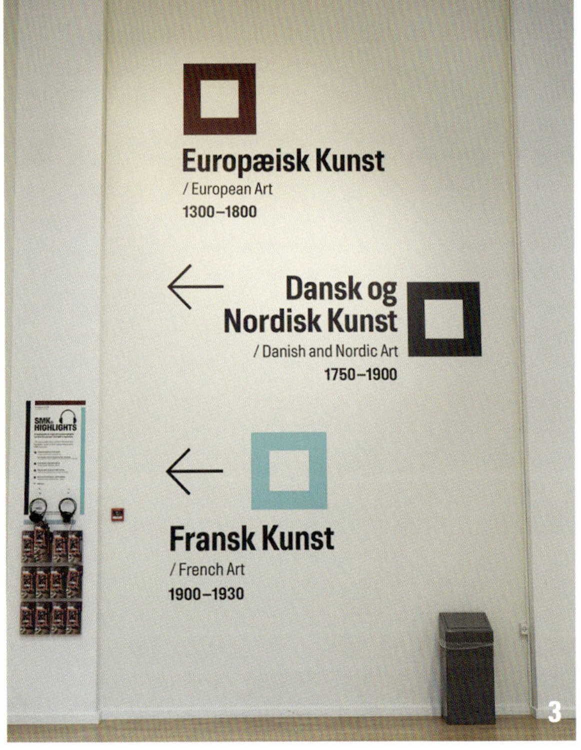

1, 2, 3, 4, 5 덴마크 국립미술관 광장에는 대형배너가 설치되어 행사나 전시의 정보를 알려주고 있다. 전시장 내부에는 다양한 타이포그래피 이미지들이 단순하지만 완성도 높은 디자인 감각으로 구성되어있다.

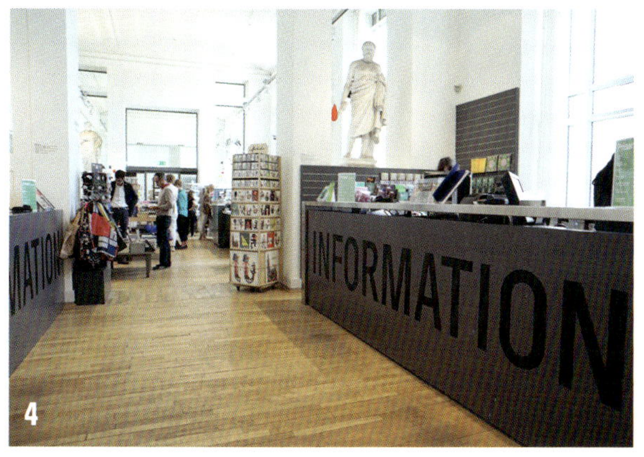

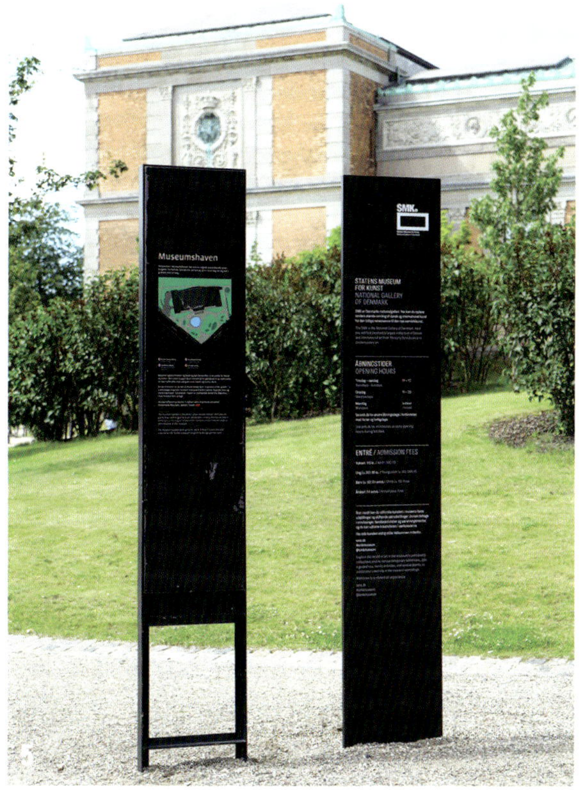

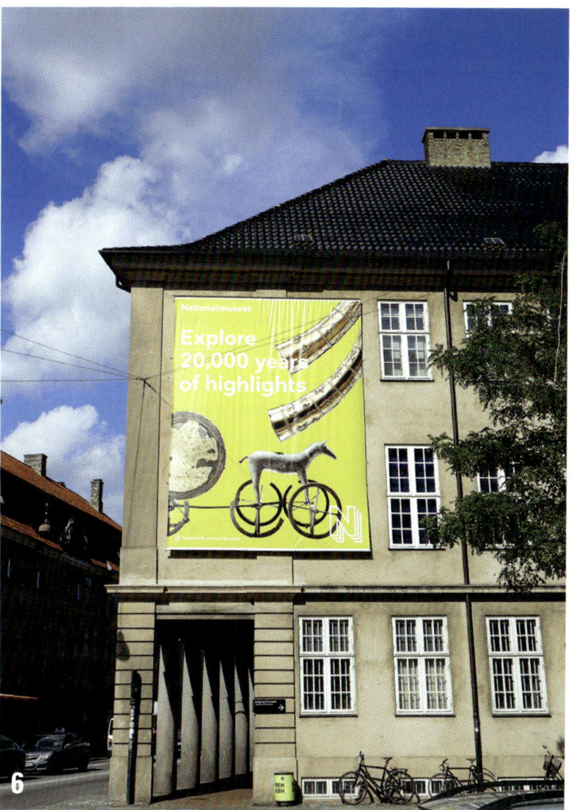

6, 7 덴마크 국립박물관은 건축이나 전시구성 모두 단순하고 소박한 느낌이며, 사인 역시 실용적인 사인시스템으로 구성되어 있다.

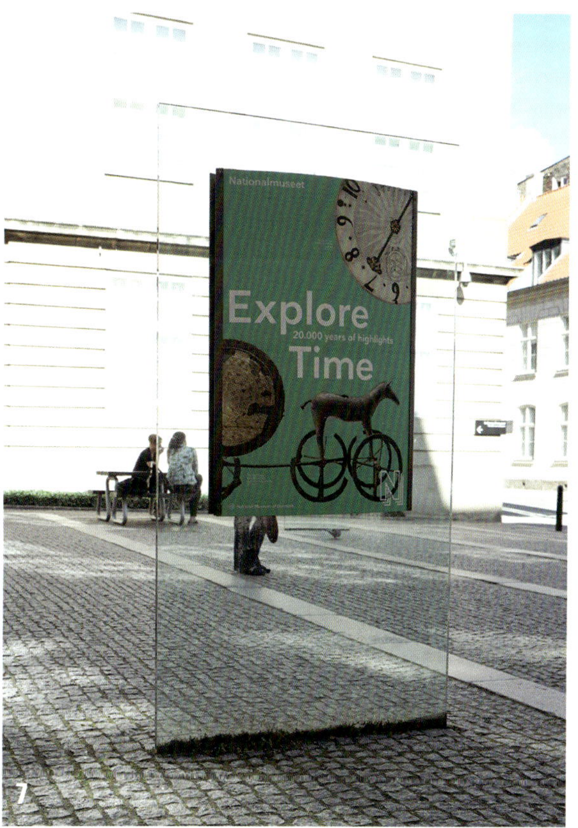

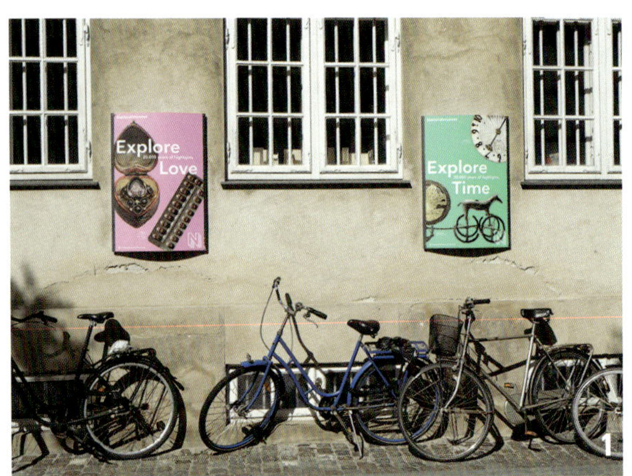

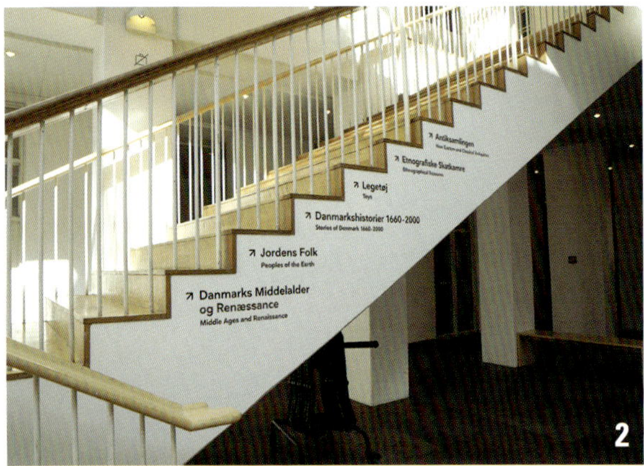

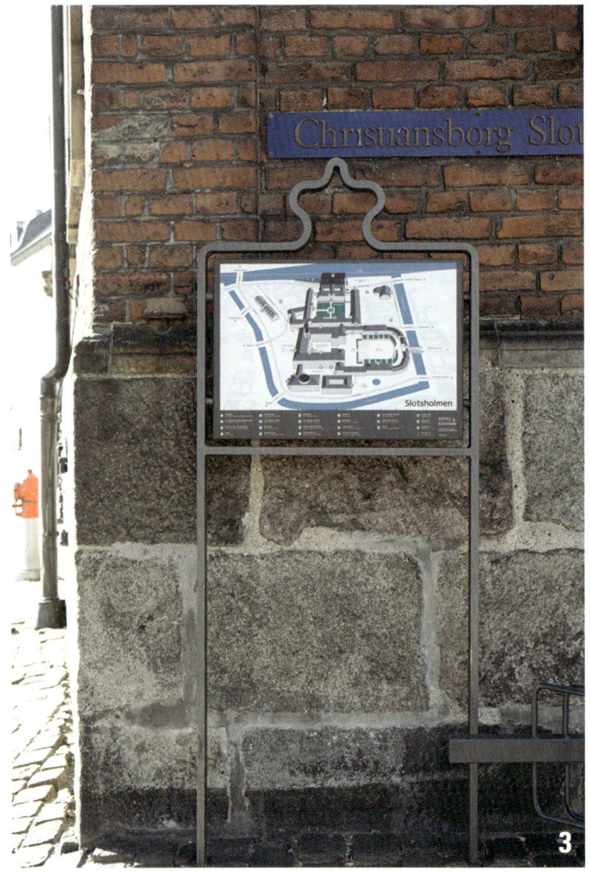

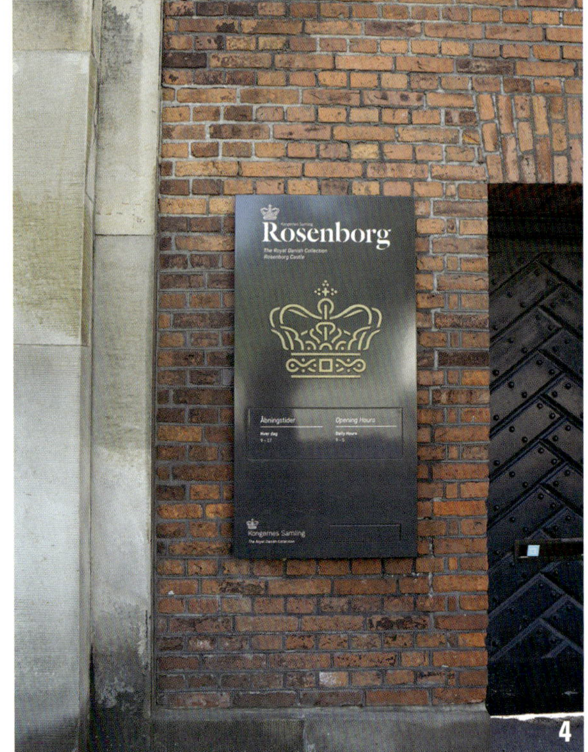

1, 2 덴마크 국립박물관은 단순하고 실용적인 사인시스템으로
구성되어 있다.

3, 4 아말리엔보르 궁전의 광장에 설치되어 있는 왕관 형상의 지주사인.
국립미술관의 광장 맞은편에 위치한 공원의 벽면 부착사인.

5, 6, 7 북유럽의 감성을 느낄 수 있는 디자인미술관은 다양한 근대의
작품들과 아름다운 카페, 기념품 숍으로 많은 관광객들이 찾는 곳이다.
북유럽 국가들의 문화시설은 외부에서 보면 작고 소박한 느낌이지만,
내부는 공간의 확장성은 물론 현대적인 인테리어와 다양한 전시내용으로
관람객의 시선을 매료시킨다.

DESIGN
MUSEUM
DANMARK
DANSK
DESIGN
NOW
SUMMER SPECIAL
FREE ADMISSION
WEDNESDAYS 6PM-9PM

5

NYERHVERVELSE DEN ORIGINALE
DURSLEY-PEDERSEN CYKEL
NEW ACQUISITION THE ORIGINAL
DURSLEY-PEDERSEN BICYCLE

6

Rio de Janeiro Brazil
Новгород Россия
Kuala Lumpur Malaysia
Краматорськ Україні
Kathmandu Nepal Antarctica
Sumatra Indonesia
Barranquilla Colombia
Unawatuna Sri Lanka
Birmingham England
Honolulu Hawaii
Jaisalmer Rajasthan
Thessaloniki Greece
Samarkand Uzbekisthan
Montreal Canada
Miami Beach Florida
Istanbul Turkey
Acapulco Mexico
San Francisco United States
Mindanao Philippines
Guayaquil Ecuador
Fagatogo Samoa Island
Casablanca Morocco
Copenhagen Denmark
California
Orange River Africa

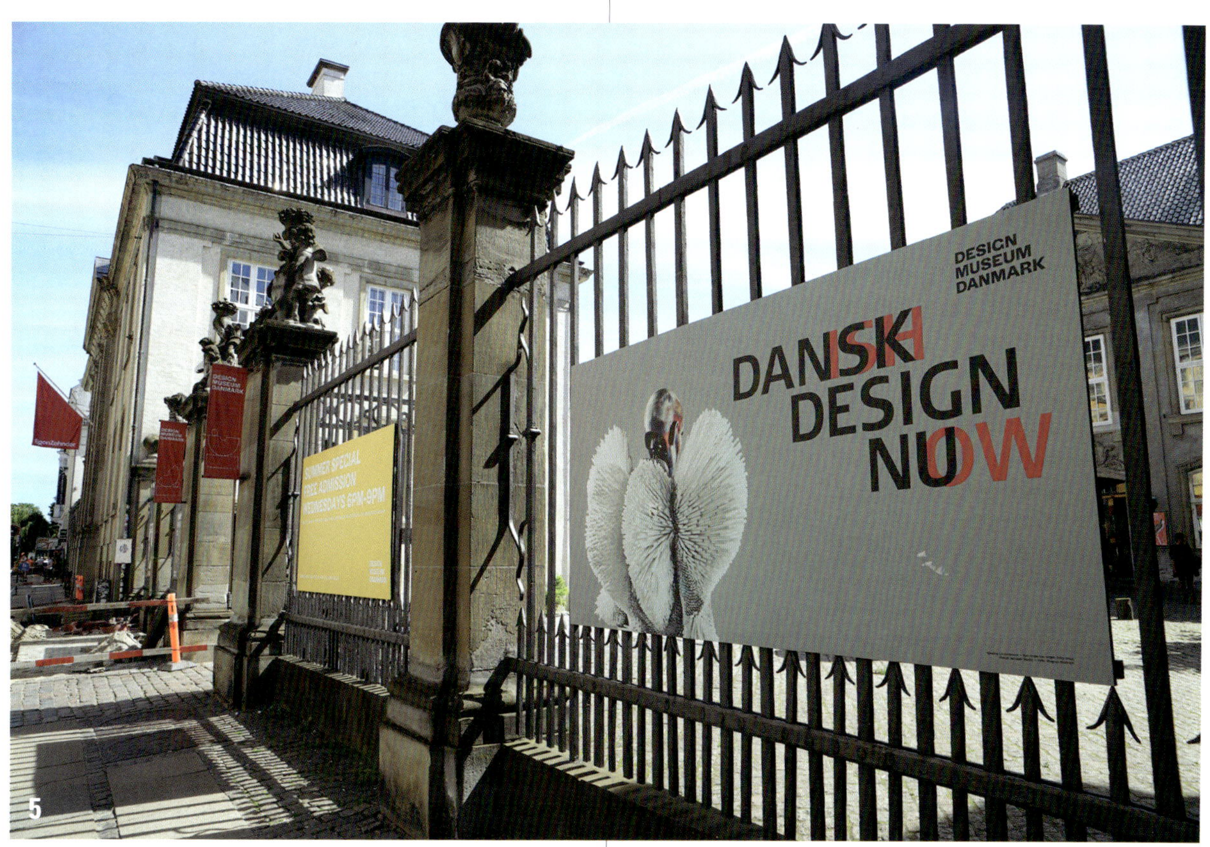

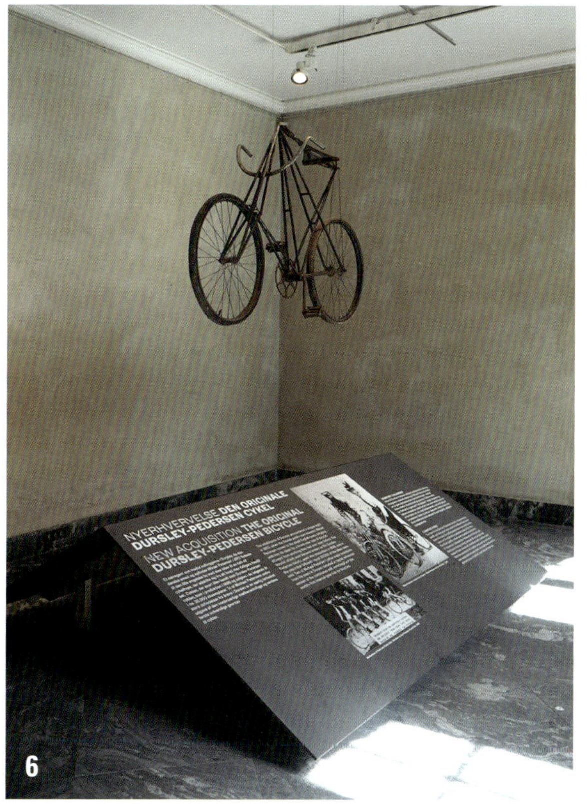

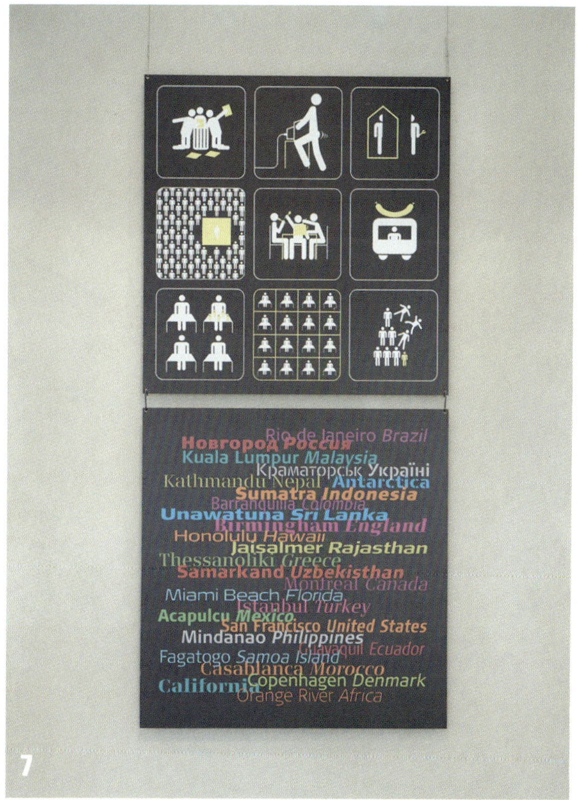

7

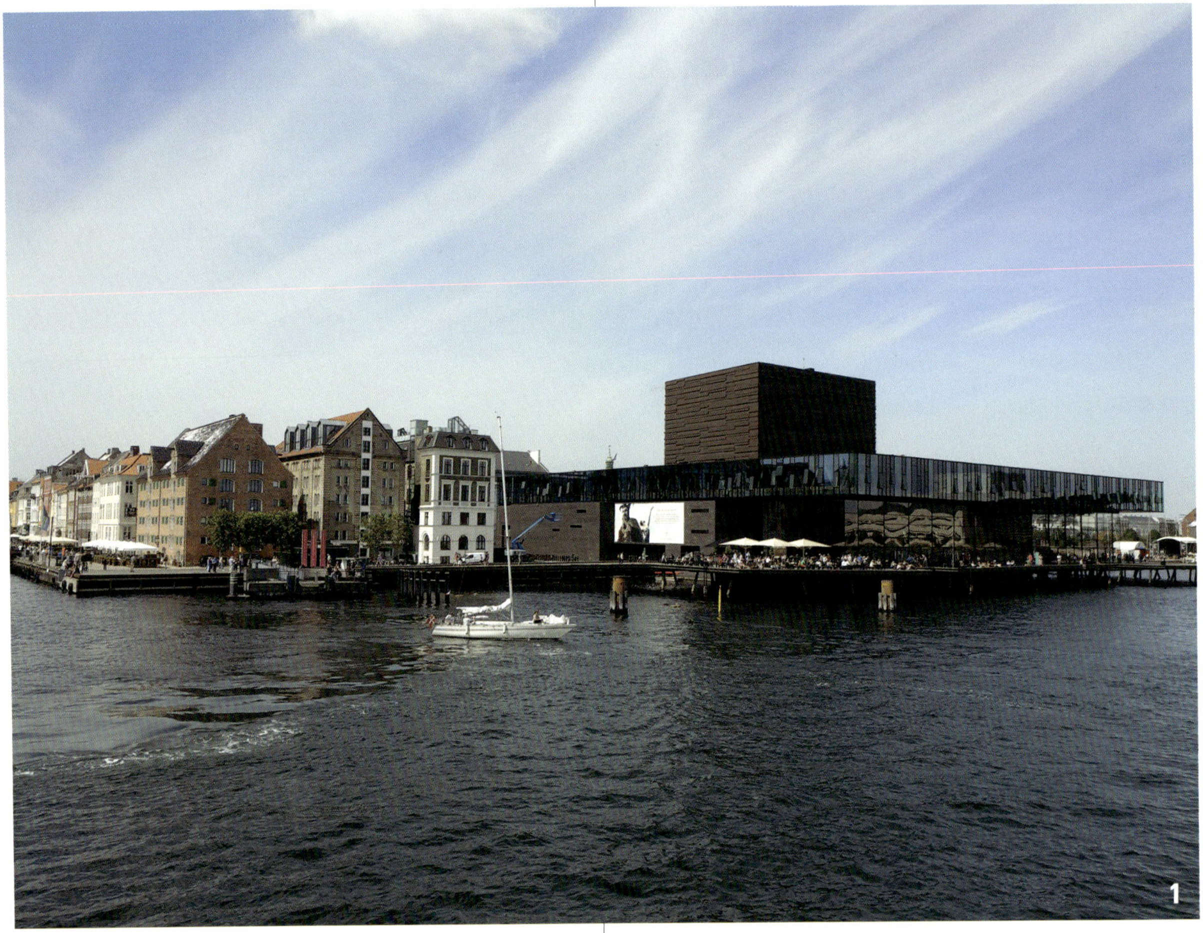

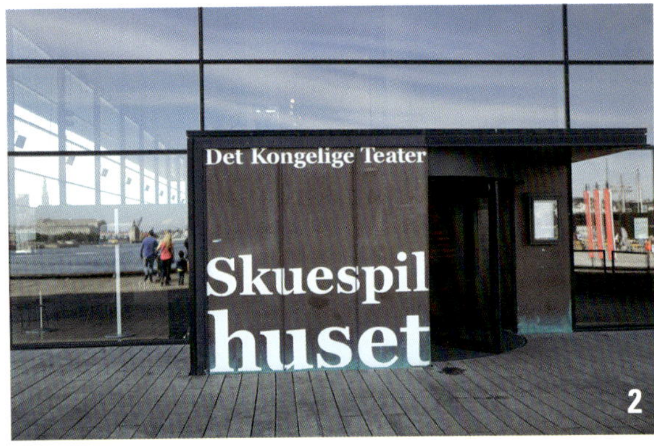

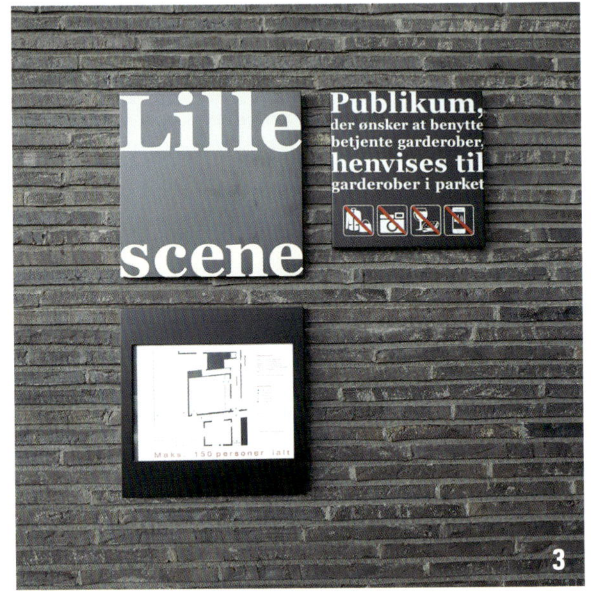

1, 2, 3 18세기풍의 알록달록한 건물들은 전체적으로 파스텔 톤으로 아름다운 경관을 자랑하며 관광객들의 발 길이 끊이지 않는 곳으로 유명한 뉘하운항구 주변에 위치한 왕립극장의 아름다운 외부전경.
내부의 사인시스템은 인테리어와 잘 어울리는 흑백 톤의 독특한 콘셉트로 시공되어 있어 색다른 질감을 보여준다.

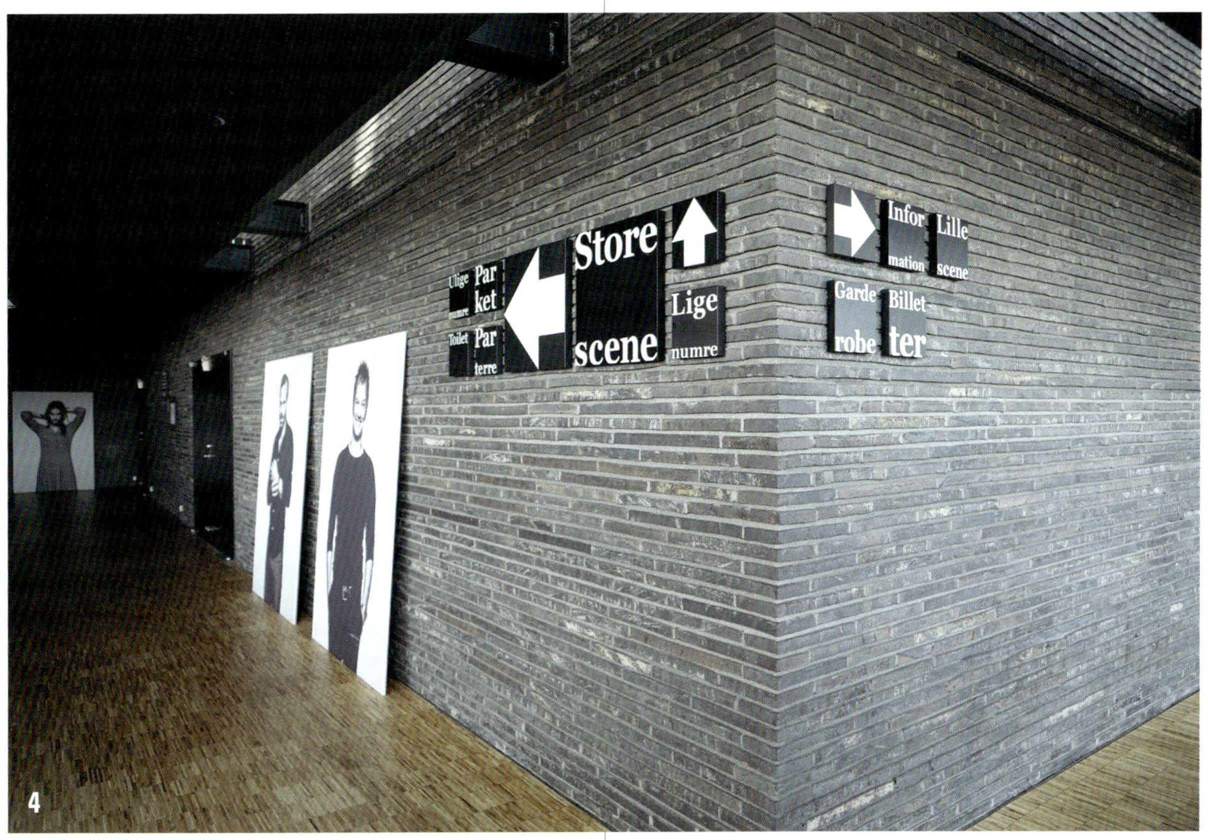

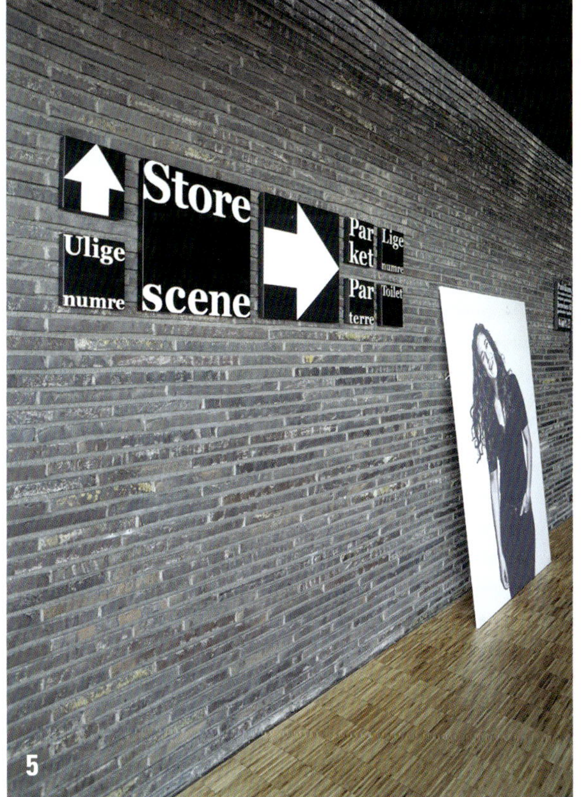

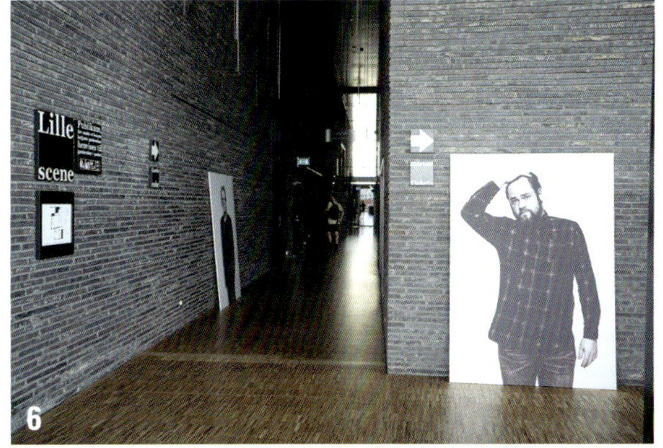

4, 5, 6 왕립극장의 모던한 건축과 인테리어, 흑백 톤으로 다양한
타이포그래피와 레이아웃이 적용된 사인은 왕립극장의 고유 아이덴티티를
표현하고 있다. 북유럽의 감성을 느낄 수 있는 왕립극장과 아름다운
주변 공간은 많은 시민들과 관광객들이 즐기는 휴식공간이다.

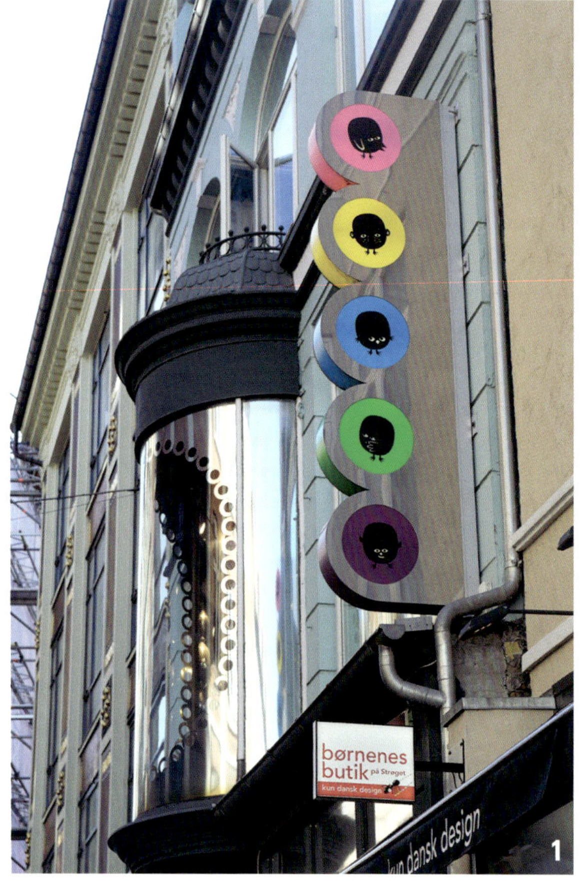

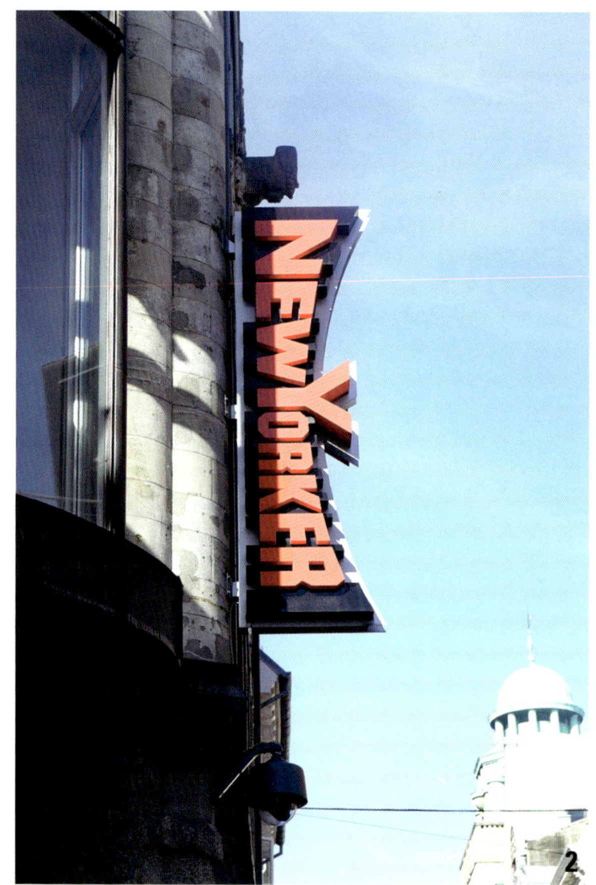

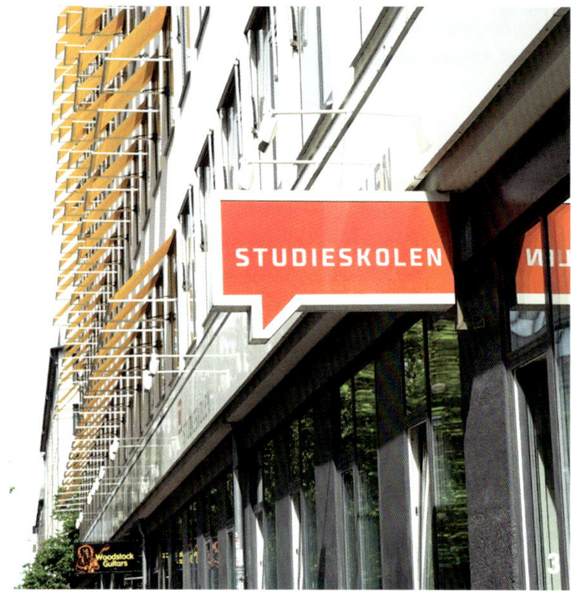

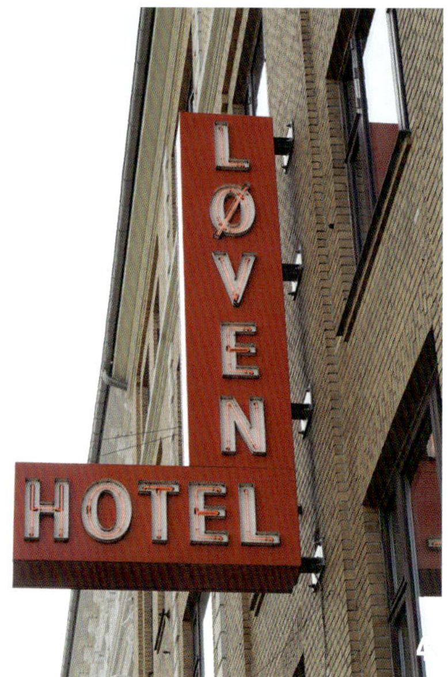

1, 2, 3, 4 덴마크 코펜하겐 시내 곳곳에는 다양하면서도 현대적인 디자인 감각의 돌출사인들이 저마다의 개성을 자랑하고 있다.

5 코펜하겐 니하운 항구와 왕립극장 근처에 위치한 Barr레스토랑은 국내의 여행잡지에도 소개될 정도로 인테리어 등이 유명한 곳이다. 단순하지만 고급스러운 이미지를 연출하고 있는 목공예 입구 사인.

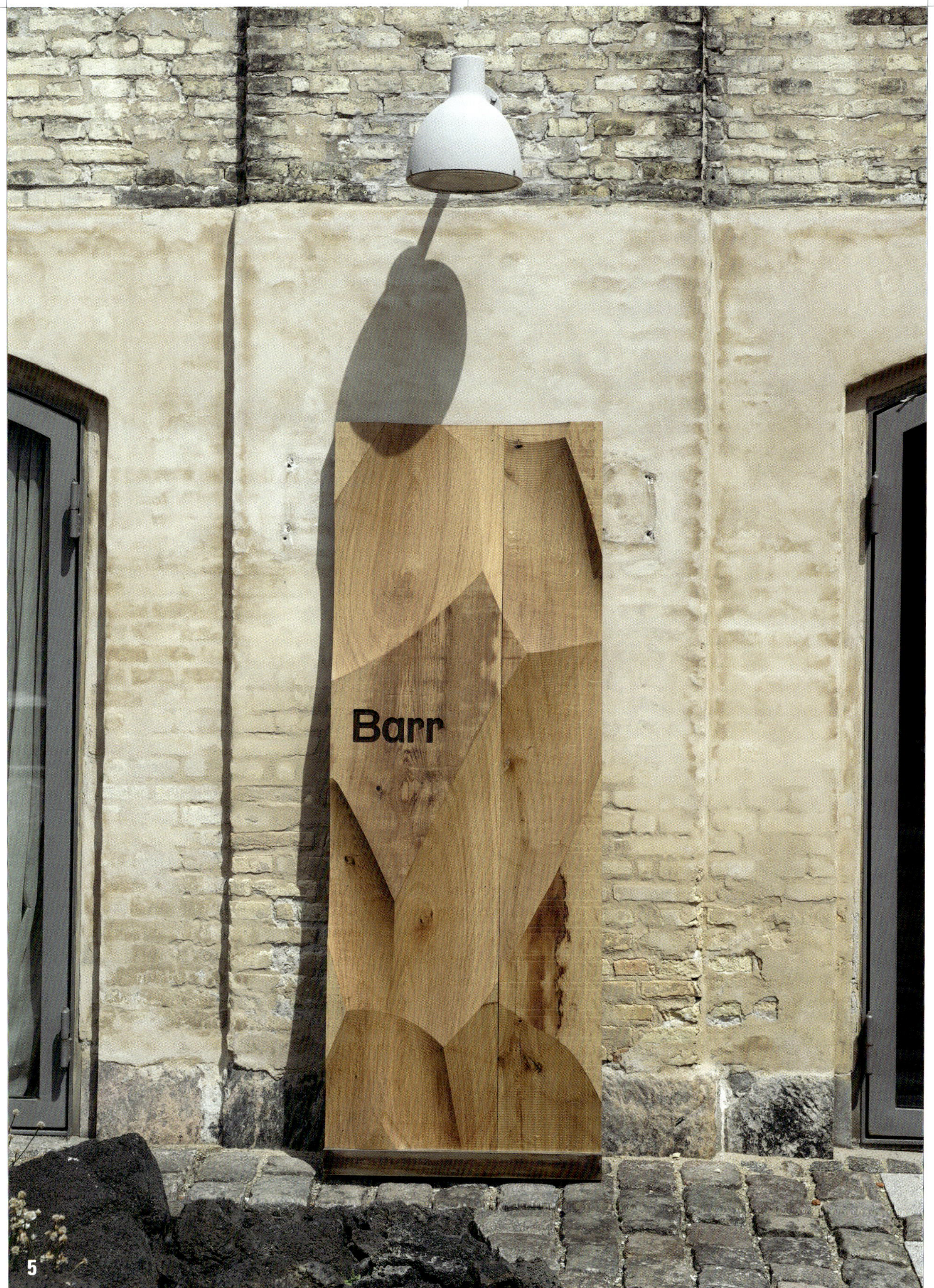

5

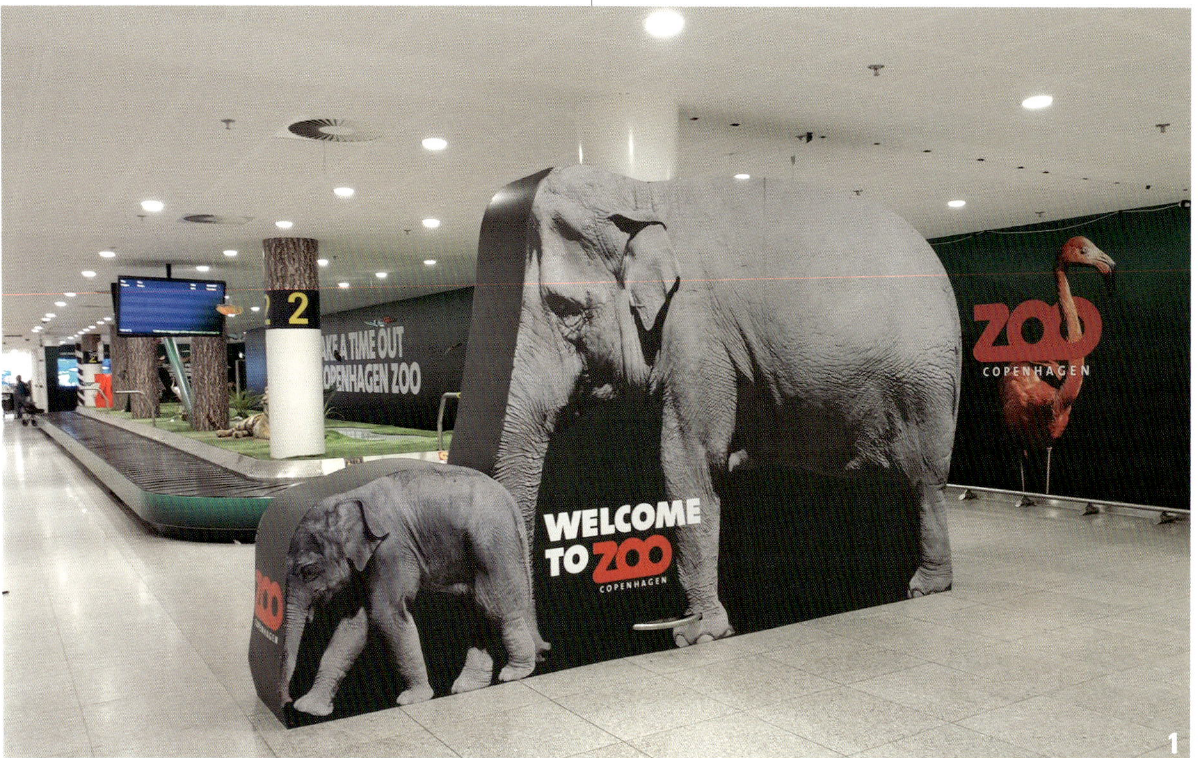

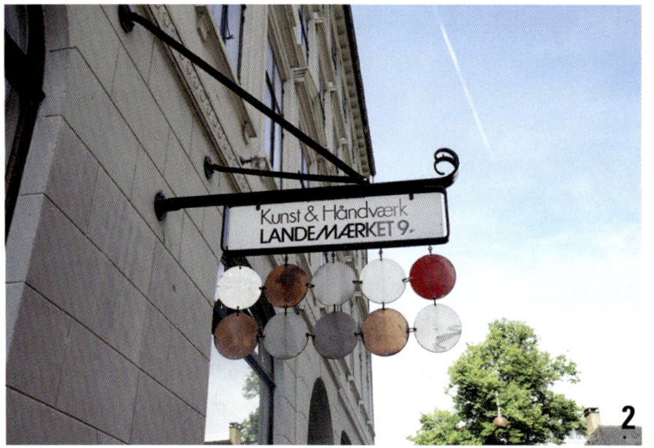

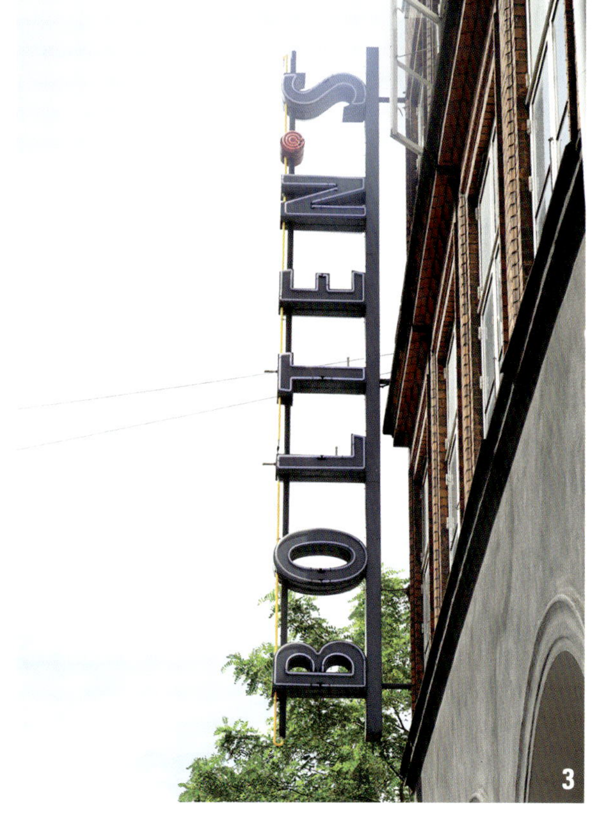

1 코펜하겐 공항의 짐 찾는 곳은 동물원의 홍보 입체조형물들이
관광객을 제일 먼저 반긴다.

2, 3 덴마크 코펜하겐 시내 곳곳에는 다양하면서도 현대적인
디자인 감각의 돌출사인들이 저마다의 개성미를 보여주고 있다.

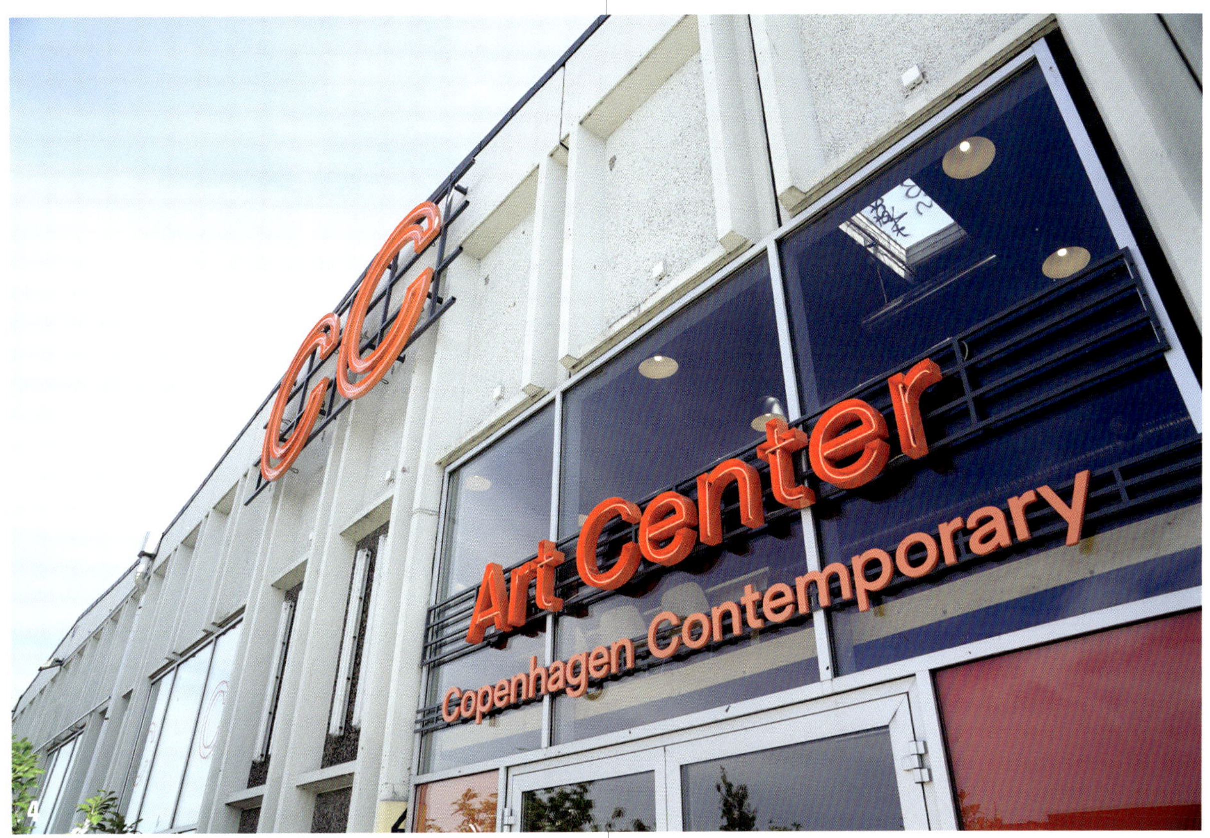

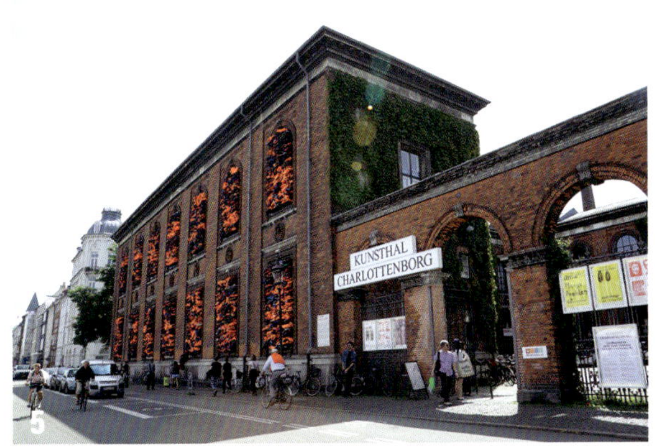

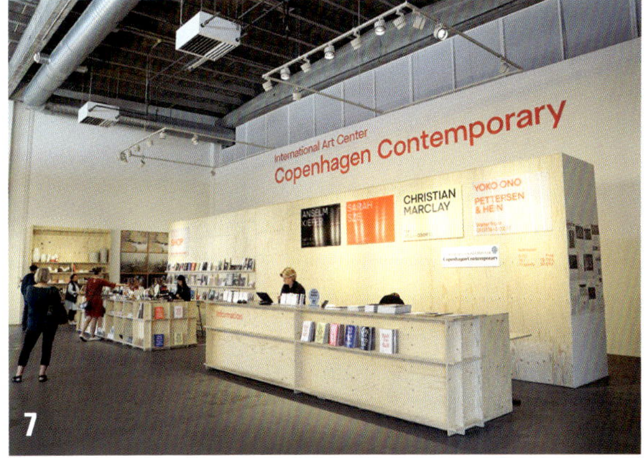

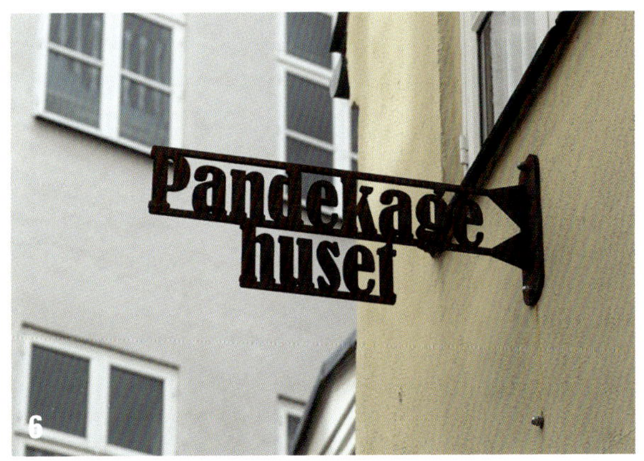

4, 7 왕립극장 맞은편에 위치한 코펜하겐 현대미술관의 전면사인과 내부 인포메이션 데스크 모습. 주변에는 세계의 다양한 음식을 체험할 수 있는 스트리트 푸드도 유명하다.

5 니하운 항구 주변에 위치한 건축박물관의 외장은 독특한 패브릭 질감으로 연출되어 있다.

6 덴마크 코펜하겐 시내 곳곳에는 다양하면서도 현대적인 디자인 감각의 돌출사인들이 자주 보인다.

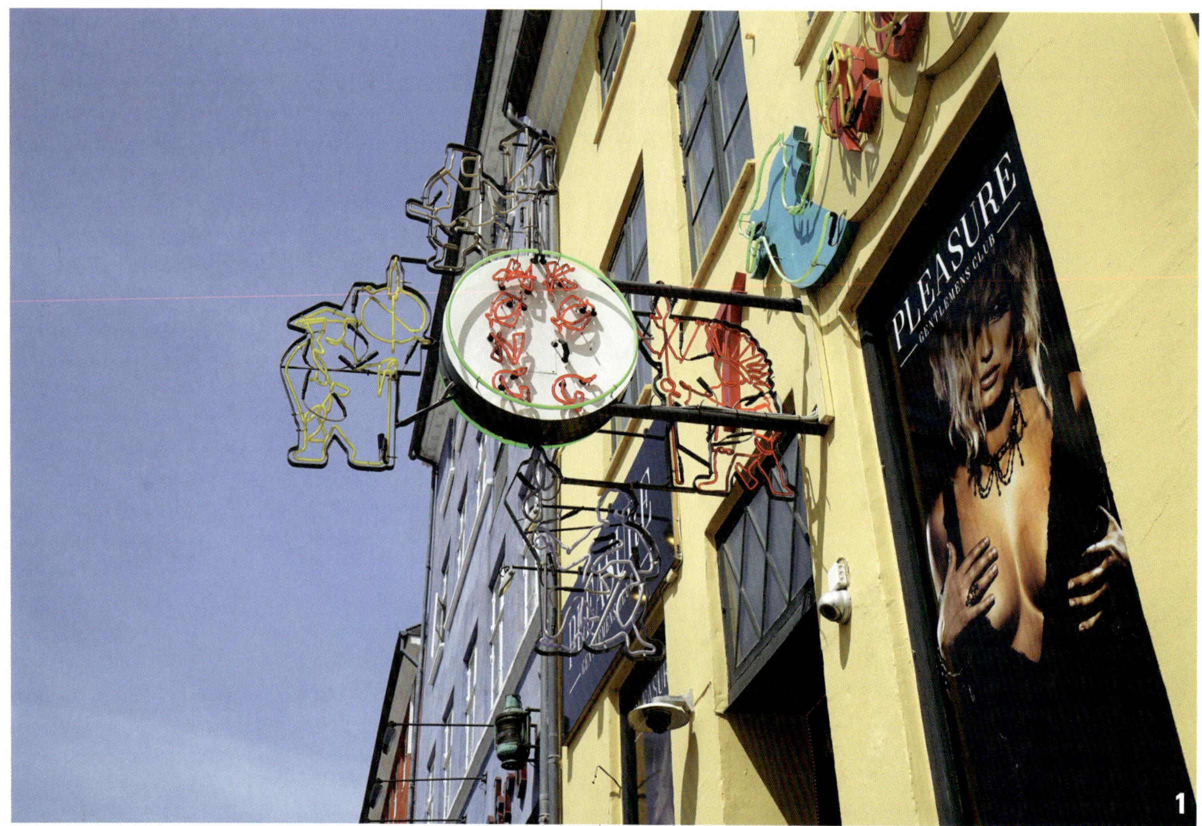

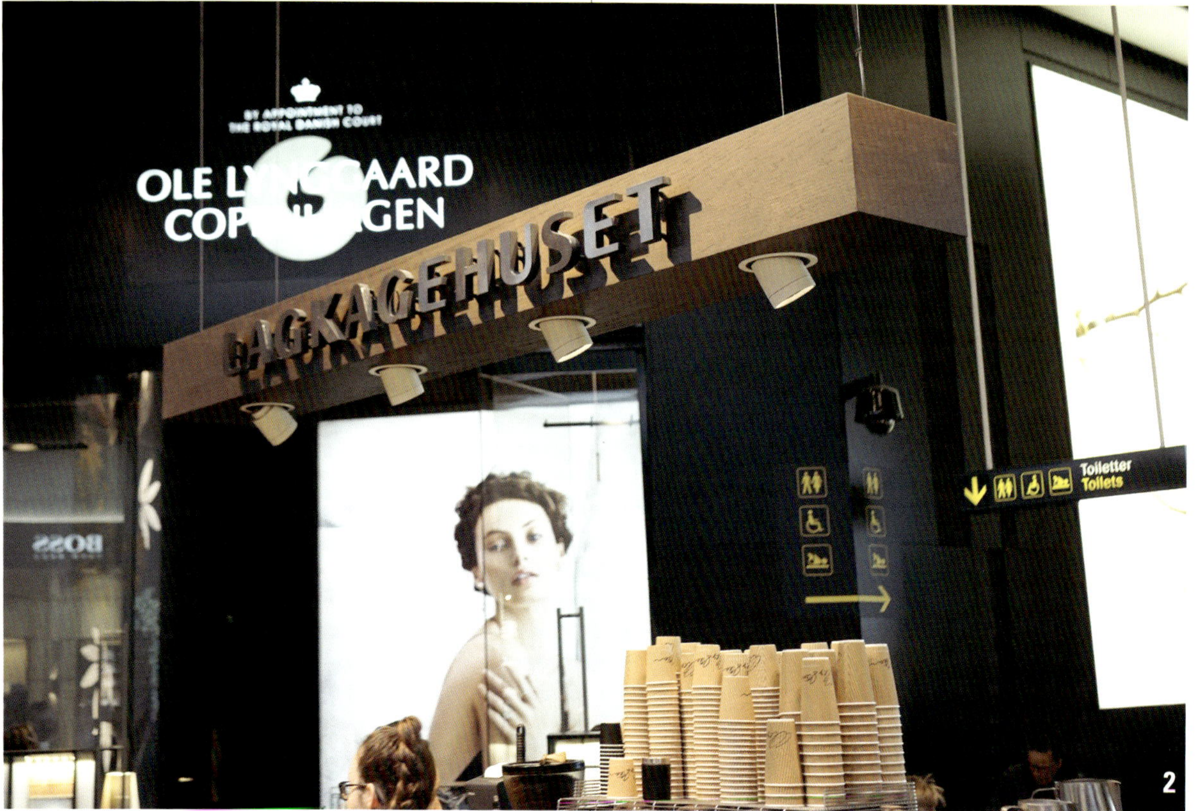

1, 2, 3, 4 코펜하겐 시내 곳곳에는 다양하면서도 현대적인 디자인 감각의 돌출사인들이 저마다의 개성미를 드러내고 있다.

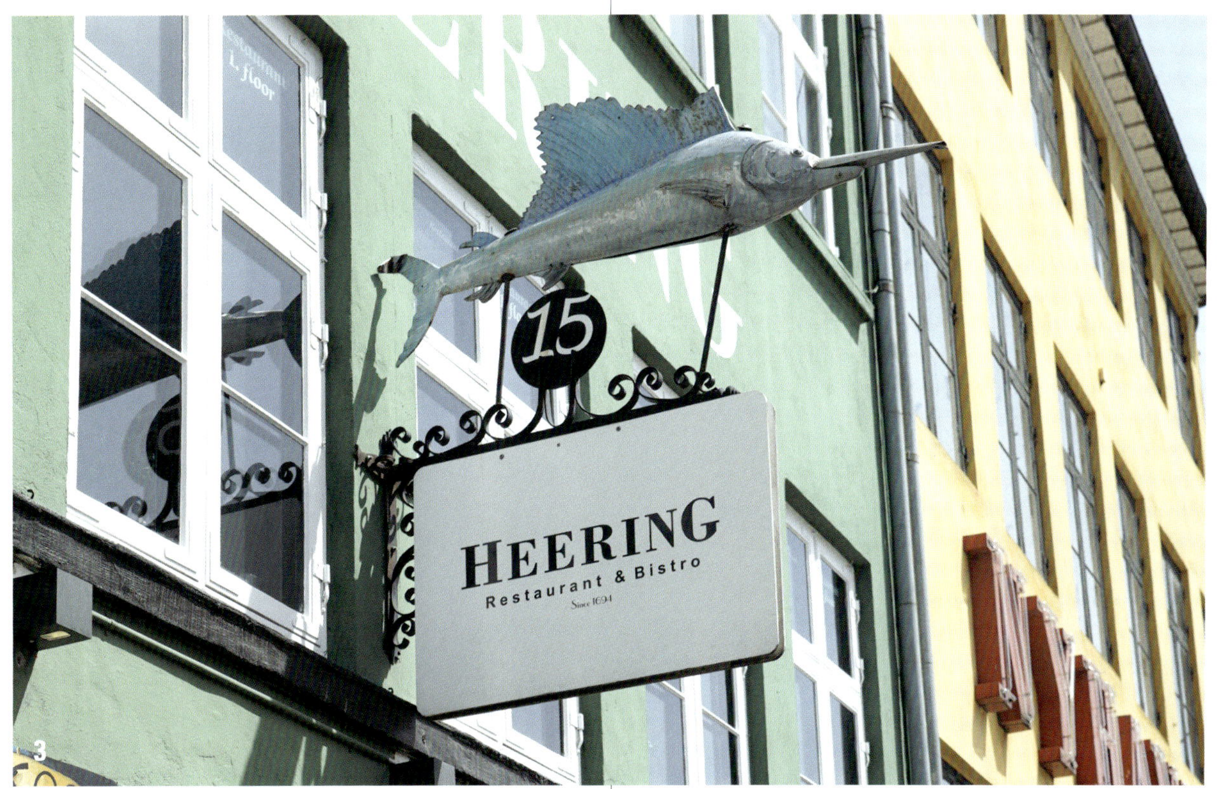

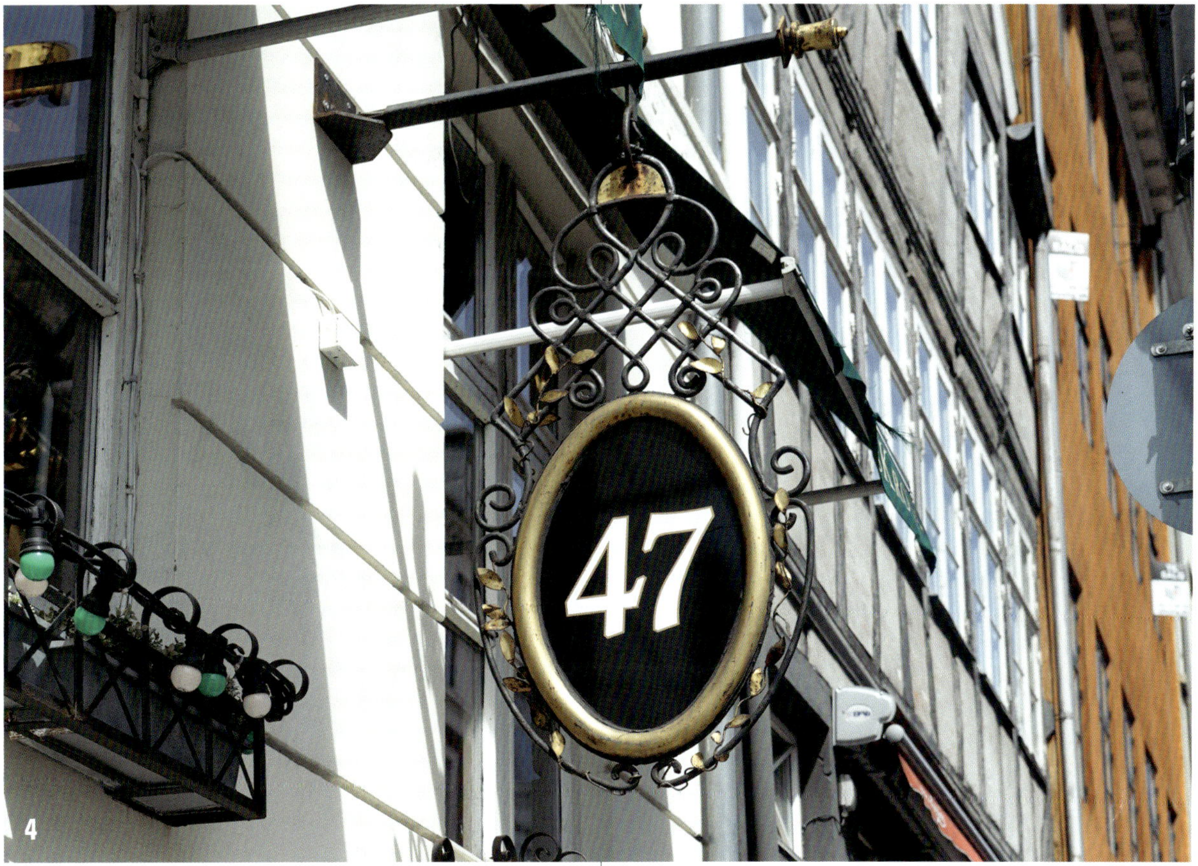

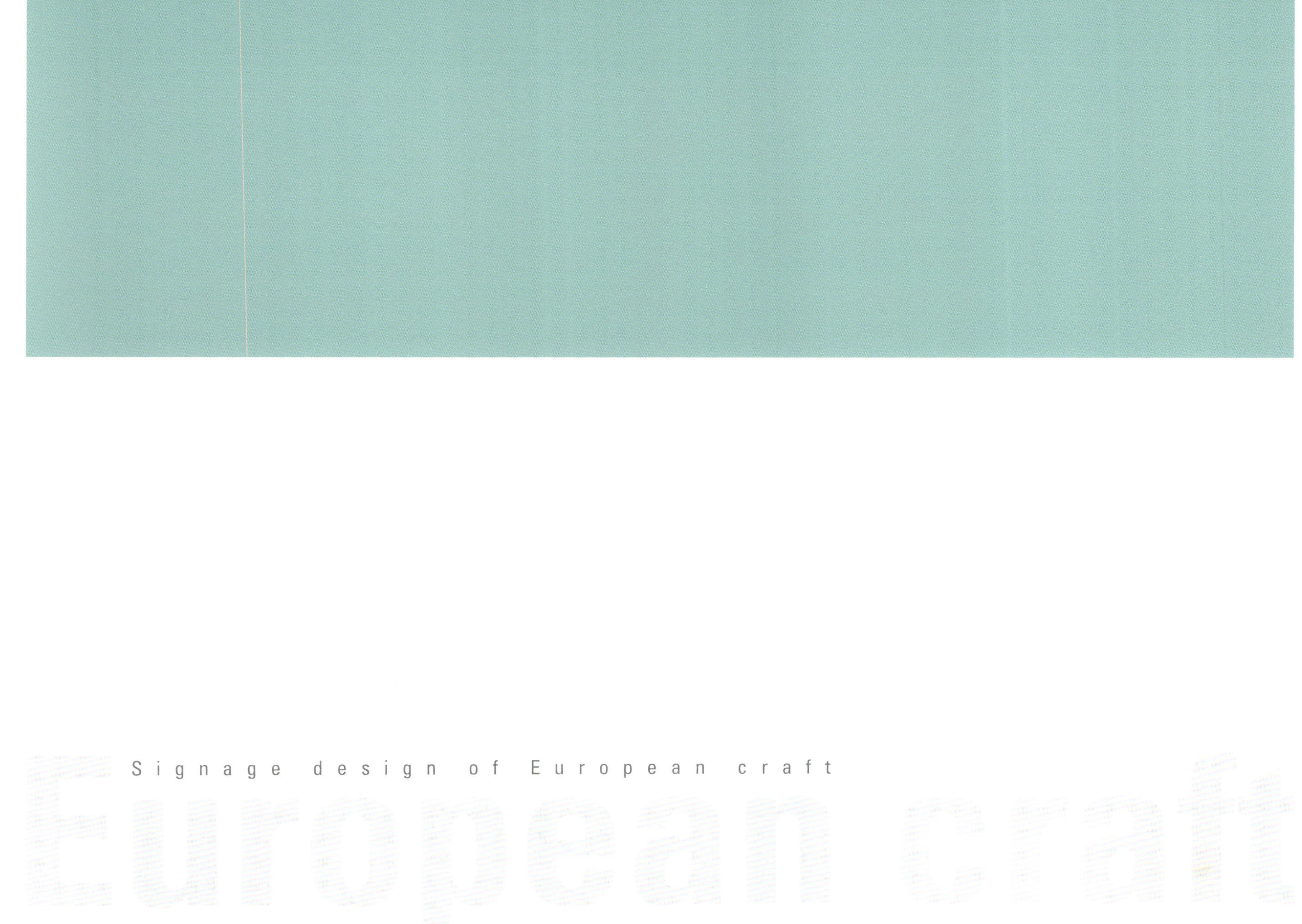

Signage design of European craft

European craft

Norway

유 럽 **공예 사 인**
European Craft Design

7. 노르웨이

빙하와 피요르드(빙하의 침식으로 만들어진 골짜기에 바닷물이 들어와서 생긴 좁고 긴 만이라는 뜻의 노르웨이어), 대자연이 만들어낸 파노라마 전경이 신비로운 나라가 바로 노르웨이이다. 16만 개 이상의 호수들이 점점이 흩어져 있는 이 산악 국가는 스웨덴, 핀란드, 러시아 연방 등과 접하고 있다.

예술, 공예, 산업 디자인이 나란히 꽃피고 있으며 가구, 에나멜 그릇, 섬유, 식탁, 보석 디자인 등은 역사적 · 민족적으로 독자적인 스타일을 추구하고 있는 듯하다. 노르웨이의 수도이며 상징이라고 할 수 있는 오슬로는 세계인이 여행하고 싶은 버킷 리스트 중 한곳이며 특히, 제2의 도시인 베르겐은 아름다운 항구도시로 형형색색의 목조건물과 골목마다 아기자기한 사연이 숨어있는 곳이다. 오슬로와 마찬가지로 독특한 조형물과 조각상들이 도시 곳곳에서 관광객들을 반기고 있으며 피시마켓, 바, 커피 숍 등이 여행 중에 이국의 맛과 색을 느끼게 하는 아름답고 개성 있는 도시이다.

공공 디자인 측면에서 오슬로와 베르겐은 거리에서 흔히 보는 사인도 하나의 문화이며 예술작품이 된다. 세계문화 도시의 잘 디자인된 사인은 거리의 예술작품으로 도시 사용자는 물론 관광객들에게 다가오는데, 단순히 기호나 시각 전달매체로서의 디자인 결과물이 아니라 그 나라와 지역의 문화와 숨결이 느껴지는 문화예술품의 기능을 보여주고 있다. 노르웨이의 사인 역시 '건축과 도시환경'을 중시하여 도시경관과의 조화를 최우선으로 고려하여 디자인되었다. 매력적인 도시공간을 창출하기 위한 도시의 사인 디자인은 여러 사용자간에 상호 커뮤니케이션을 할 수 있는 중요한 미디어이다. 아울러 지역의 정보를 전달하고, 지역 문화를 반영한 조화로운 사인디자인은 어느 지역이나

매우 중요한 요소이다. 노르웨이의 경우 거리의 사인 역시 대부분의 유럽도시와 유사하지만 거리별로 특성화된 사인들이 시각적으로 변화를 보여주며 특히, 베르겐의 경우 유네스코 세계문화유산의 도시 이미지에 맞는 고풍스럽고 품격 있는 관광안내 정보사인은 독특한 시각적 질감을 연출하고 있다. 골목마다 스토리가 있고 정감 있는 사인과 그래피티(벽화, 낙서화)는 관광도시의 매력을 더욱 배가시키고 있다.

사인을 구성하는 이미지, 타이포그래피, 컬러, 재질, 형태, 조명 등 주요 요소 중 유럽이나 선진국의 차별화된 점은 디자인의 기본 개념에 충실하다는 것이다. 디자인의 BOFER이론 즉, Beauty(심미성), Originality(독창성), Functionality(기능성), Economy(경제성), Reliability(신뢰성)에 적합한 콘셉트는 기본이고, 광고 크리에이티브의 개념으로 독창성, 적절성, 완성도, 임팩트(Impact) 등의 효율적인 결과를 위한 단순하고 명료한 개념에 맞게 실행되고 있다는 점이다. 광고제작에서 크리에이티브 요소를 독창적이고 유효 적절하며 완성도 높게 구체화하기 위해서는 더욱 과학적이고 논리적인 크리에이티브 전략과 콘셉트 추출이 필요하고, 추출된 콘셉트를 중심으로 카피와 이미지를 도출하듯이 사인제작에도 명확한 프로세스가 잘 적용된 느낌을 오슬로에서 자주 마주치게 된다. 대부분의 유럽 사인들은 '합의'와 '배려'의 측면을 고려하여 배치하고 있는 점도 우리의 현실과는 다른 점이다. 심미적인 측면과 기능적인 측면은 항상 대립되기 마련인데 중립적으로 자연스러운 조화를 추구하는 '영국스타일'의 모더니즘적 사상체계를 대부분의 북유럽 거리에서도 실감할 수 있다. 특히 타이포그래피의 다양함과 컬러의 자연스러움을

다양하고 색다르게 표현하고 있다. 간결하고 현대적
이며 세련된 서체를 기본으로 원색이 아닌 중간 톤의
색상과 잘 조화된 사인들은 조형적인 완성미와 함께
아름다운 이미지를 연출하고 있는 것이다. 또한 사인이
건축물의 일부 요소로 보일만큼 전체적으로 완성도가
높고 시각적으로 편안하고 실용적인 형태로 다가온다.
마치 건축물과의 조화를 먼저 생각하여 개인의 이익을
절제하고 도시사용자를 먼저 배려하는 조화로움으로
연출되고 있는듯하다.

예술과 문화를 관광 산업화하여 도시의 이미지를
변모시키는 합리적인 국민성과 정책은 효율적인 스페
이스 마케팅(Space Marketing)이나 플레이스 브랜딩
(Place Branding)이라고 생각된다. 국가, 도시, 거리,
건물, 매장 등 모두가 스페이스라는 영역 안에서 이루
어지는 스페이스 마케팅은 전 세계의 다양한 공간들이
도시와 장소를 상징하면서 방문객을 불러 모은다.
노르웨이 역시 도시방문객들에게 입체적 경험을 바탕
으로 국제적으로 명성을 얻은 다양한 문화 마케팅
전략을 시행하고 있다. 특히, 거리 곳곳에서 우리 삶의
단편을 형상화한 다양한 조각들이 현대적이고 아름답게
묘사되어 있어, 거리를 다니면서 다양한 시각적인
느낌과 함께 한 번 더 생각을 하게하는 도시가 바로
오슬로이다. 그러한 입체적 경험의 중요한 영역인
도시디자인에서 사인의 중요성(경관, 조형미, 정보,
커뮤니케이션 등)또한 가장 큰 부분을 차지하고 있는데,
노르웨이 도시 곳곳의 아름답고 효율적이며 독특한
사인들이 도시의 환경을 아름답게 연출하고 있다.
상업공간에서 적용되는 광고 · 디자인 전략인 AISAS
(Attention_관심, Interest_흥미, Search_조사, Action_
행동, Share_공유) 원칙을 노시니사인에 잘 적용하고

있다는 느낌이다. '좋은 디자인이 마케팅이다' 라는
말과 같이 세심한 배려가 돋보이는 노르웨이 오슬로와
베르겐의 이미지는 전 세계인들에게 다시 찾고 싶은
도시로 영원히 기억될 것이다.

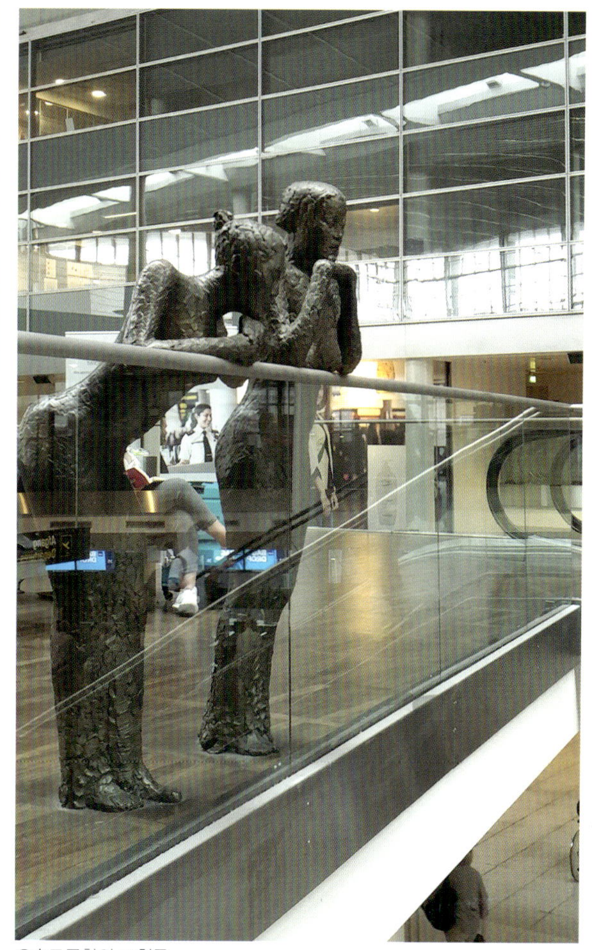
오슬로공항의 조형물

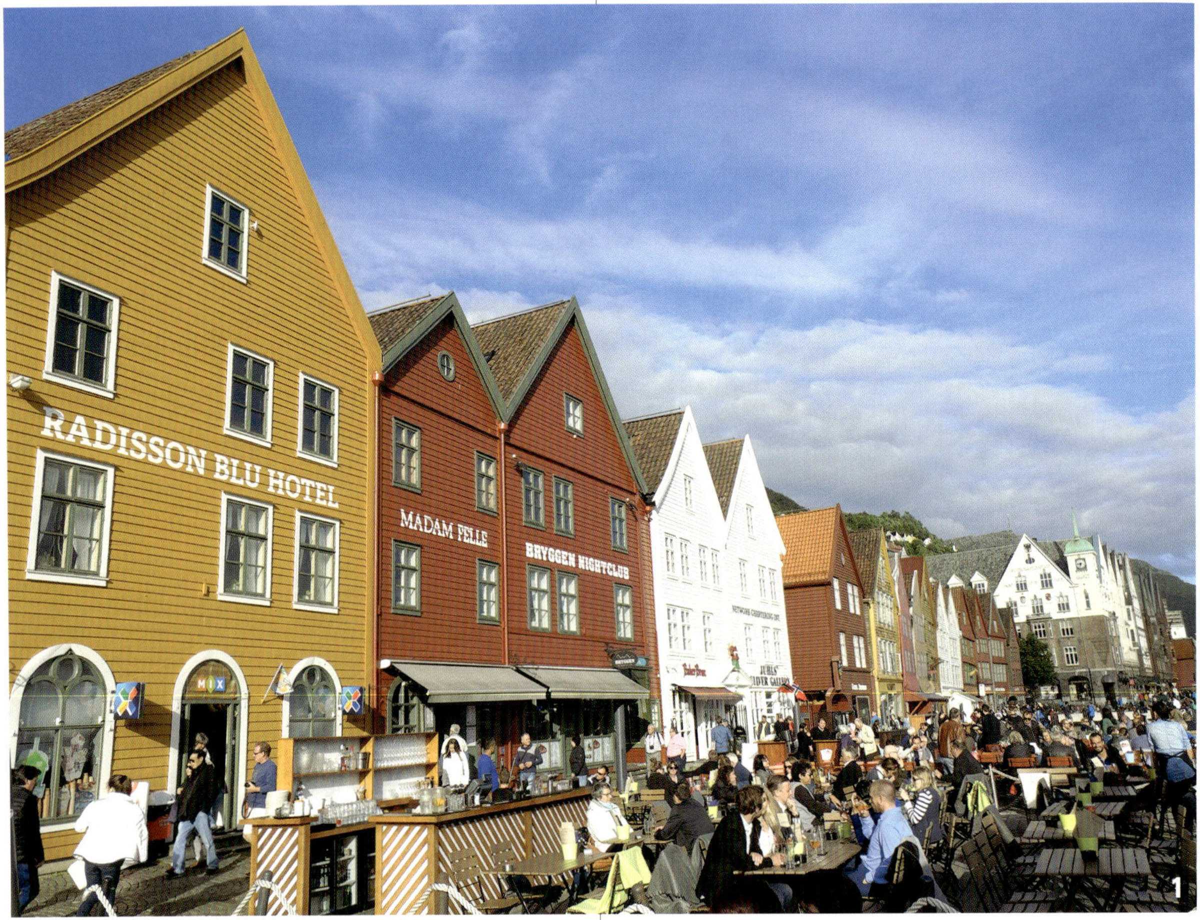

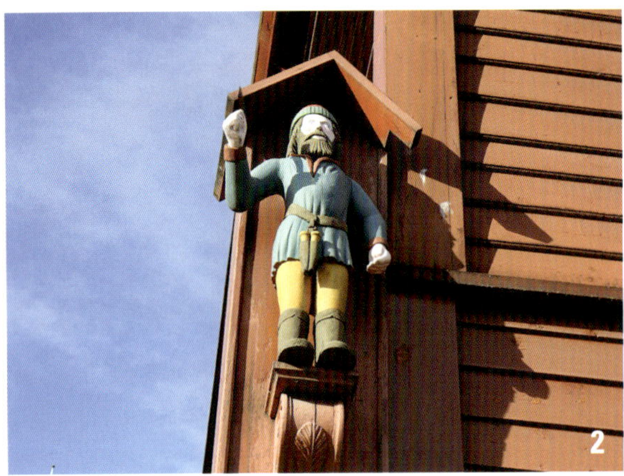

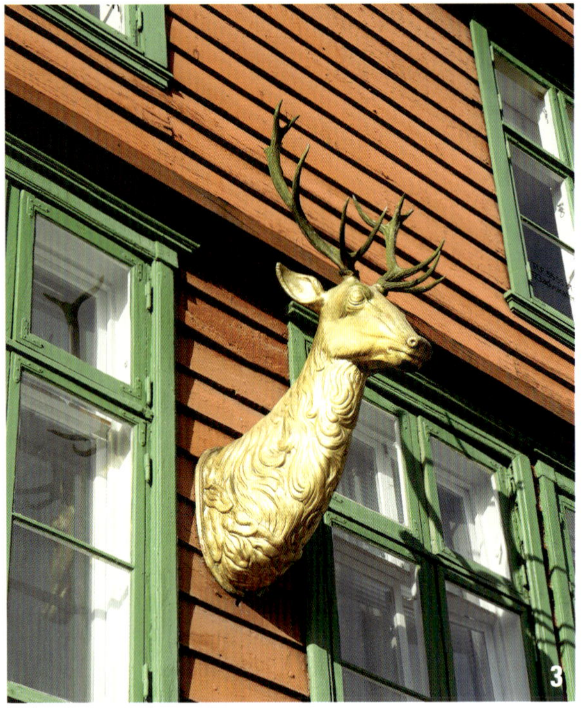

1 동화속의 예쁜 집들처럼 아름다운 컬러로 도시전체가 구성되어 있는 노르웨이 베르겐은 세계인이 즐겨찾는 관광지이다.

2, 3 베르겐 항구 주변에 위치한 목조건물에는 전통적인 형상의 수공예 사인들이 관광객을 맞이하고 있다.

4 유네스코 세계문화유산도시를 알려주는 기념사인이 베르겐 항구 주변에 위치한 목조건물 앞에 설치되어 있다.

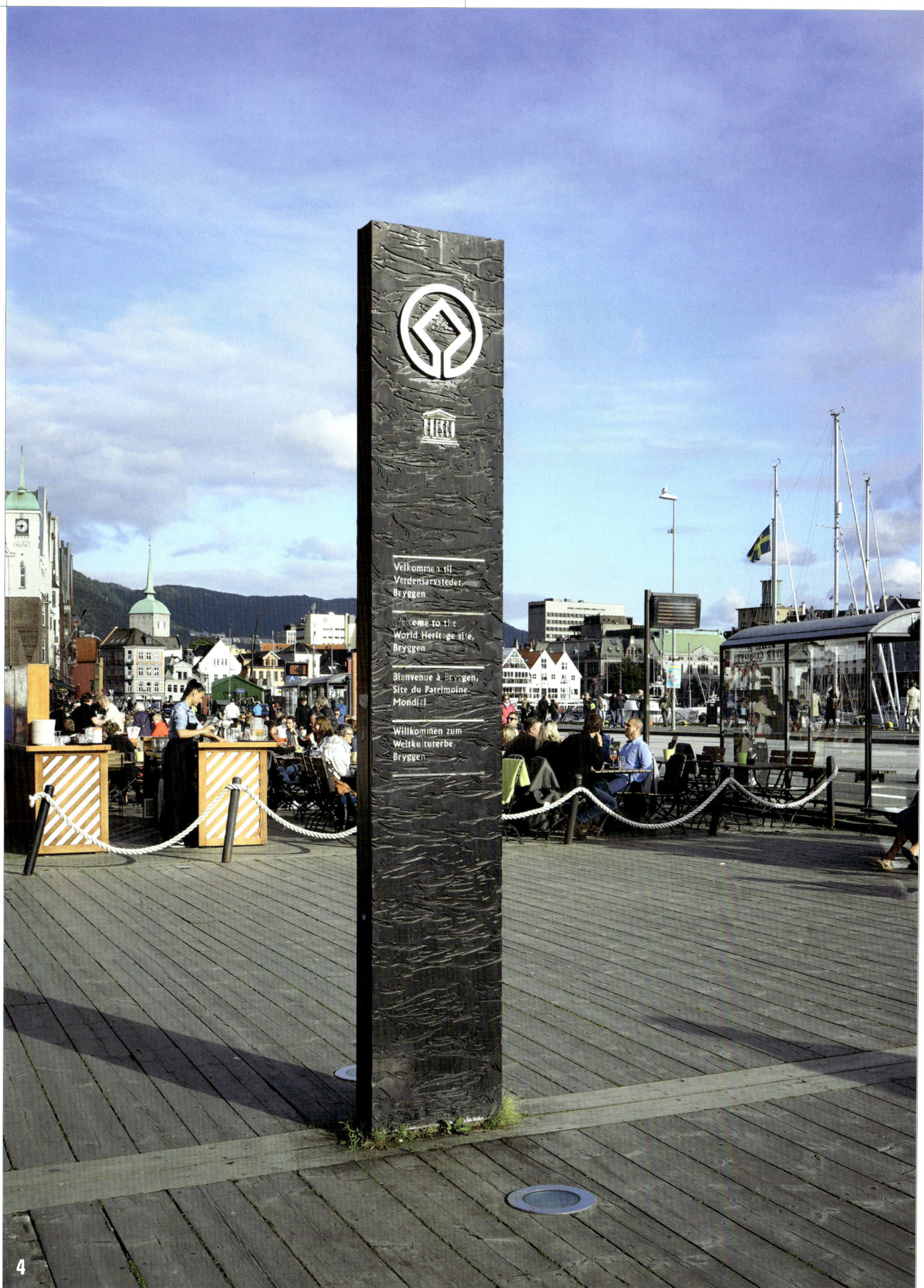

Velkommen til
Verdensarvstedet,
Bryggen

Welcome to the
World Heritage site,
Bryggen

Bienvenue à Bryggen,
Site du Patrimoine
Mondial

Willkommen zum
Weltkulturerbe
Bryggen

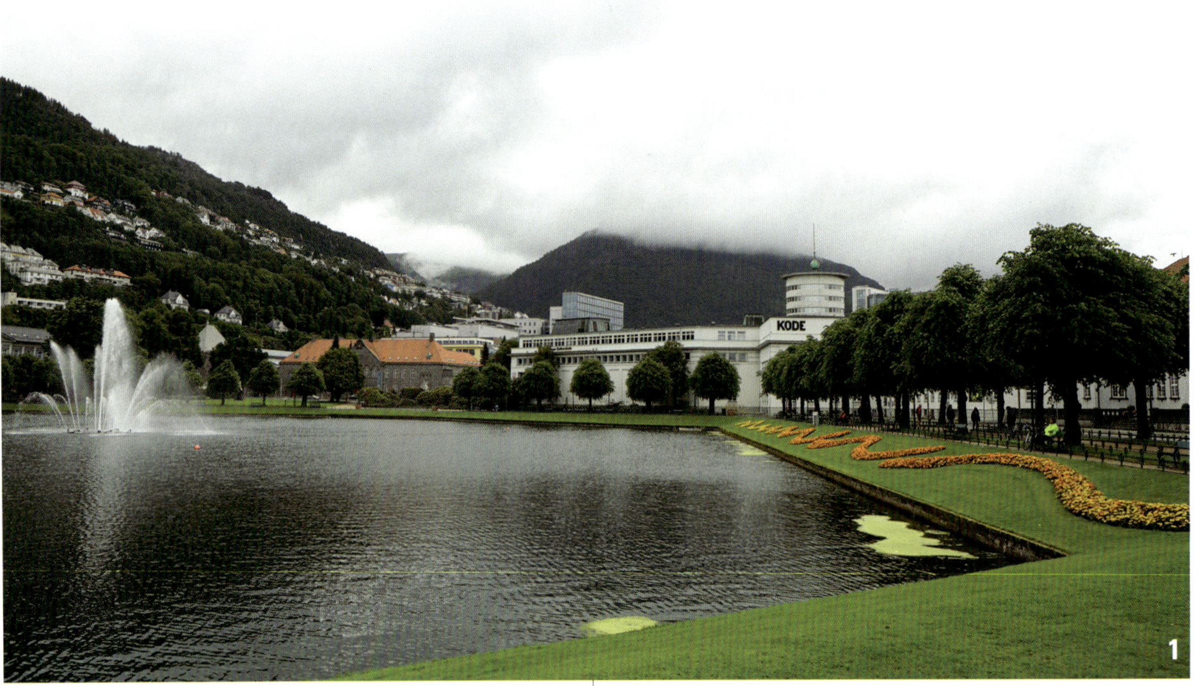

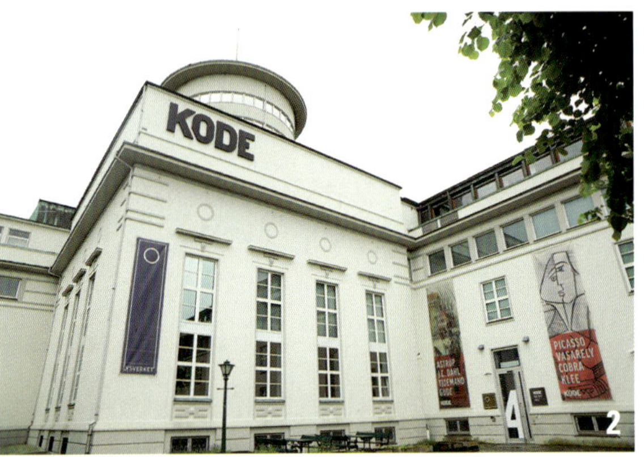

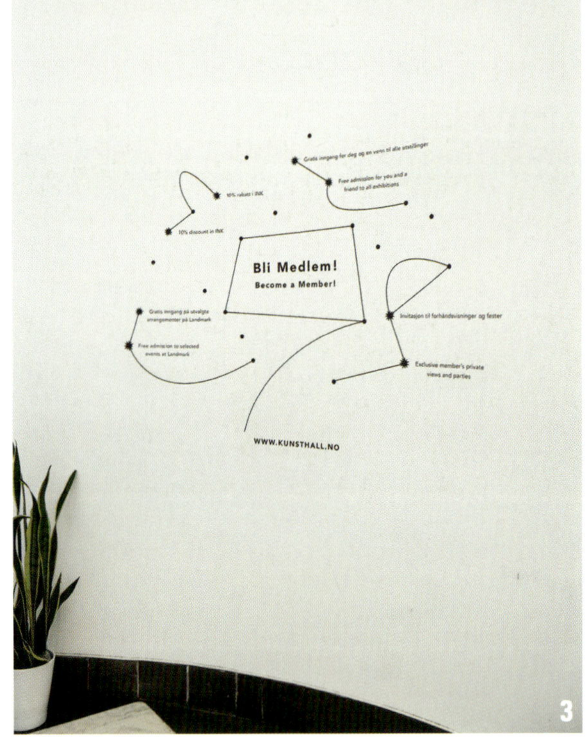

1, 2, 3, 4 베르겐의 미술관 KODE가 위치한 호수 근처에는 산 능선을 따라 동화속의 예쁜 집들이 아름다운 컬러로 구성되어 있다.
KODE는 1~4관까지 있는데 특히, 3관에는 노르웨이의 대표작가 뭉크와 Dahl의 작품이 다수 전시되어 있는 세계적으로 유명한 미술관이다.
외부전경과 내부의 벽면을 활용한 실내 정보사인.

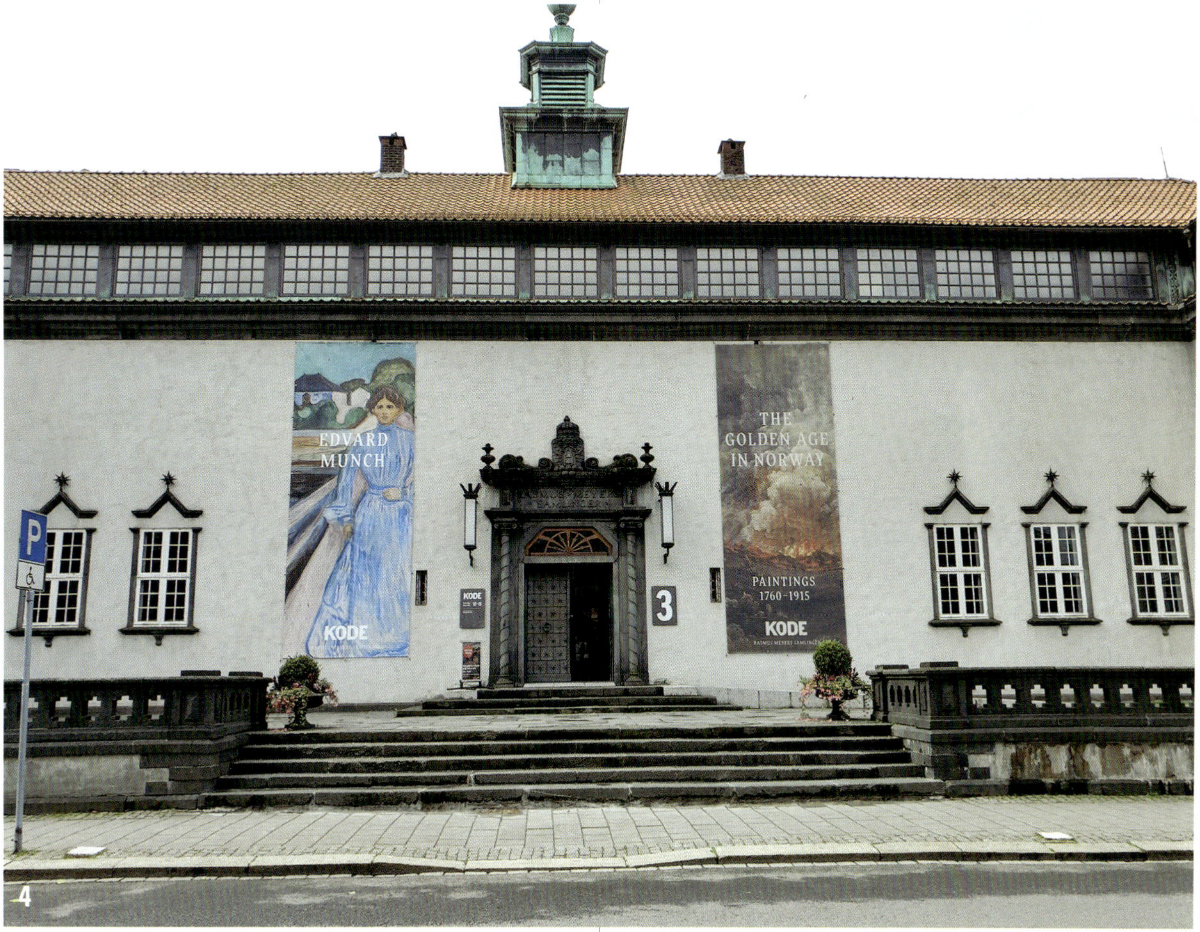

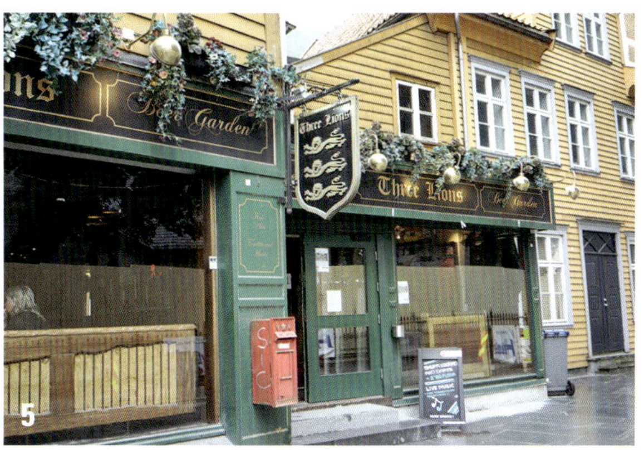

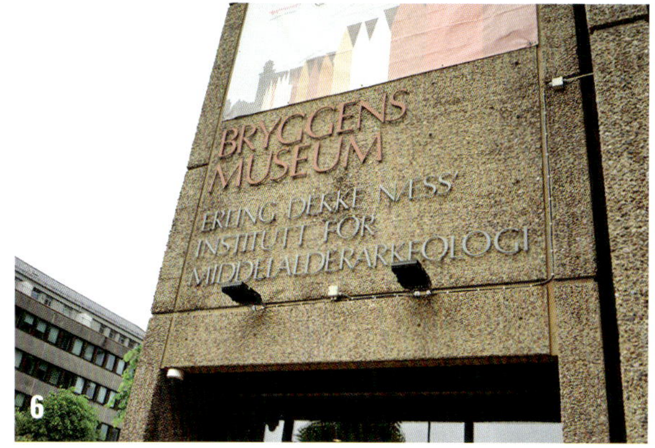

5 베르겐 시내 곳곳에서 본 작은 가게의 사인들은 고전적인 베르겐의 이미지를 잘 전달하고 있는 듯하다.

6 베르겐 뮤지엄 건물의 단순한 문자형 전면 사인.

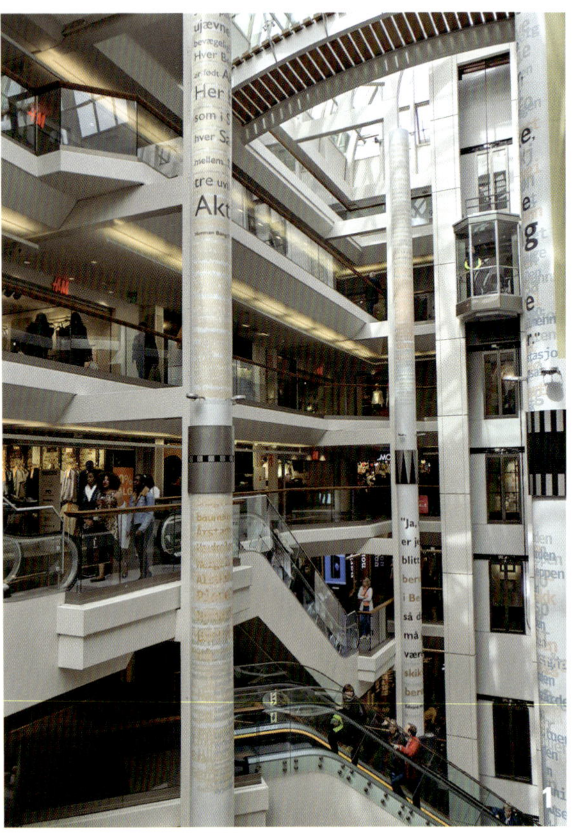

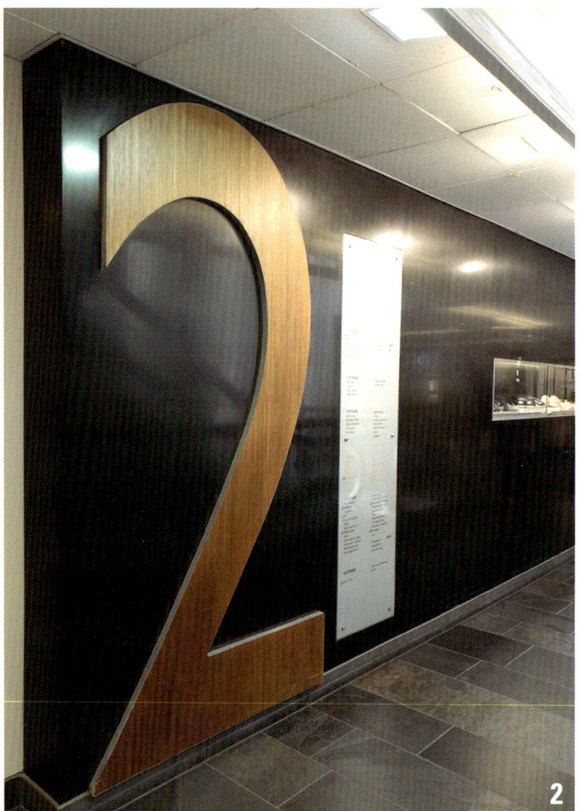

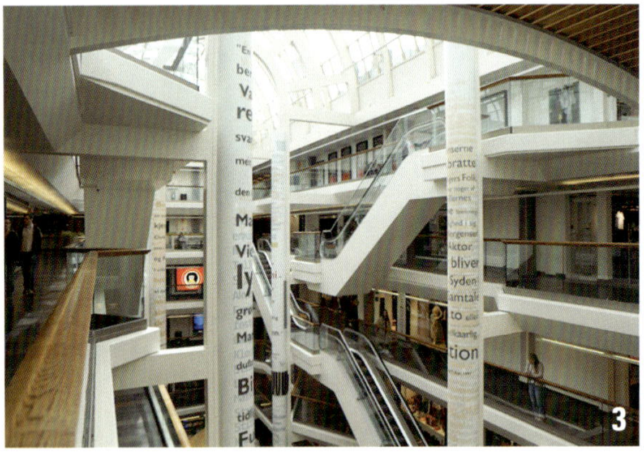

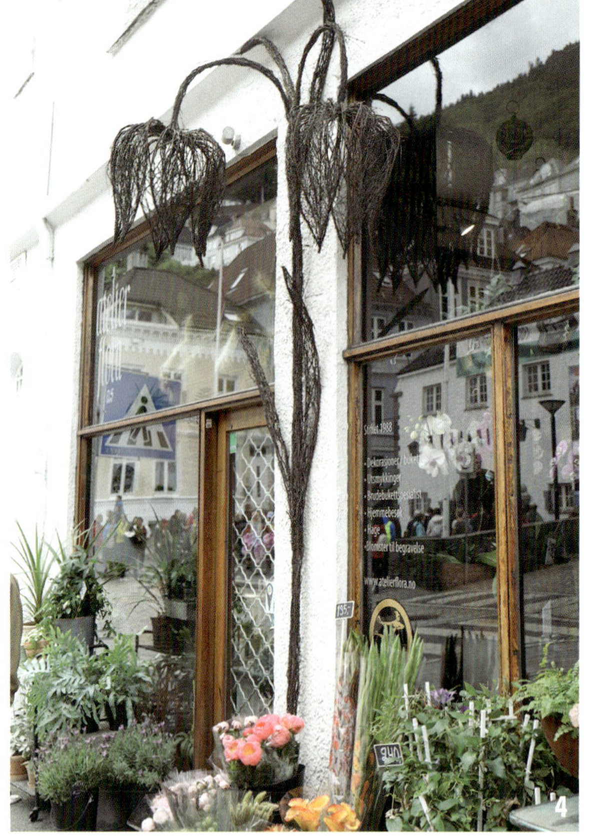

1, 2, 3, 5 베르겐 시내의 대형 쇼핑센터 건축물 내부에는 기둥을 활용한 타이포그래피 이미지의 그래픽이 시공되어 있다. 다양한 컬러와 타입의 구성으로 타이포스트레이션 이미지를 표현하고 있다.

4 베르겐 시내의 어느 꽃집은 유리창에 작은 상호를 부착하고, 꽃 형태의 조형물을 만들어 꽃집의 이미지를 상징적으로 보여주고 있다.

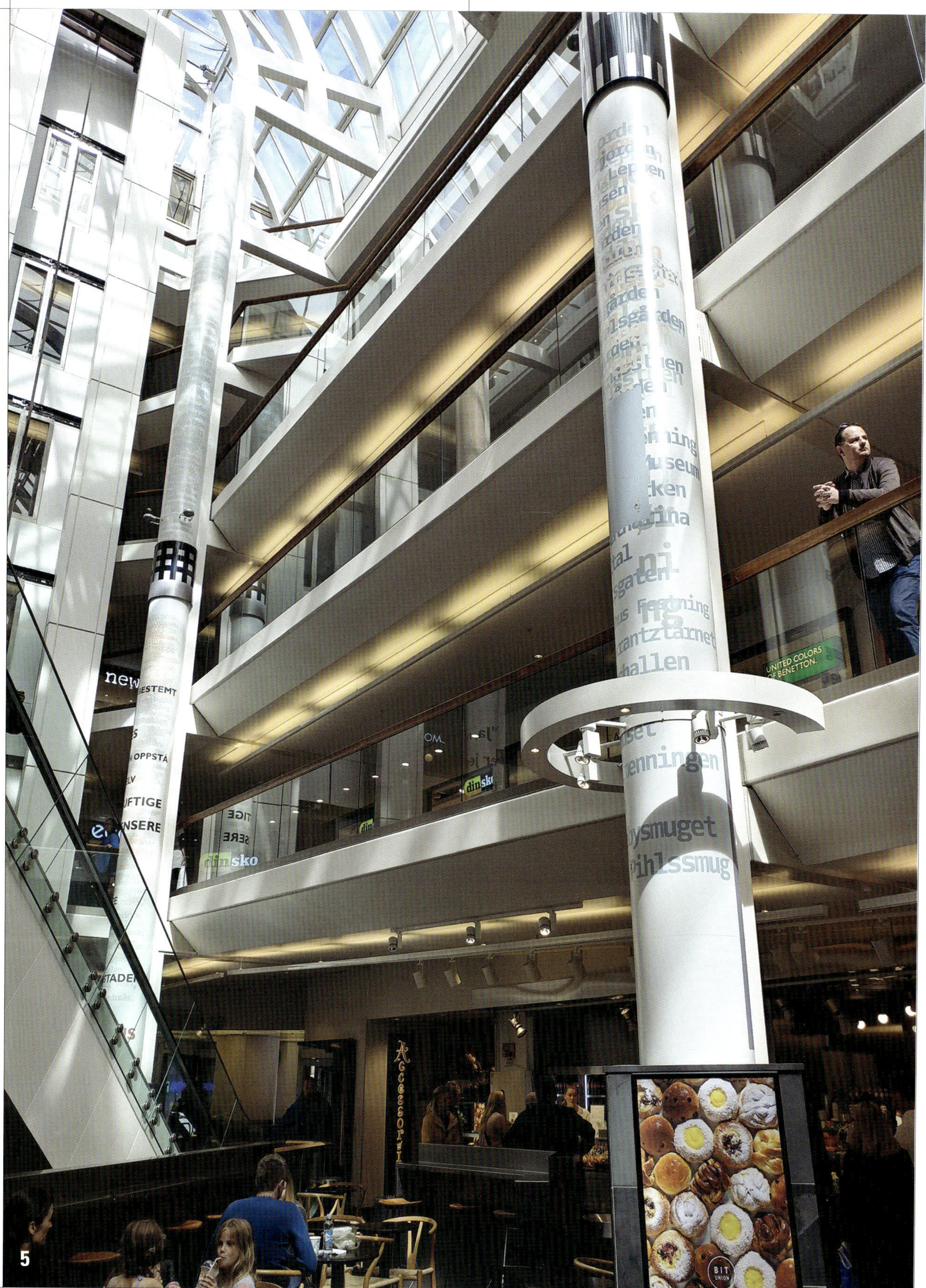

5

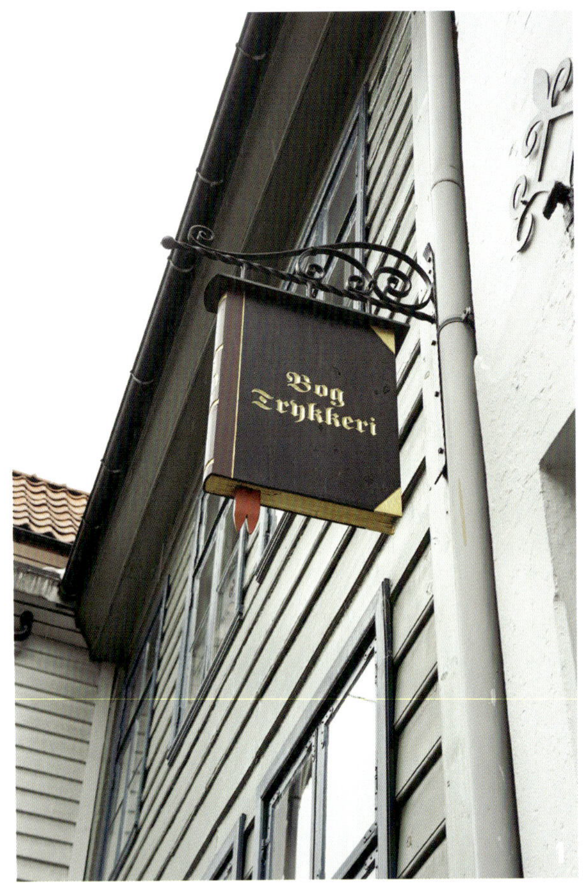

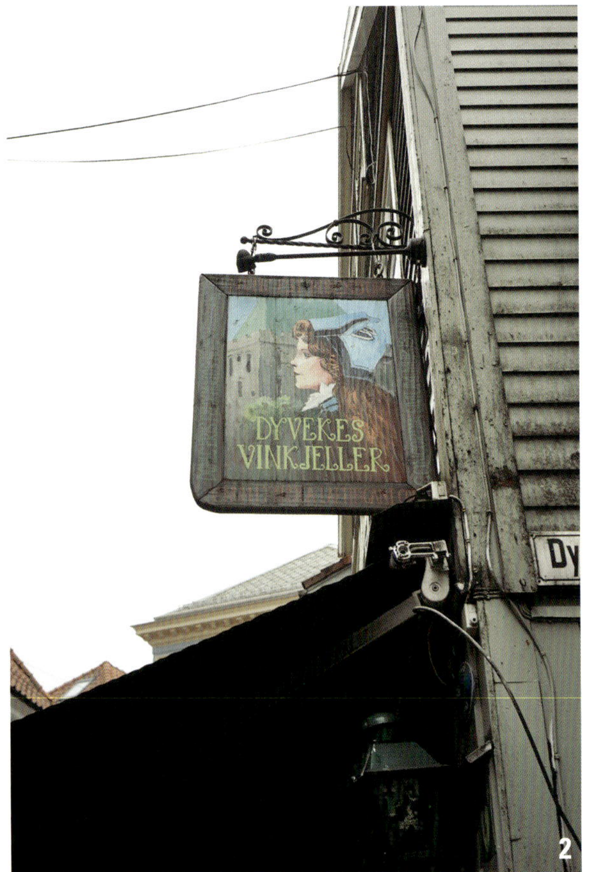

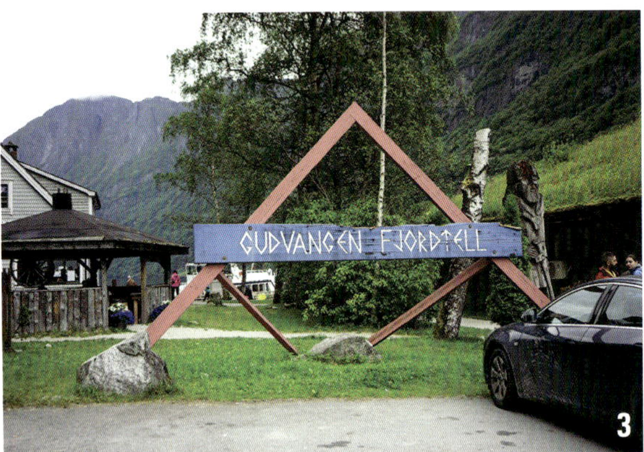

1, 2, 4 베르겐 시내 곳곳에서 본 작은 가게의 오래된듯한 돌출 사인들이
아름다운 베르겐의 단면을 구성하고 있다.

3 노르웨이의 자연적인 풍광인 피요르드를 보기위해 가는 도중, 배를
타기전 기다리던 작은 동네의 목재로 제작한 사인.

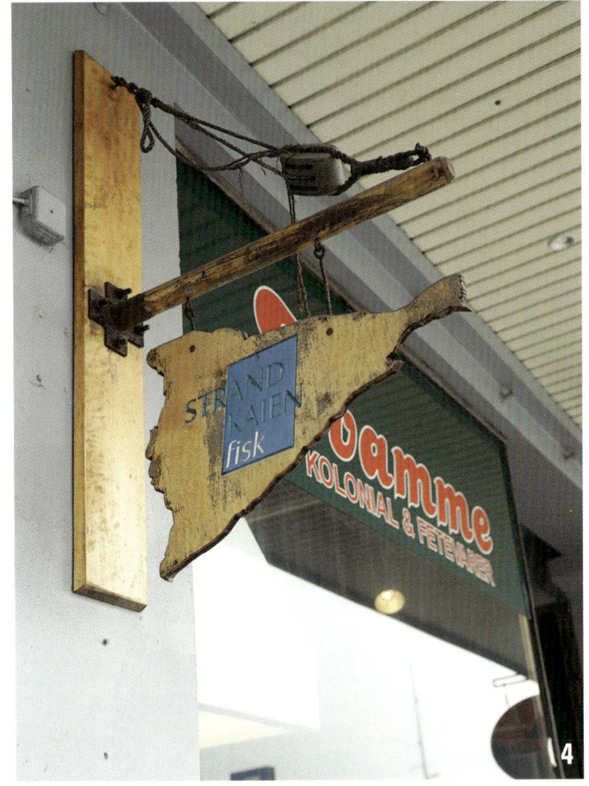

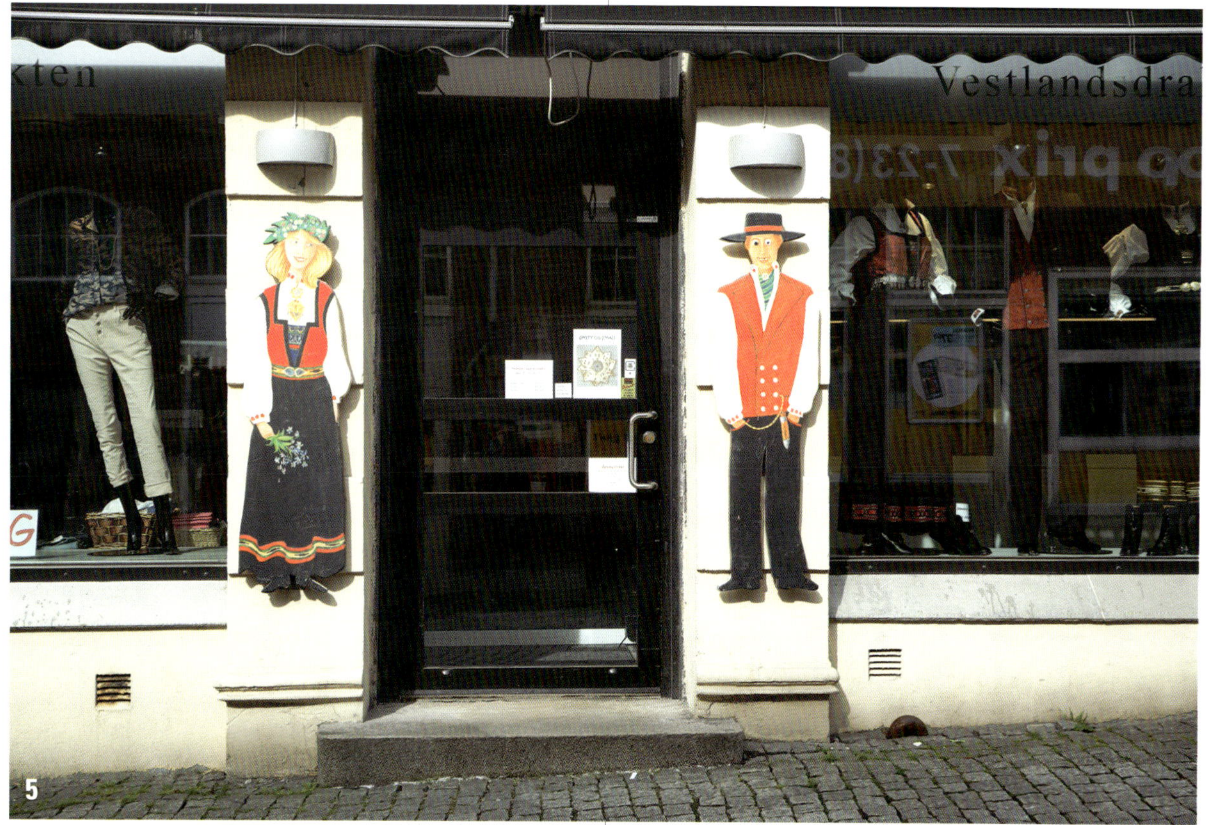

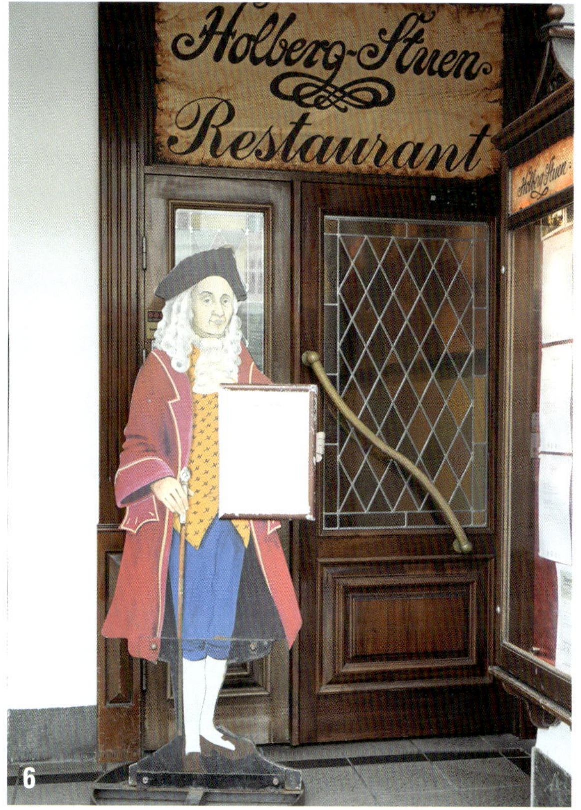

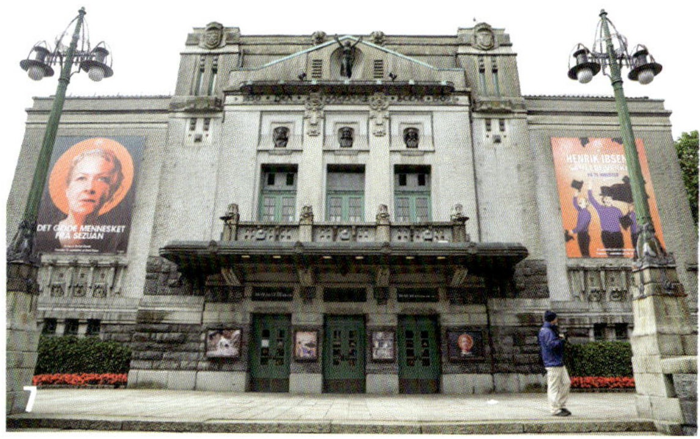

5, 6 베르겐 시내 곳곳에서 본 작은 가게의 조형적인 일러스트와 입체 사인들이 아름다운 관광도시 베르겐의 이미지를 잘 전달하고 있다.

7 오래된 건축 외관의 공연시설에 현대적인 공연 현수막이 게시되어 있는 베르겐의 어느 공연장 모습.

1 노르웨이의 자연적인 풍광인 피요르드를 보기위해 배를 타기전에 기다리던 작은 포구의 바이킹 투구를 활용한 벽면 부착사인.

2, 3 내부 인테리어도 아름다운 오슬로공항에는 레드 색상의 대형 안내사인이 여행객들에게 길 안내를 해주고 있다.

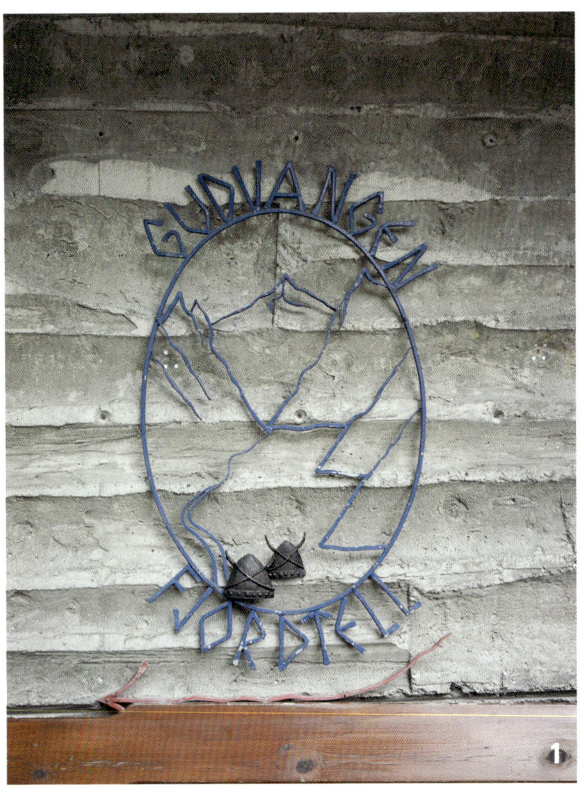

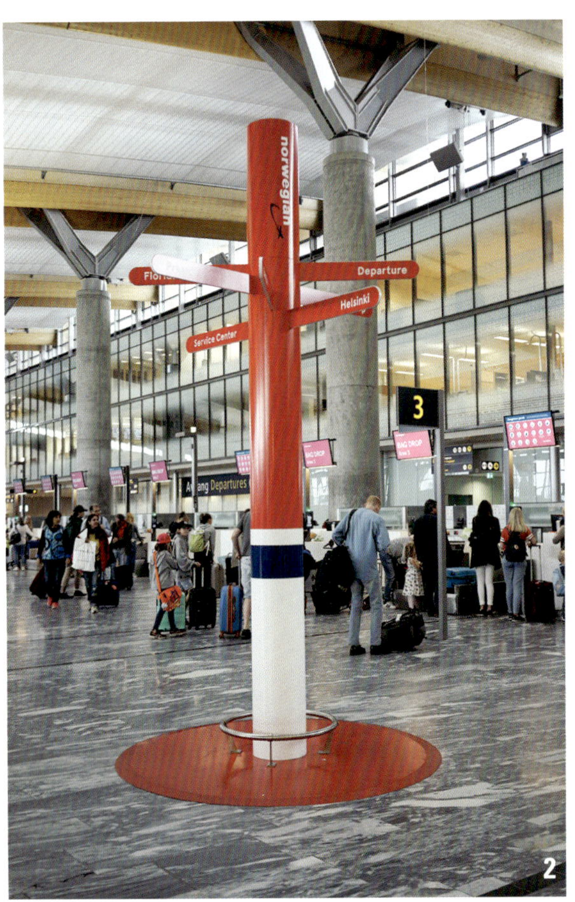

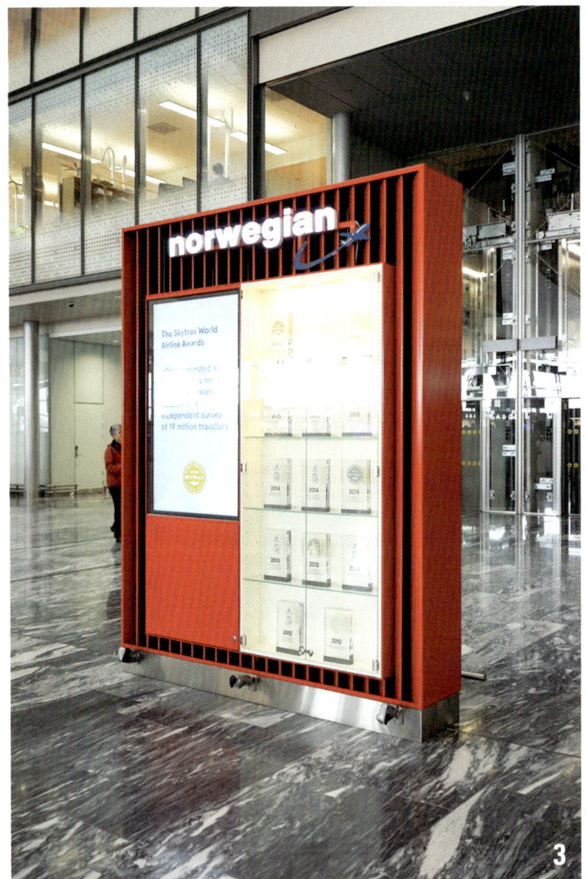

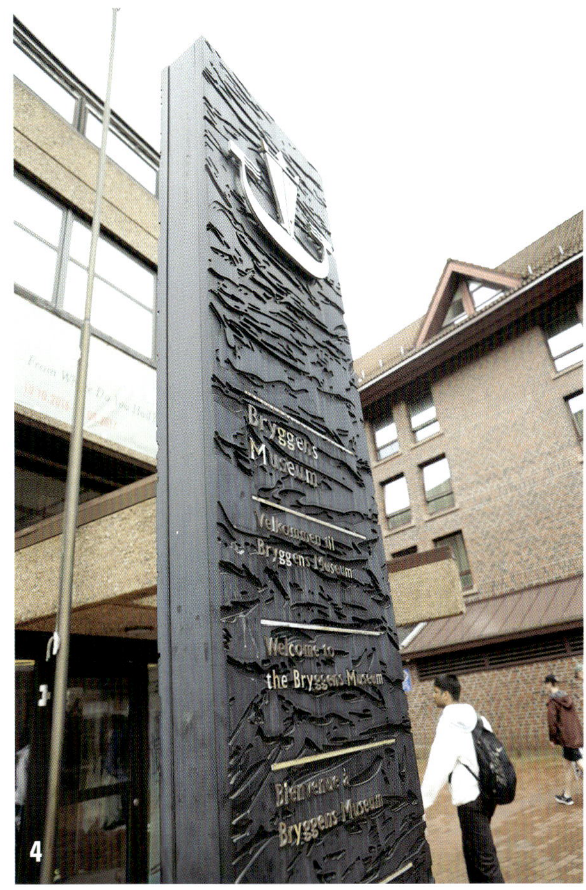

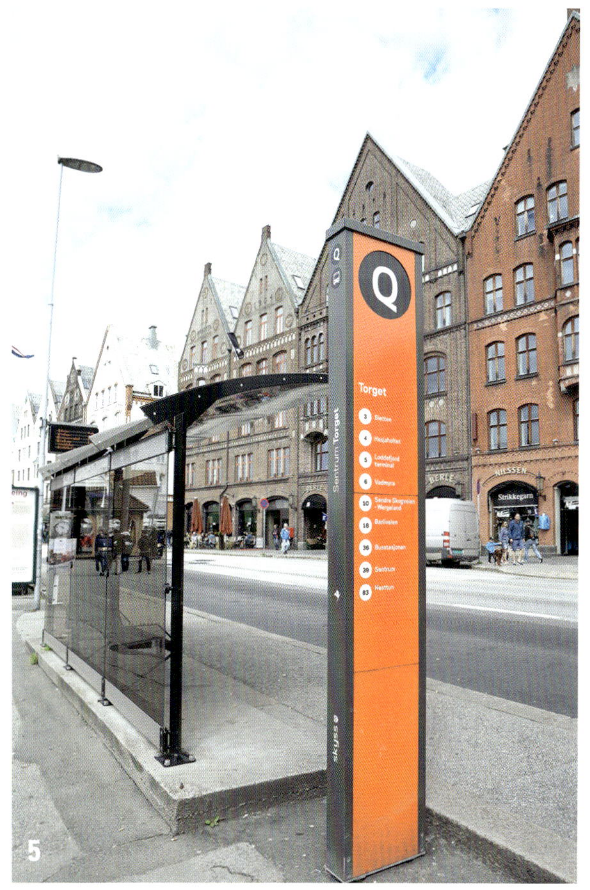

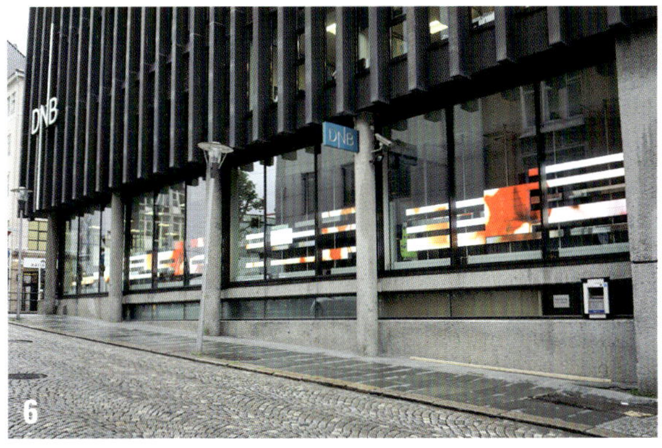

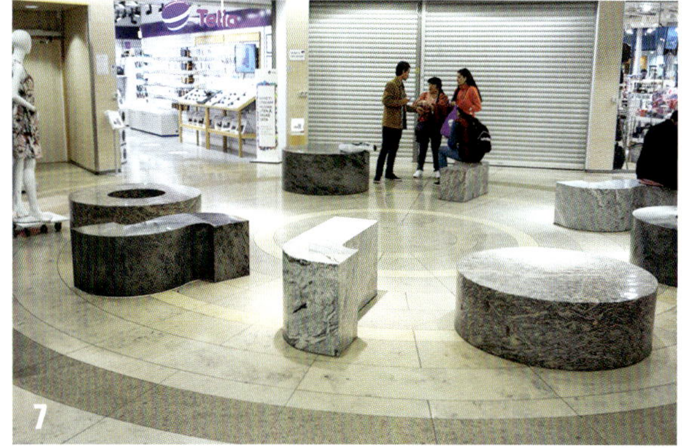

4 베르겐 뮤지엄의 지주형 사인으로 베르겐 시내 곳곳에는 이러한 형태의 사인들이 관광 정보를 안내하고 있다.

5 버스정류장의 단순하지만 명확한 정보를 알려주는 주황색 지주형 사인.

6 베르겐은 물론 유럽의 여러 도시에서 볼 수 있는 디지털 윈도우 사인으로, 낮에는 물론 야간에도 다양한 패턴과 컬러로 디지털 이미지가 운용되고 있다.

7 오슬로 중앙역에서 본 영문 오슬로를 활용한 식재벤치.

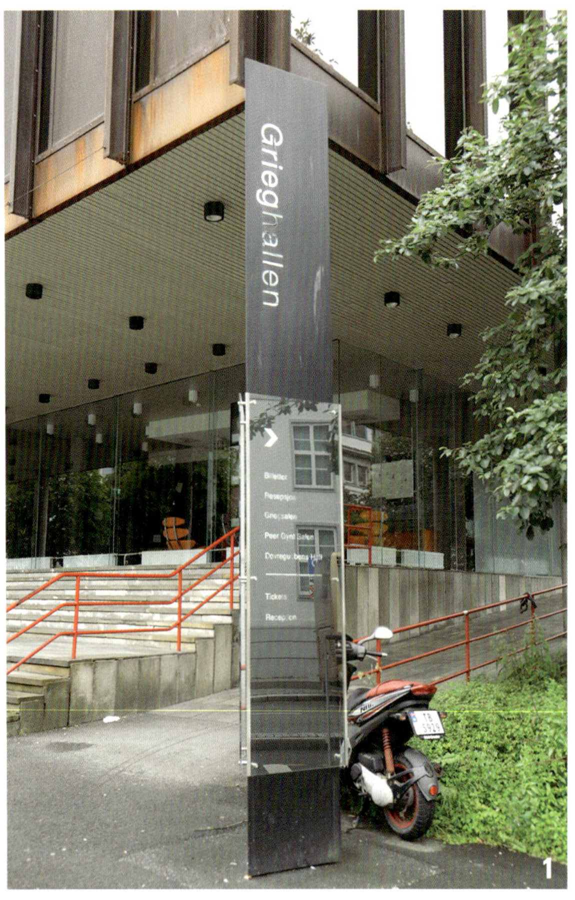

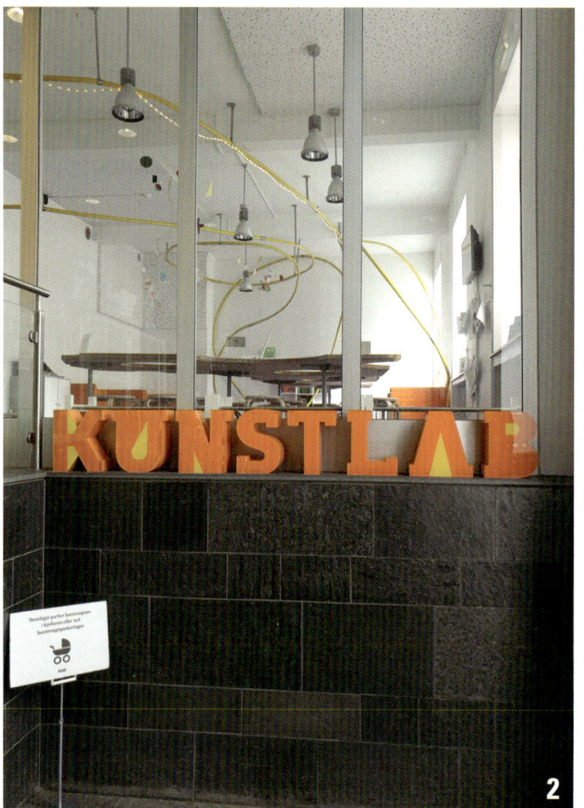

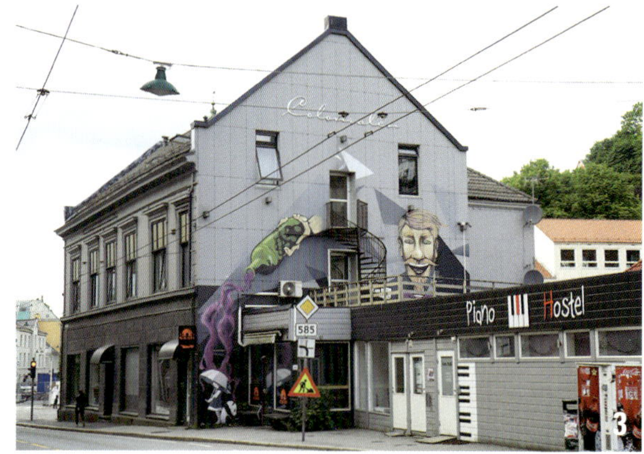

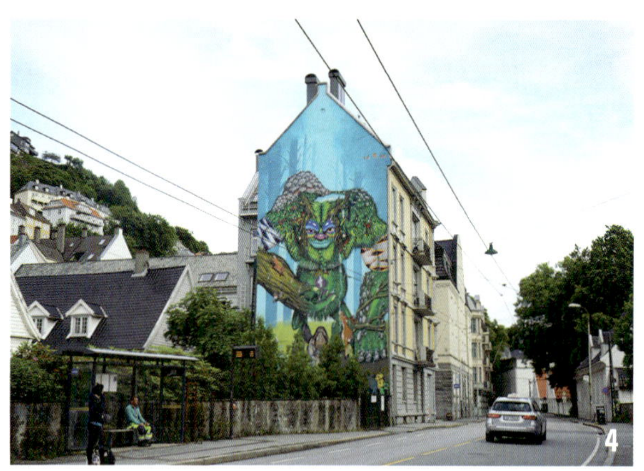

1 베르겐의 미술관 KODE 뒷편에 위치한 문화공간의 지주형 사인은
철재와 강화유리로 제작되어 있다.

2 베르겐 도서관 입구에 설치되어 있는 채널문자 사인.

3, 4, 5 베르겐은 아름다운 자연환경과 미술관, 항구, 먹을거리 등 다양한
관광자원을 가지고 있지만 또한 고전적이고 서정적인 거리의 풍경도
관광객의 마음을 사로잡고 있다. 개성 넘치는 대형 그래픽 이미지들이
도시의 삭막함을 한결 여유롭게 하여준다.

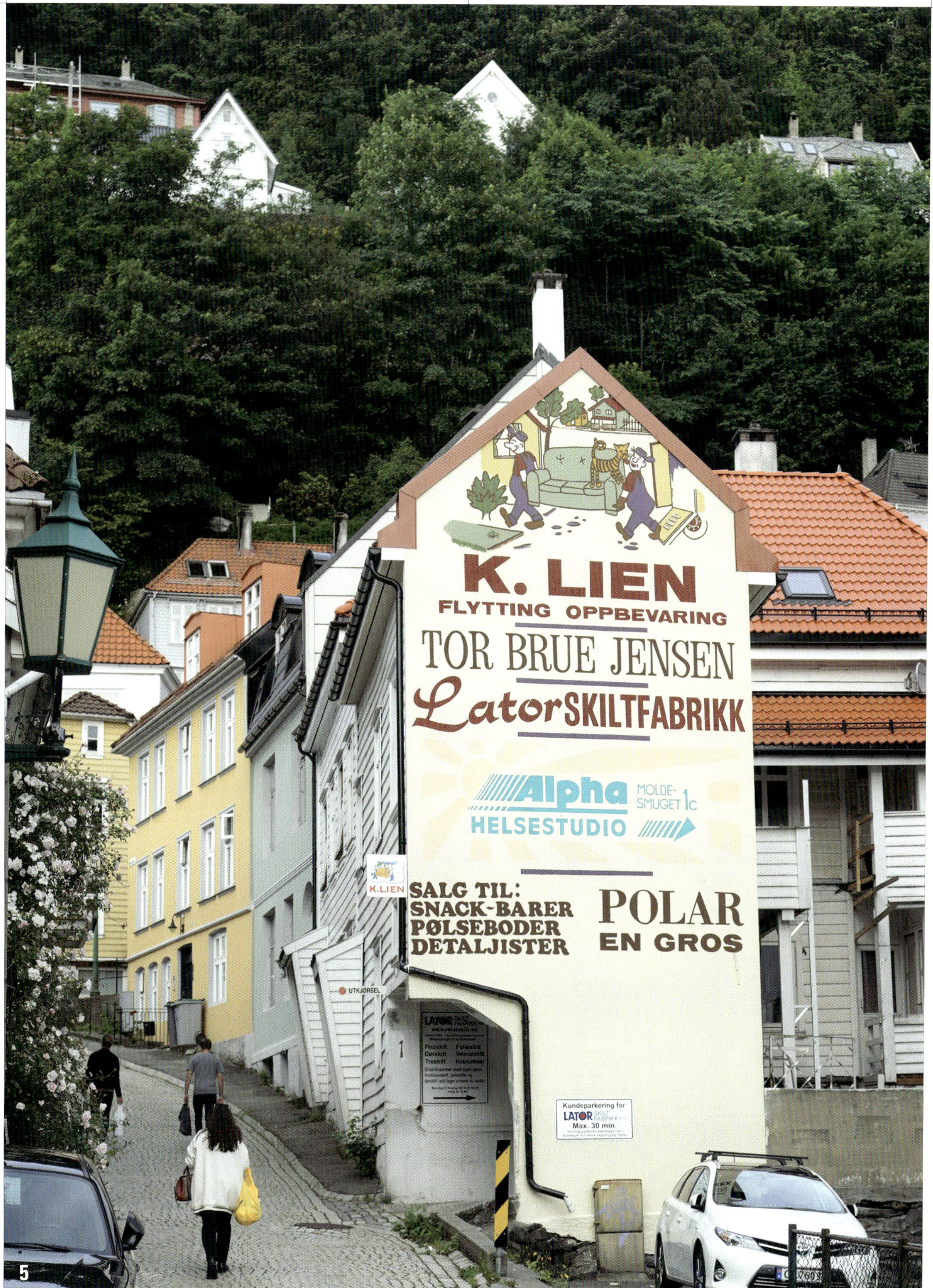
K. LIEN
FLYTTING OPPBEVARING
TOR BRUE JENSEN
Lator SKILTFABRIKK
Alpha
MOLDE-
SMUGET 1c
HELSESTUDIO
SALG TIL:
SNACK-BARER
PØLSEBODER
DETALJISTER
POLAR
EN GROS
K. LIEN
UTKJØRSEL

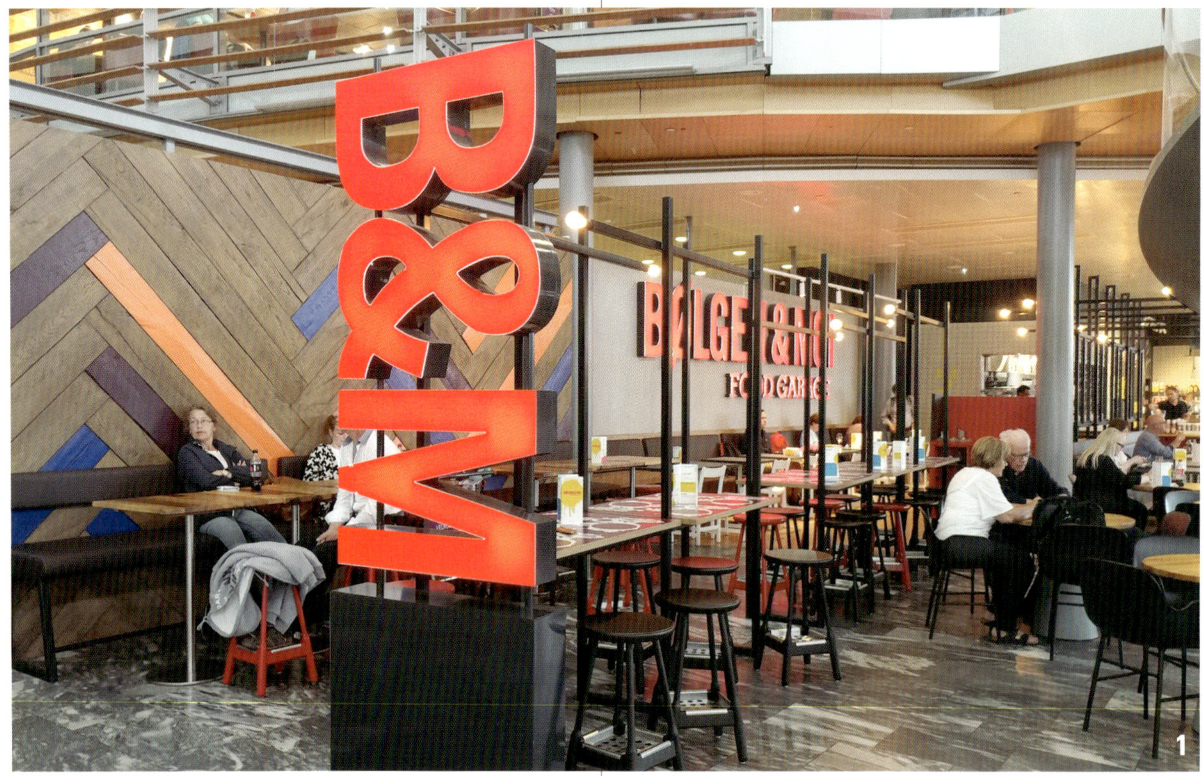

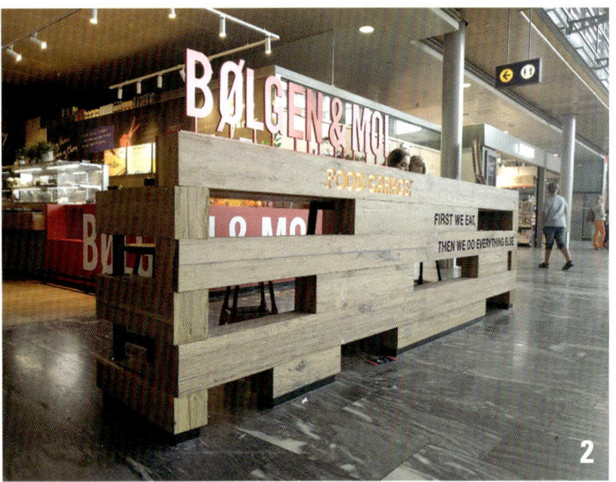

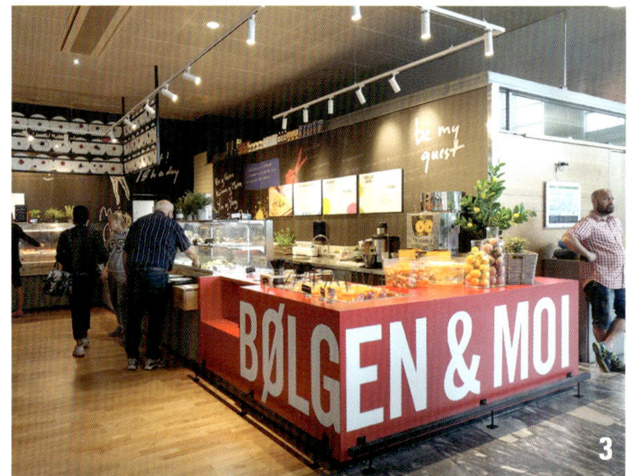

1, 2, 3, 4 오슬로공항의 한 카페사인으로 독특한 인테리어 구조와 함께 명시성이 뛰어난 컬러로 제작되어 있다. 부분적으로 살펴보면 인테리어 디자이너의 세련된 감각과 내공을 엿볼수 있는 수준높은 작품이다.

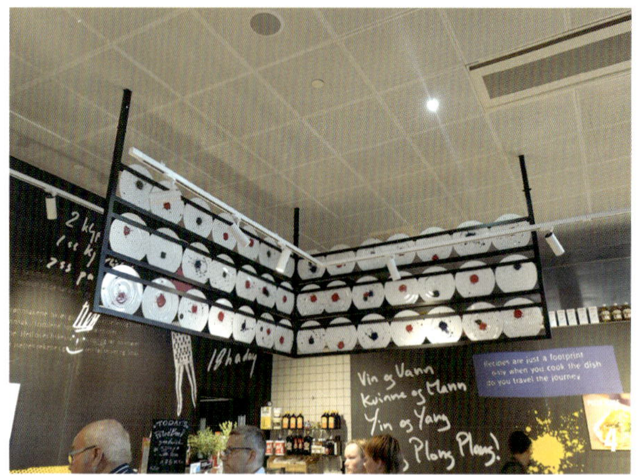

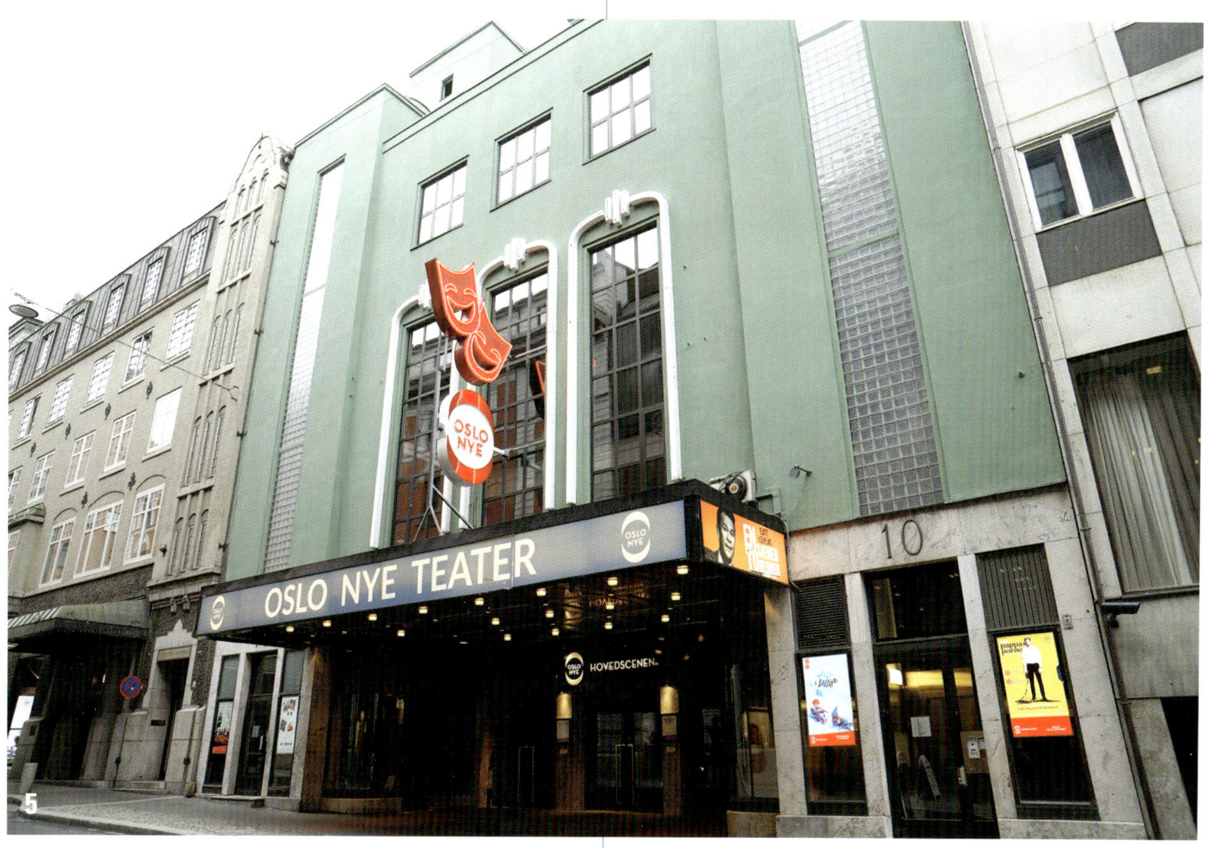

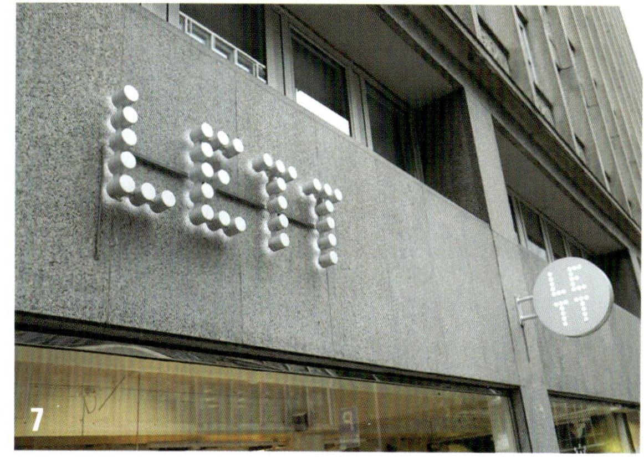

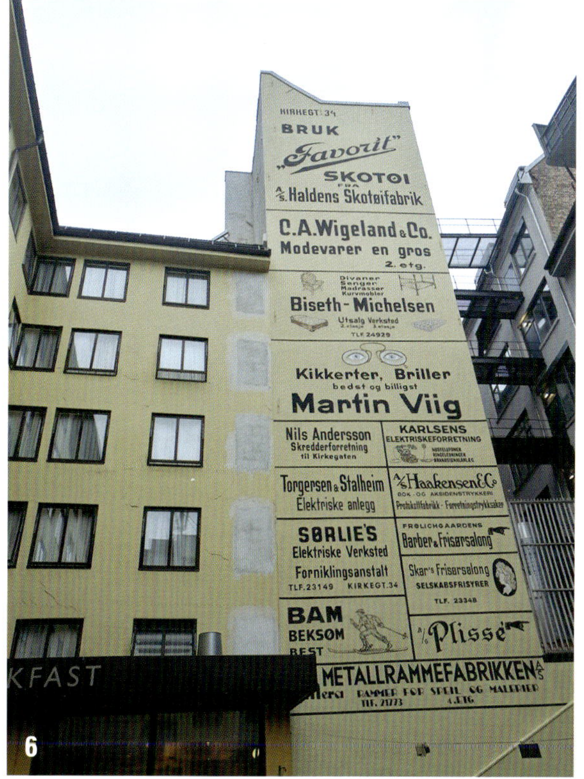

5 오슬로 시내의 극장의 돌출형 사인이 네온사인과 함께 독특하게 구성되어 있다.

6 오슬로 이비스호텔의 외부 벽면은 다양한 타이포그래피 형태로 구성되어 있다.

7 오슬로 시내에서 본 원을 이용한 타입의 입체형 사인 시스템.

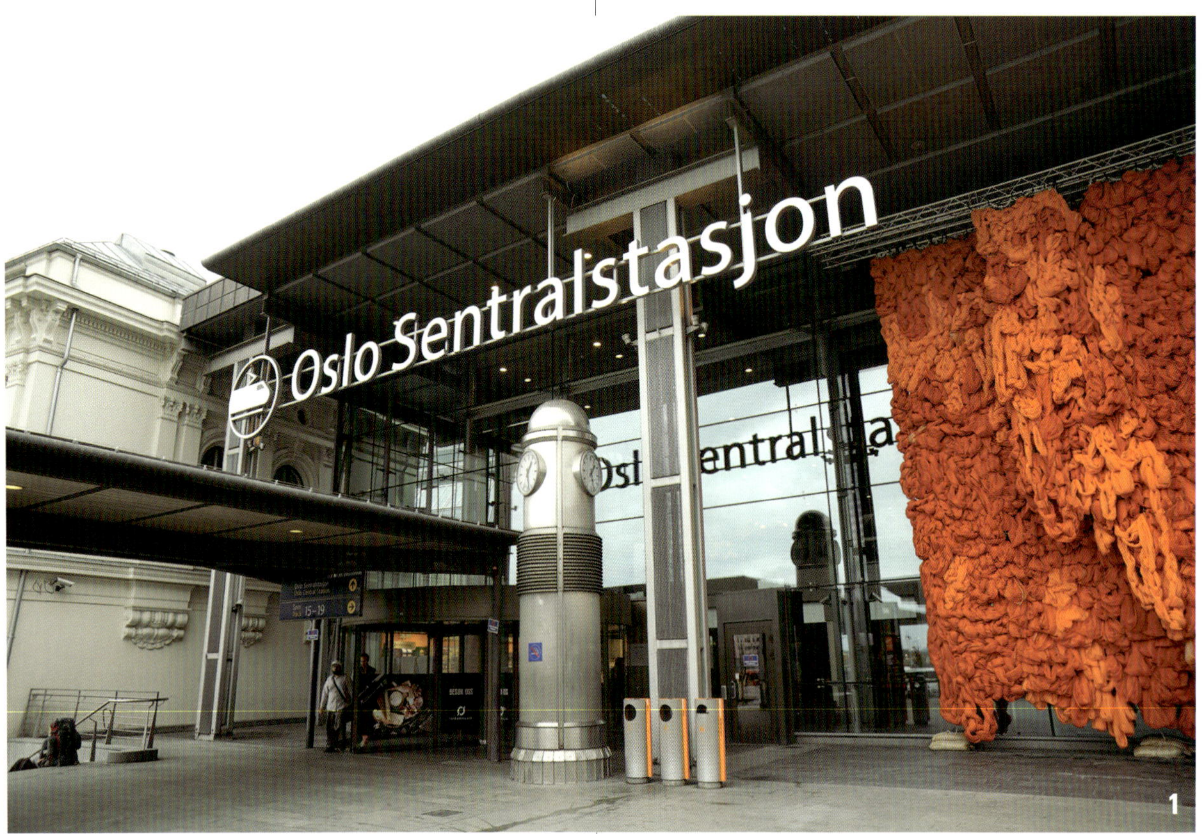

Oslo Sentralstasjon
Oslo Sentralstasjon
1

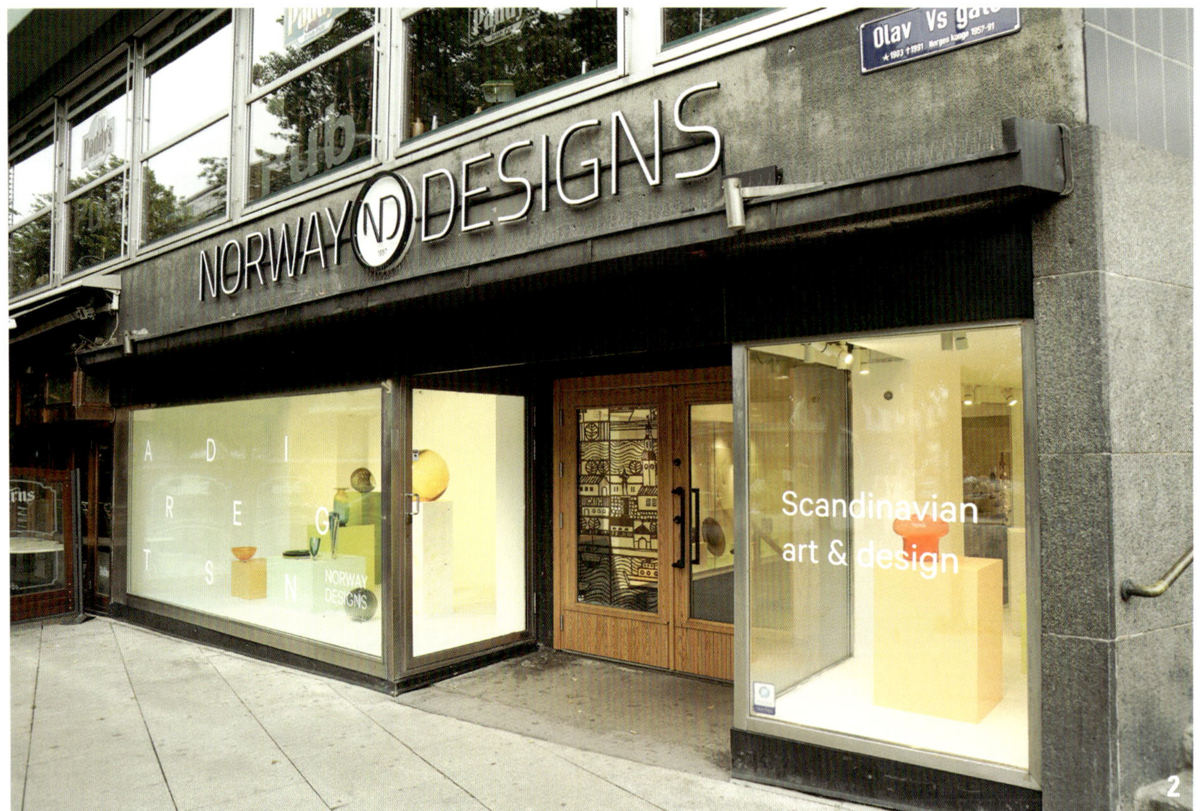

Olav Vs gate
NORWAY ND DESIGNS
Scandinavian
art & design
NORWAY DESIGNS
2

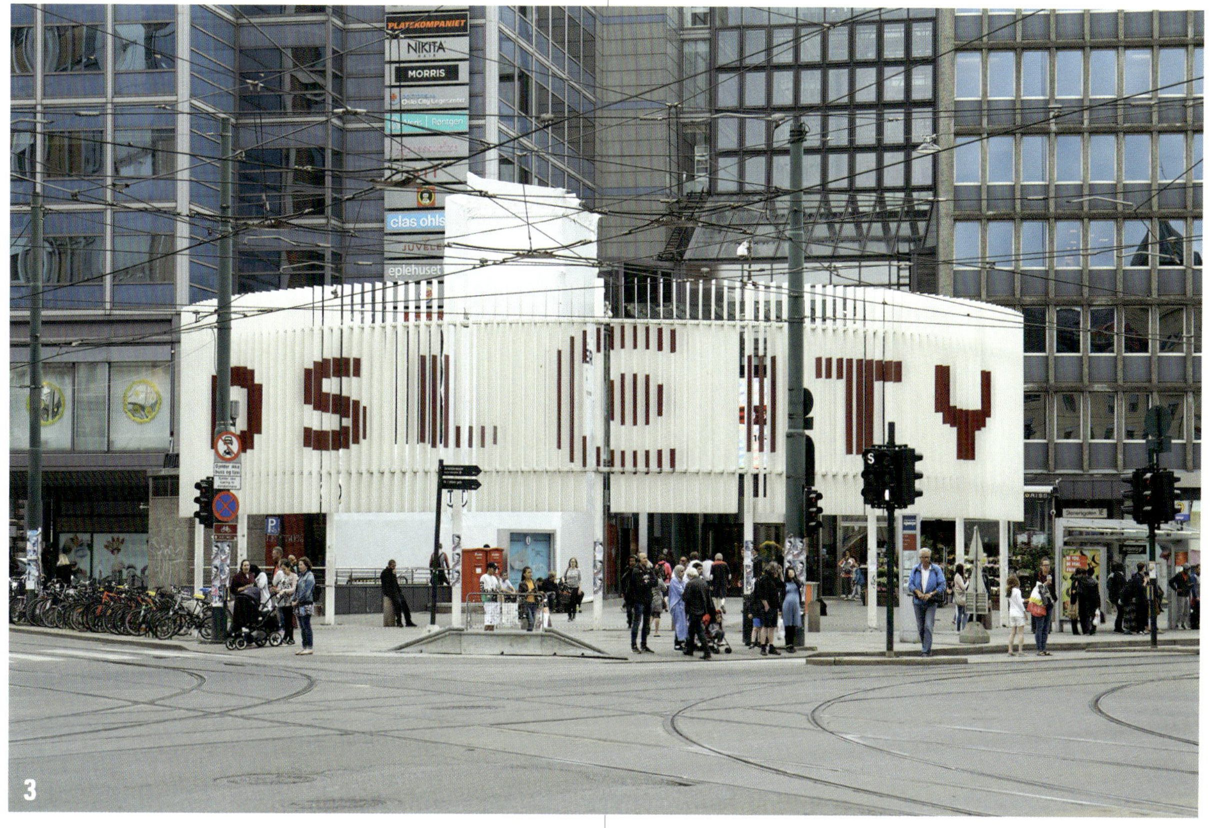

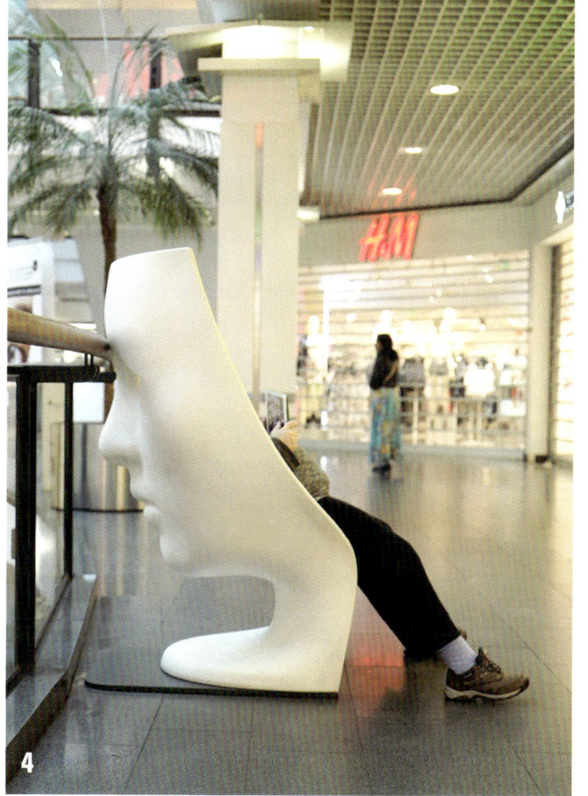

1 오슬로 중앙역의 전경으로 패브릭 재질의 작품이 벽면을 장식하고 있다. 또한 역 내부에는 쇼핑공간과 관광안내센터 등 볼거리와 즐길거리가 다양하게 구성되어 있다.

2 스칸디나비안 예술과 디자인 제품들이 다양하게 구비되어 있는 노르웨이 디자인숍의 전면사인.

3, 4 오슬로 중앙역 앞에 위치한 대형쇼핑센터 '오슬로시티'의 시각적 착시(Optical Illusion)효과를 보여주는 대형사인. 그리고 쇼핑센터 내부에 있는 얼굴 모양의 독특한 형태의 벤치.

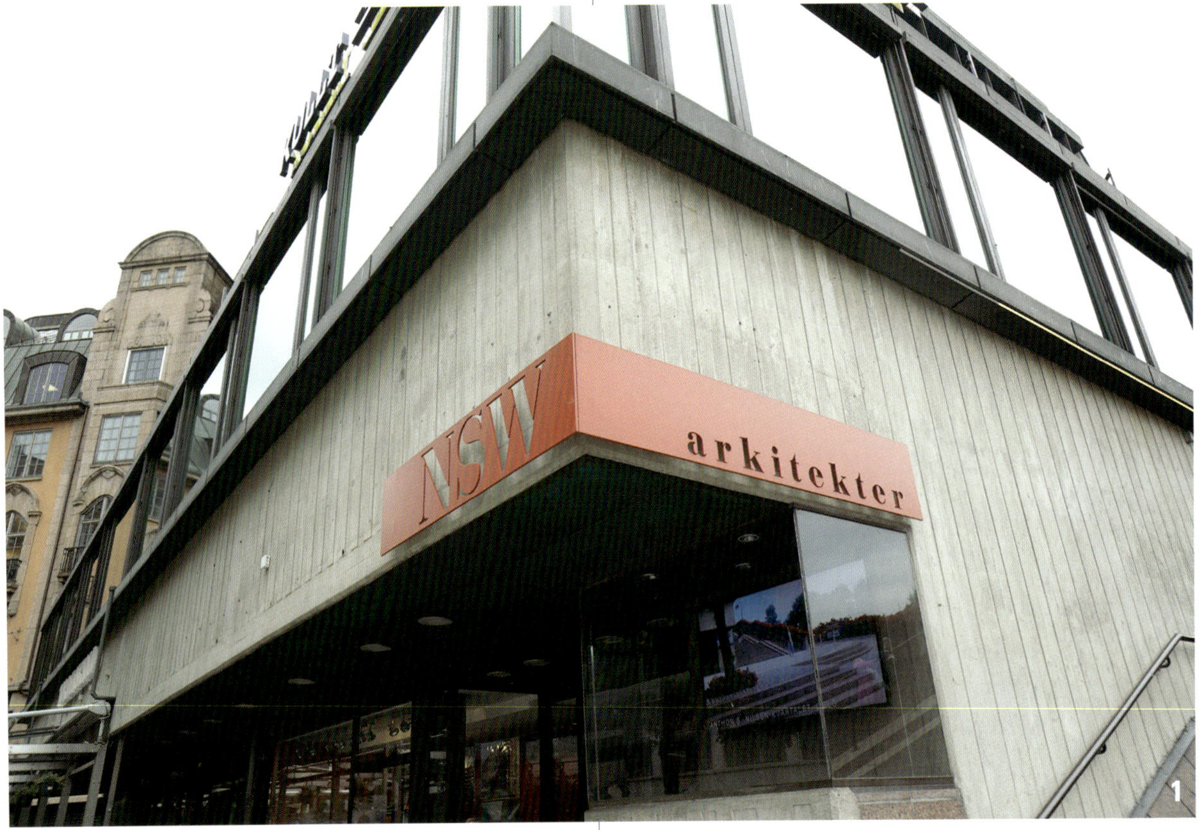

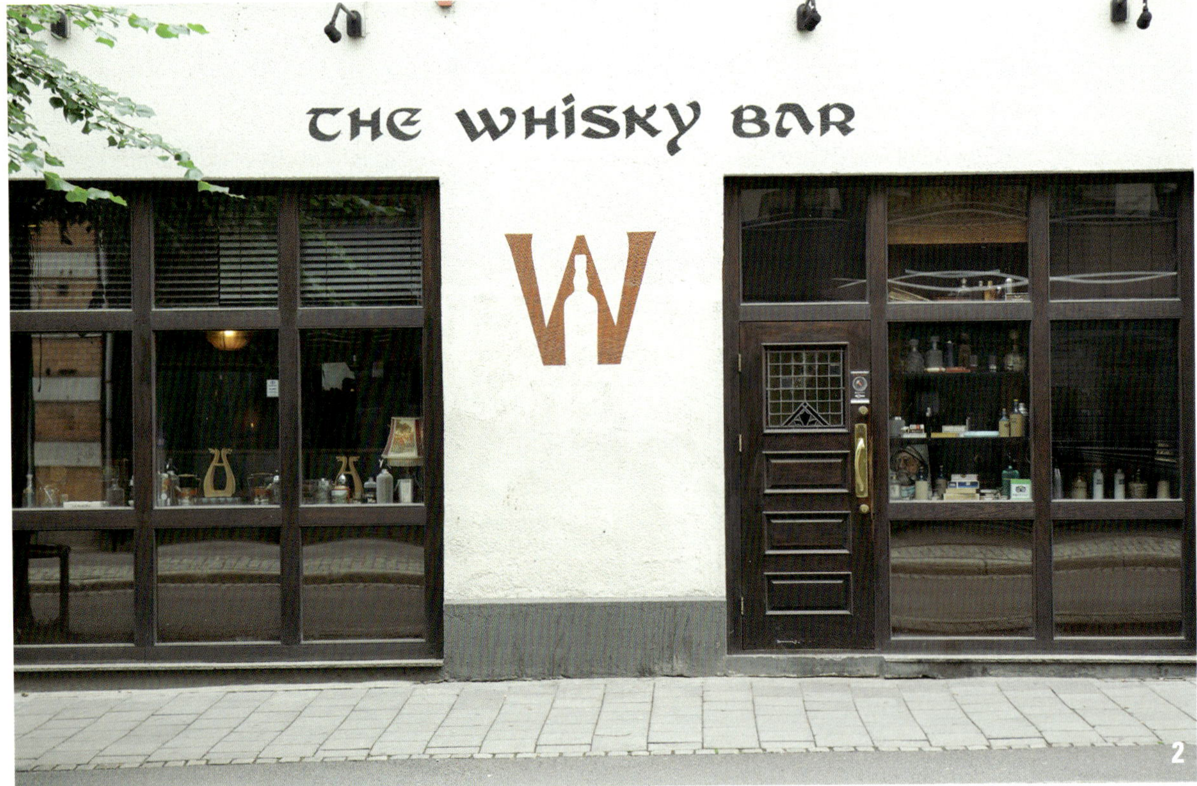

1

2

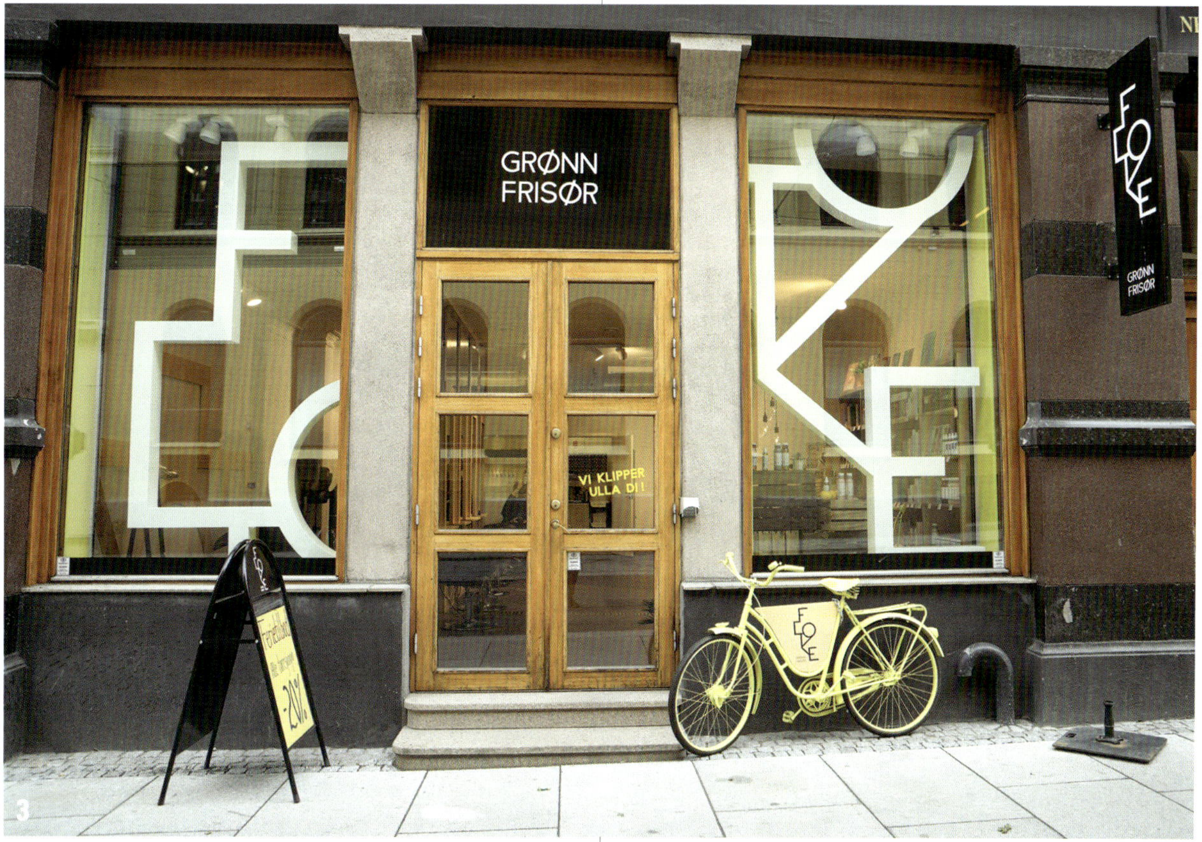

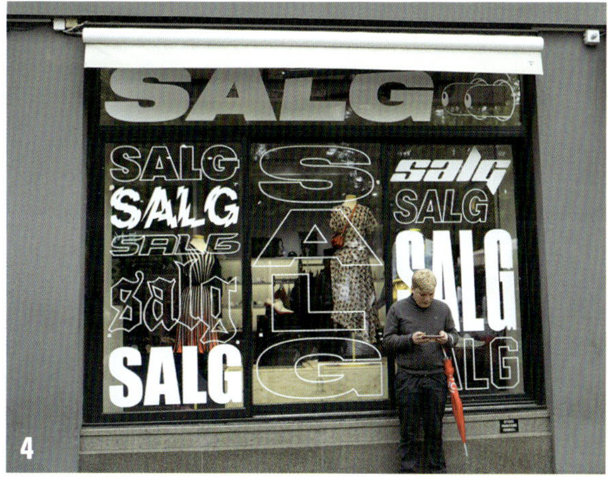

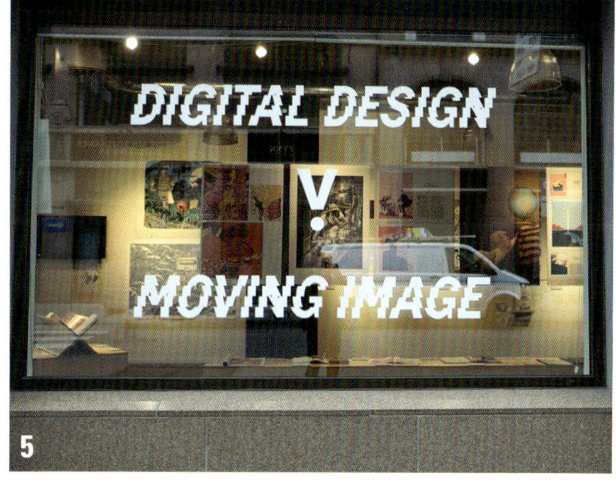

1, 2, 3 오슬로 시내 곳곳에는 다양한 형태의 사인과 윈도우 그래픽, 디스플레이, 판매촉진 오브제들이 거리의 이미지를 한결 생동감있게 만들어주고 있다.

4, 5 다양한 형태의 사인과 윈도우 그래픽들이 거리 사용자는 물론 관광객의 시선을 사로잡는다.

UiO Det juridiske fakultet
SENTRUMSBYGNINGENE
Universitetets aula
Domus Media, Østfløyen
Gymnastikkbygningen
St. Olavs plass
Kristian Augusta gate
Historisk museum
Nasjonal galleriet
Schectedts plass
Kristian IV's gate
Universitetsplassen
Her står du
Karl Johans gate
DET JURIDISKE FAKULTET
1 DOMUS ACADEMICA
Fakultetsdirektør
Fakultetsadministrasjonen
Informasjonssenter
Gamle festsal
Juridisk studentutvalg
2 DOMUS MEDIA
UNIVERSITETETS AULA
VESTFLØYEN
Institutt for privatrett
Nordisk institutt for sjørett
Aulagalleriet
ØSTFLØYEN
Senter for europarett
3 DOMUS BIBLIOTHECA
Juridisk bibliotek
Institutt for offentlig rett
4 GYMNASTIKKBYGNINGEN
5 PROFESSORBOLIGEN
6 DOMUS NOVA St. Olavs plass 5
IT-seksjonen
Kommunikasjonsseksjonen
Institutt for kriminologi og
rettssosiologi
Institutt for offentlig rett
Rettsinformatikk
Avdeling for forvaltningsinformatikk
Senter for forskning om
internasjonale domstolers
legitimitet (PluriCourts)
7 St. Olavs gate 23
Institutt for privatrett
8 St. Olavs gate 24
Enheter utenfor kartet
Norsk senter for
menneskerettigheter
Cort Adelers gate 30

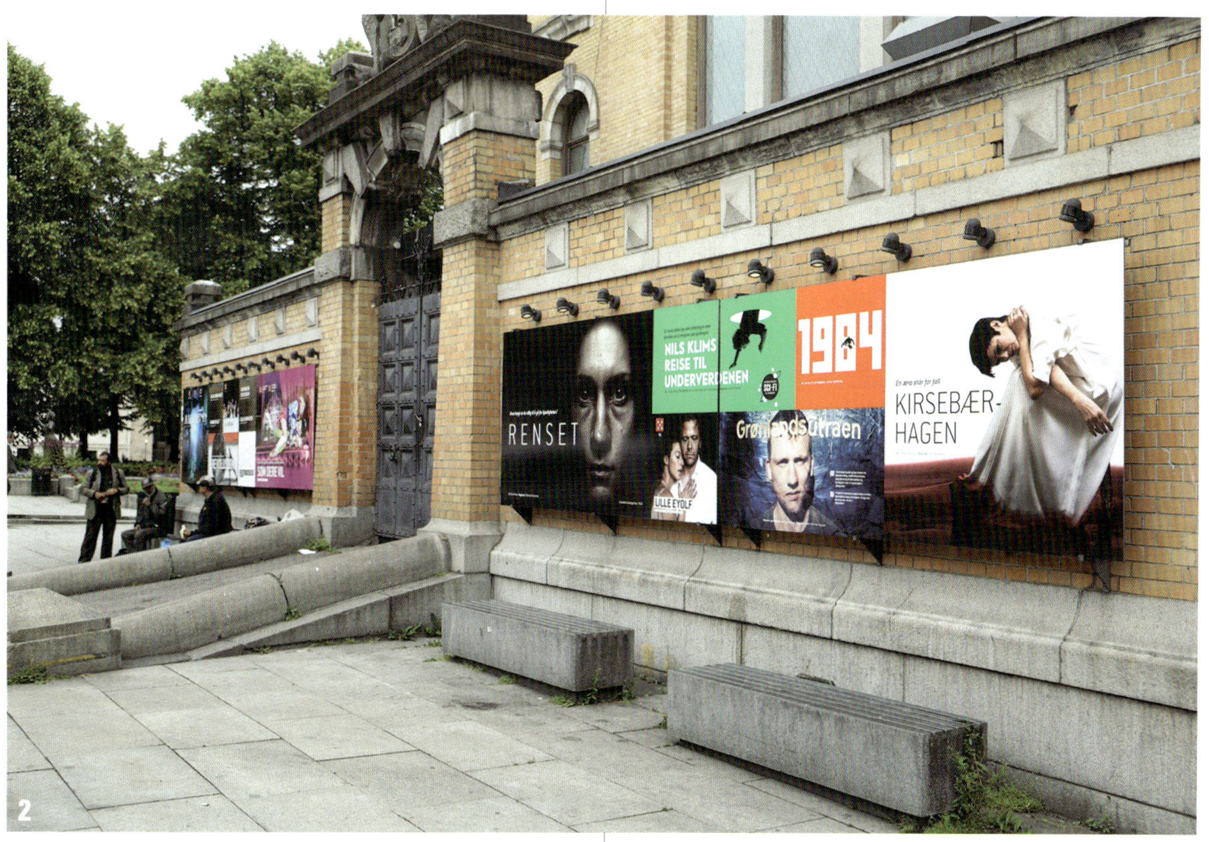

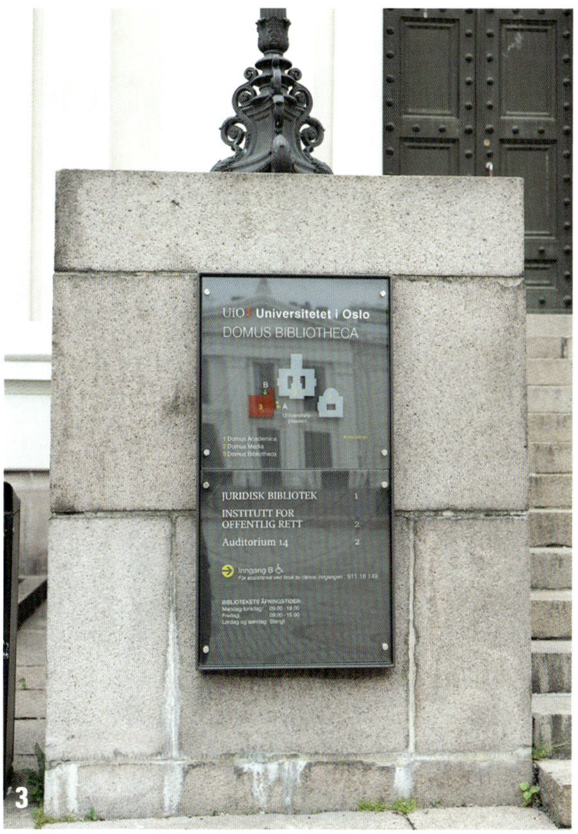

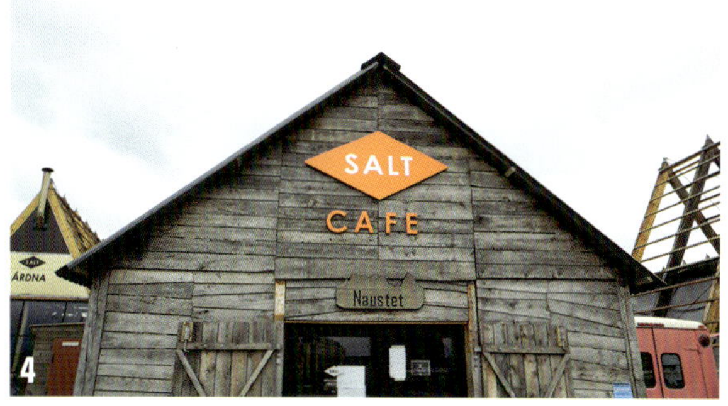

1, 3 오슬로 시내에 위치한 오슬로대학교의 길안내 사인시스템은 철판
재질과 강화유리, 정교한 실크스크린으로 시공되어 있다. 단순하지만
깔끔한 이미지와 현대적인 질감을 연출하고 있다.

2, 4 오슬로 시내의 문화시설 벽면에 게시되어 있는 홍보 그래픽 이미지와
오슬로 오페라하우스 근처에 위치한 바닷가의 문화시설 중 오래된 창고
형태의 카페 사인.

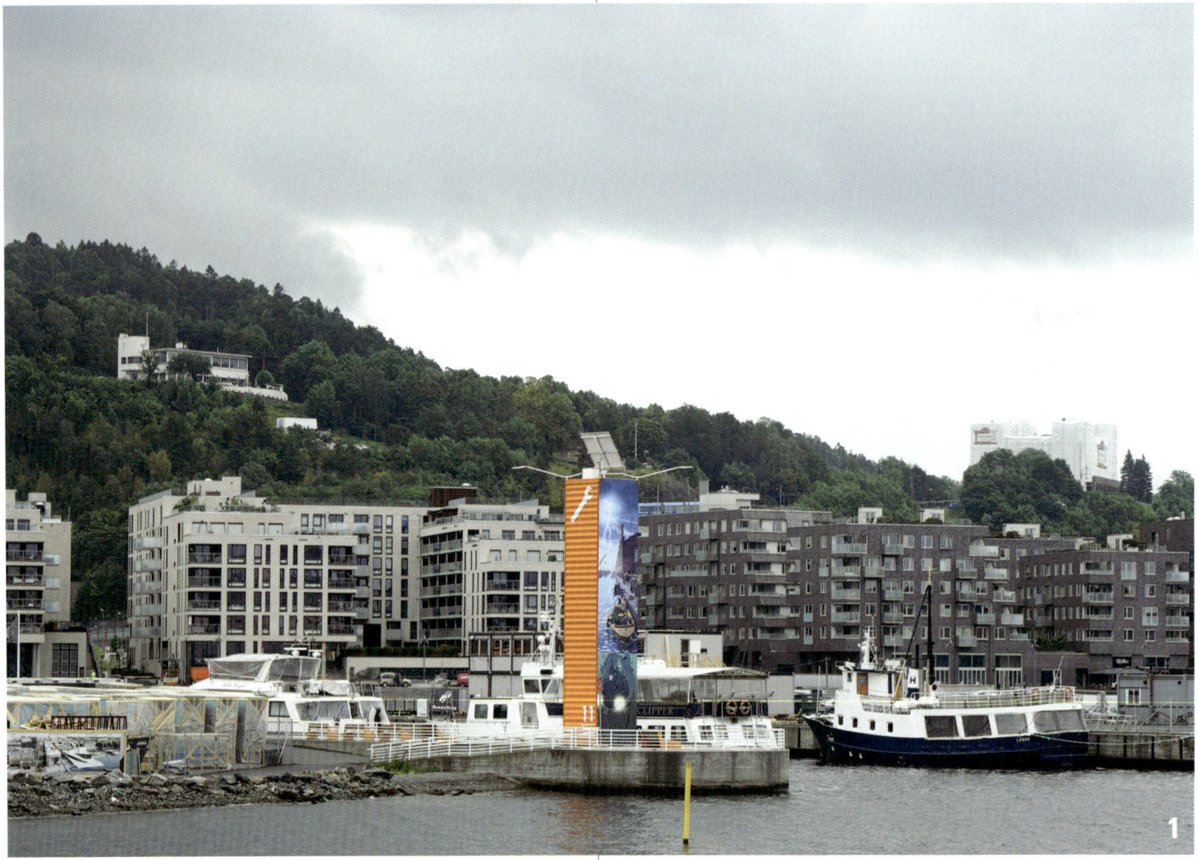

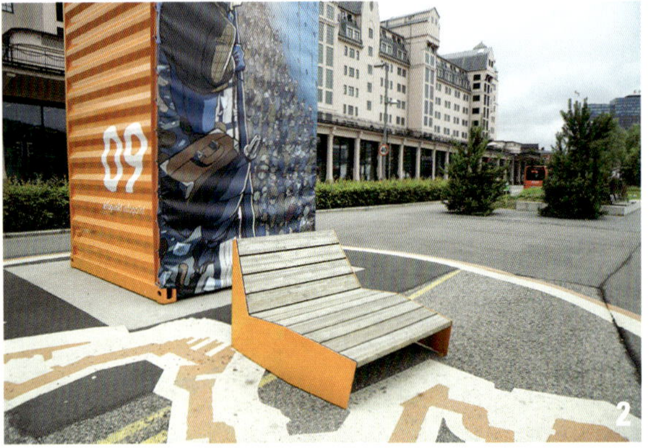

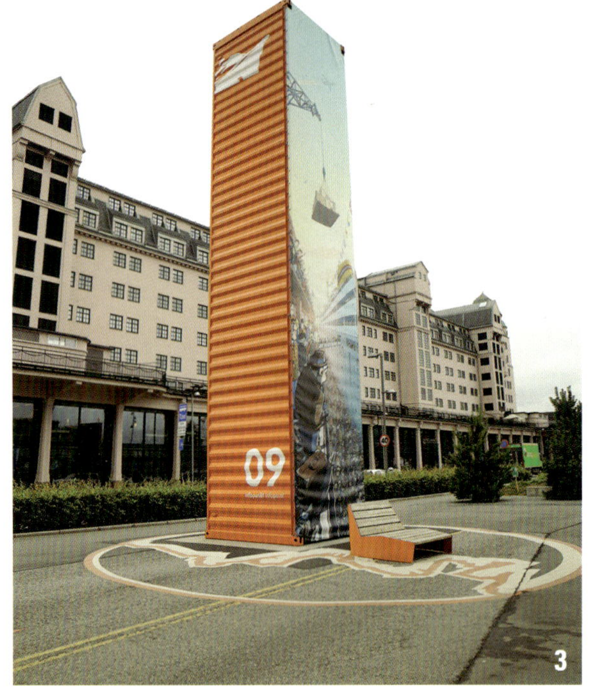

1, 2, 3, 4 오슬로 오페라하우스 근처의 바닷가에는 다양한 문화시설들이 있는데, 그중 컨테이너 형태의 조형물이 여러 곳에 설치되어 있어 문화시설의 랜드 마크적인 역할을 하고 있다.

5 노르웨이를 대표하는 극작가 '헨리크 입센' 뮤지엄 앞의 '헨리크 입센' 조형물과 사인.

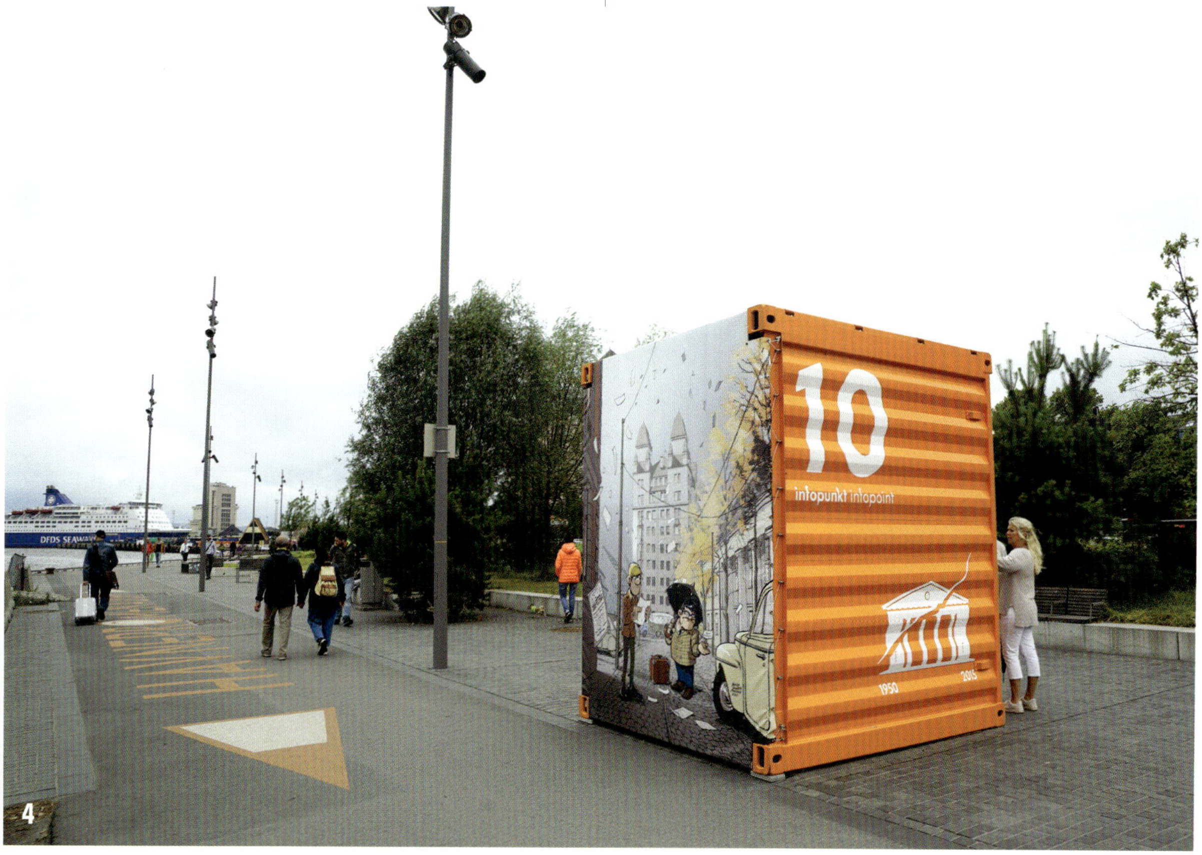

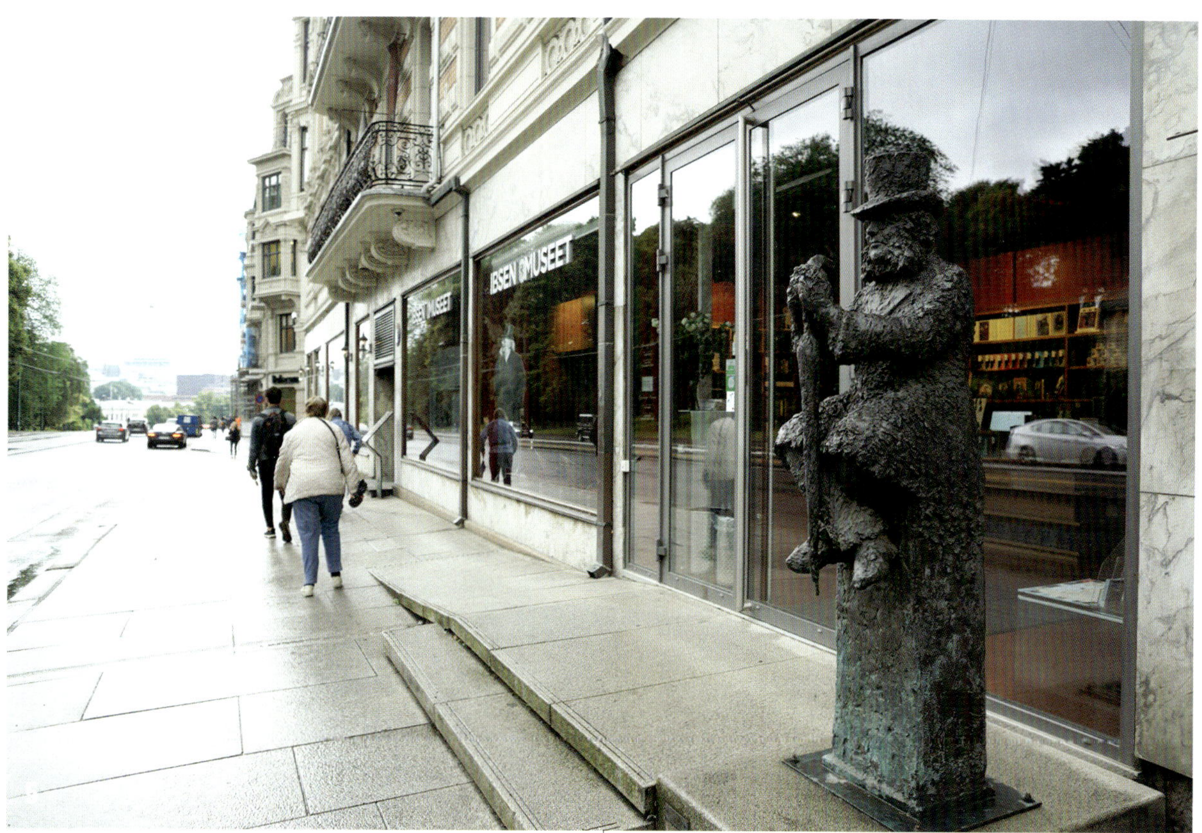

10
infopunkt infopoint
1950 2015

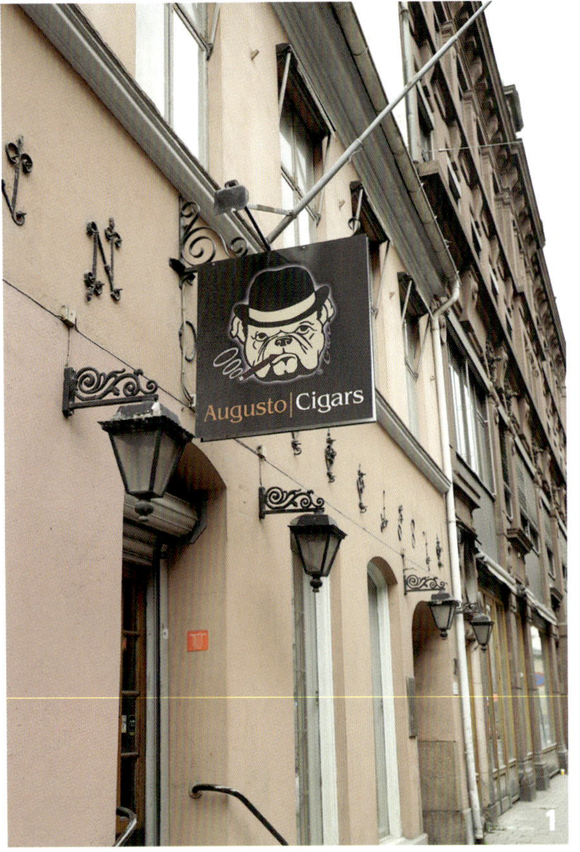

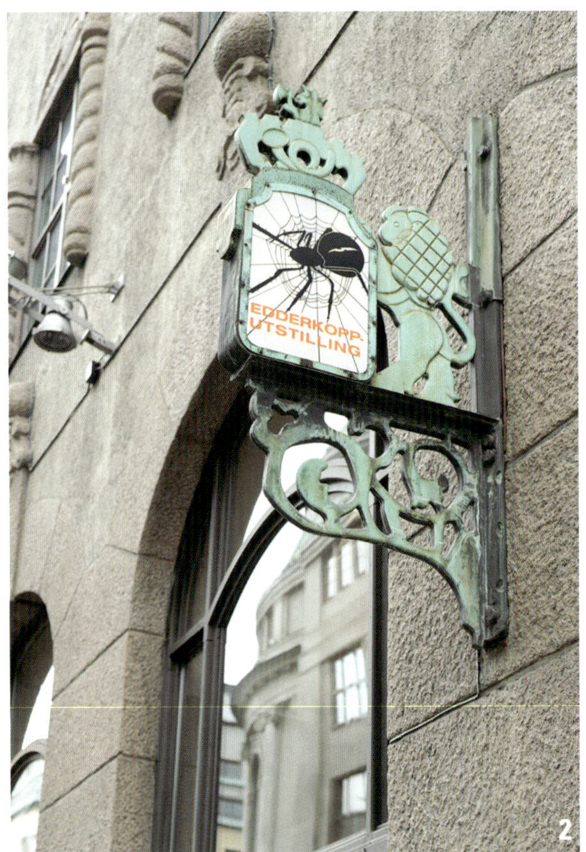

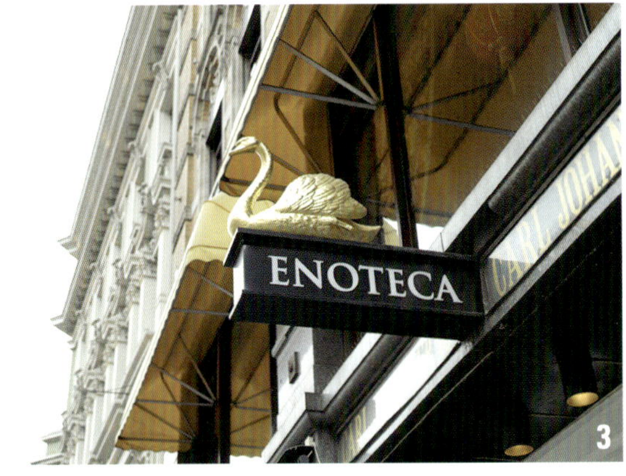

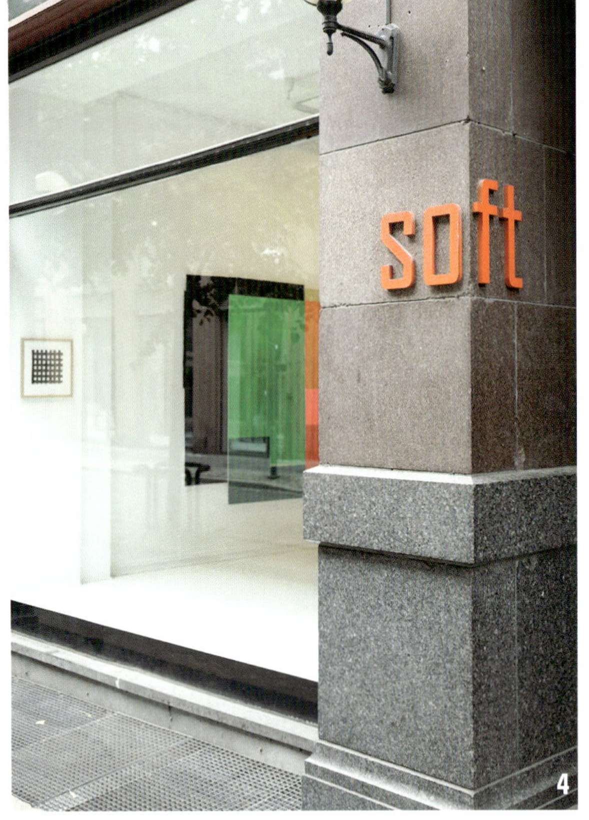

1, 2, 3, 4 오슬로 시내 역시 다른 유럽의 도시들과 마찬가지로 다양한
형태의 돌출사인과 윈도우 그래픽들이 관광객의 시선을 사로잡는다.

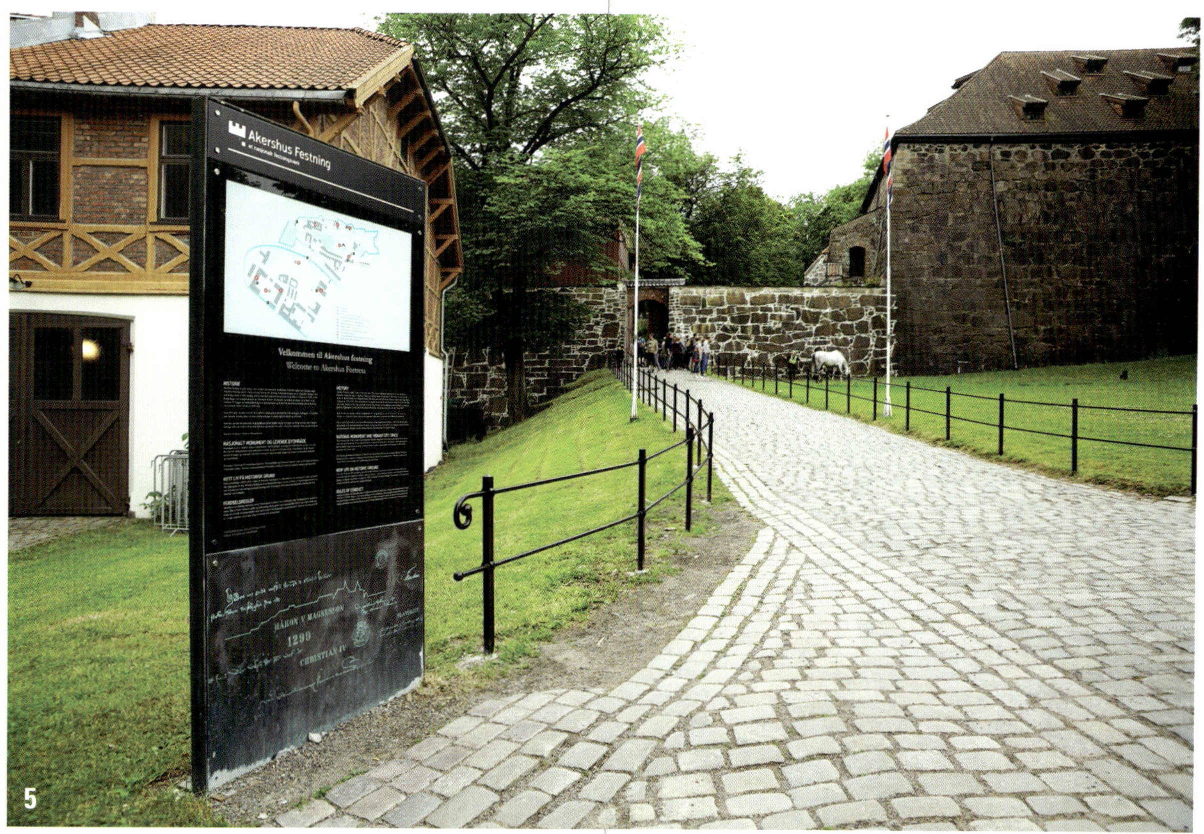

5 오슬로 시내에 위치한 역사적 공간의 입구에는 안내 배치도가 고전적인 재질과 형태로 구성되어 있다.

6 오슬로 시내 곳곳의 다양한 형태의 돌출사인들은 그 업소의 이미지를 잘 드러내고 있다.

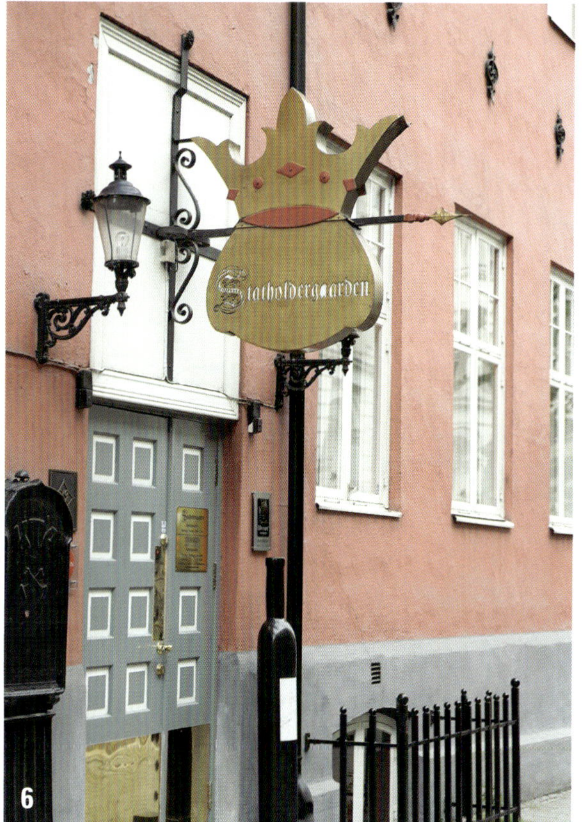

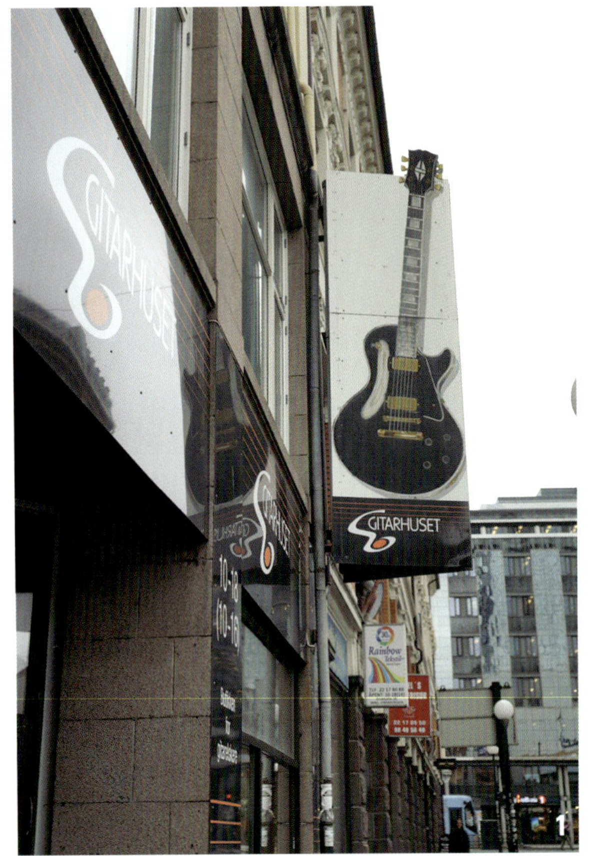

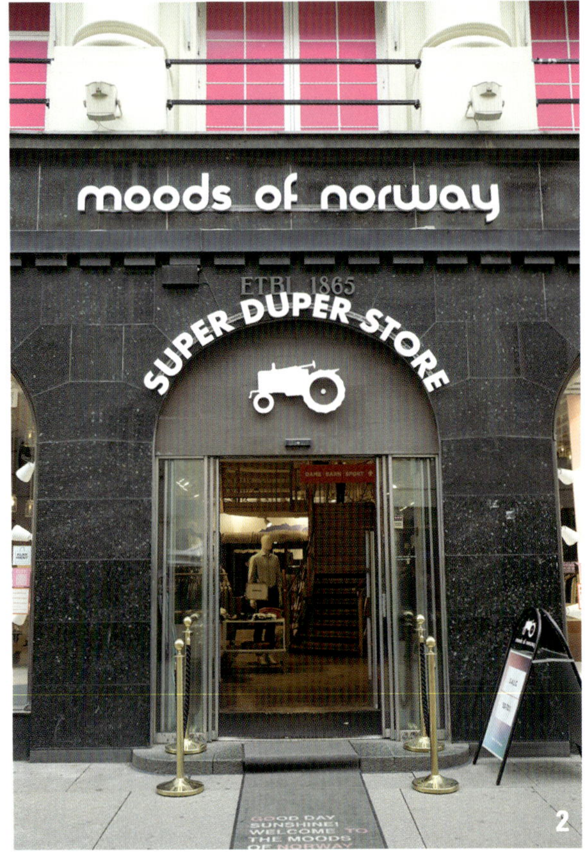
moods of norway
ETBL 1865
SUPER DUPER STORE

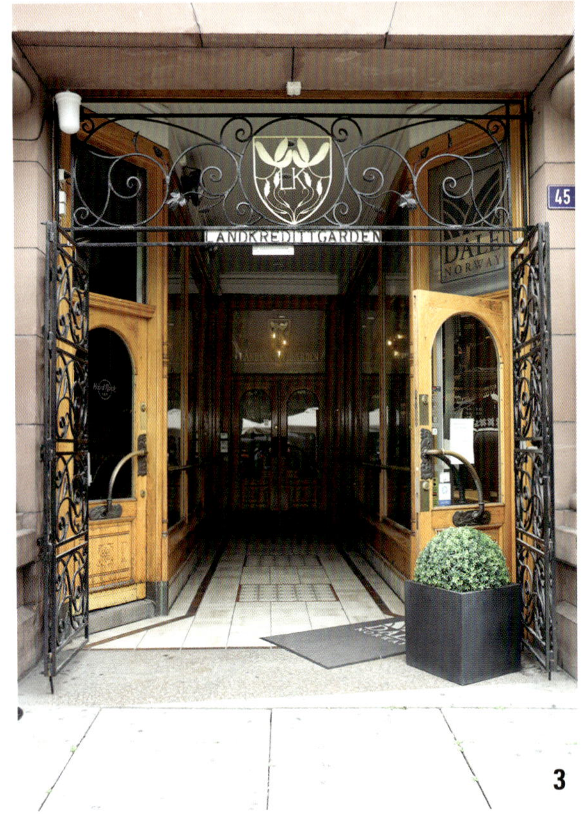
LANDKREDITTGARDEN
45
DALE
NORWAY

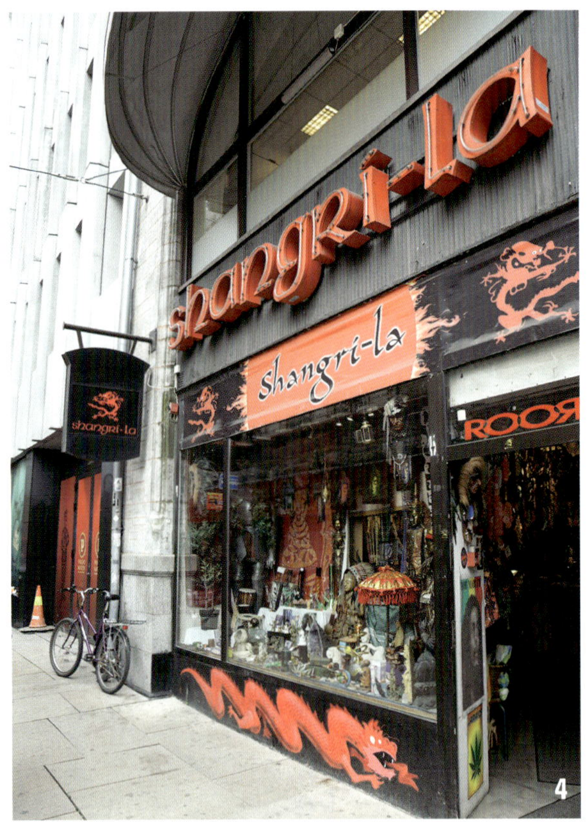
shangri-la
shangri-la
shangri-la

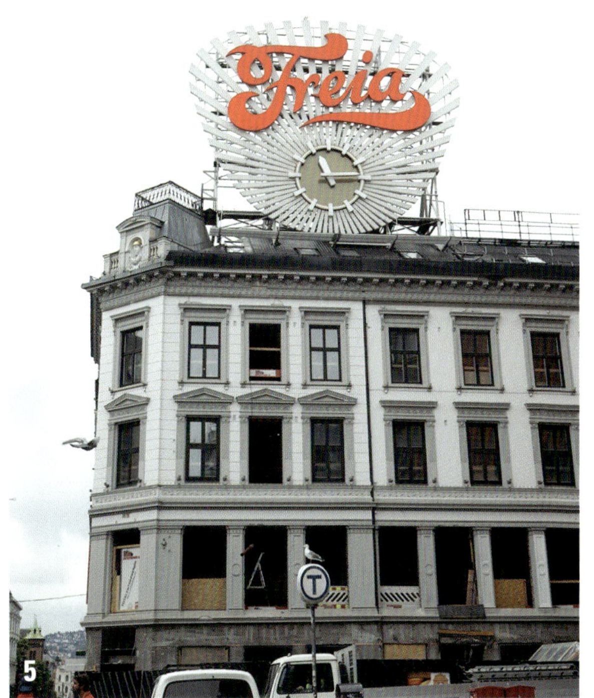

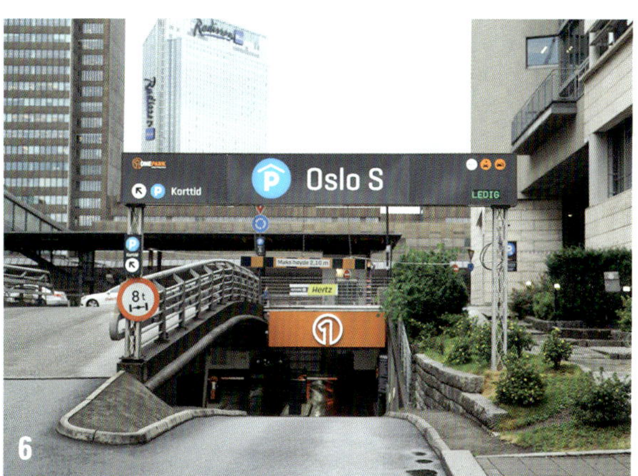

1, 2, 3, 4, 5, 6, 7 오슬로 시내 곳곳에는 다양한 형태의 돌출사인과 윈도우 그래픽들이 관광객의 시선을 끈다. 고전과 현대적인 사인들이 오슬로의 도시 브랜딩 구성요소로 자리잡고 있다.

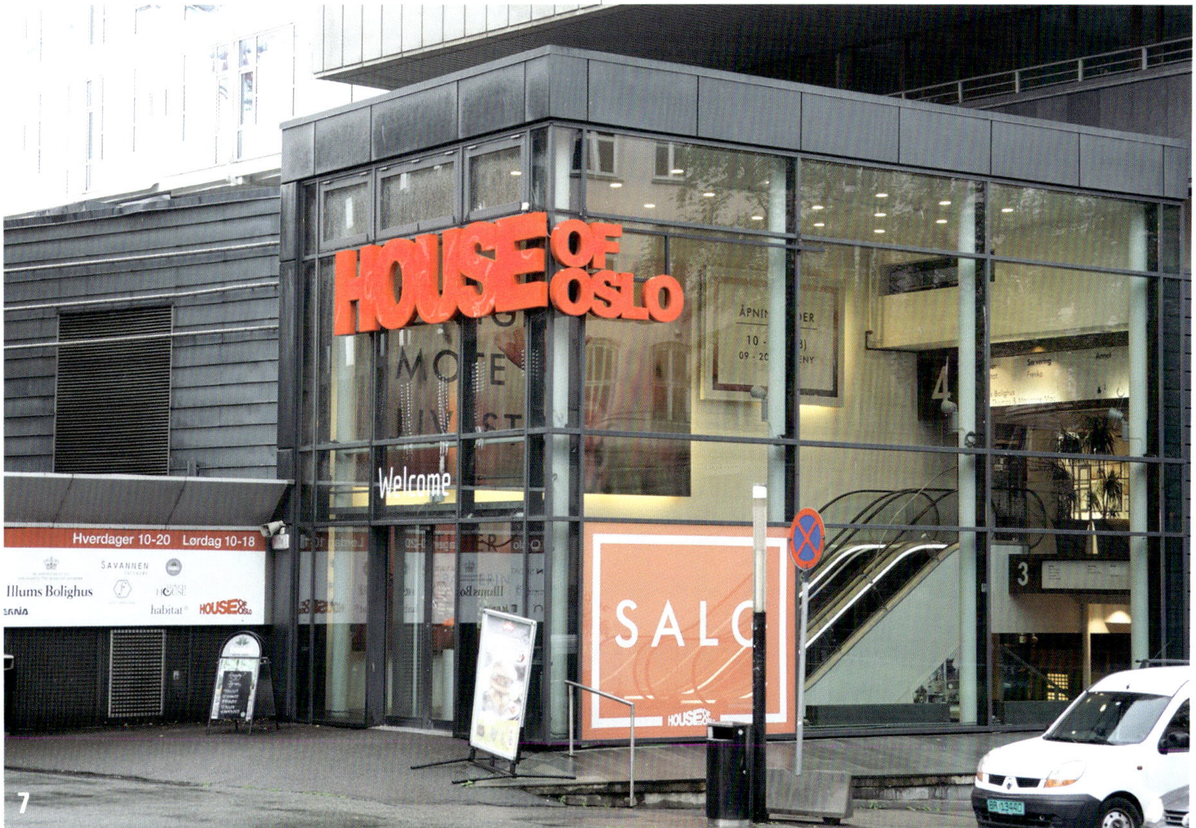

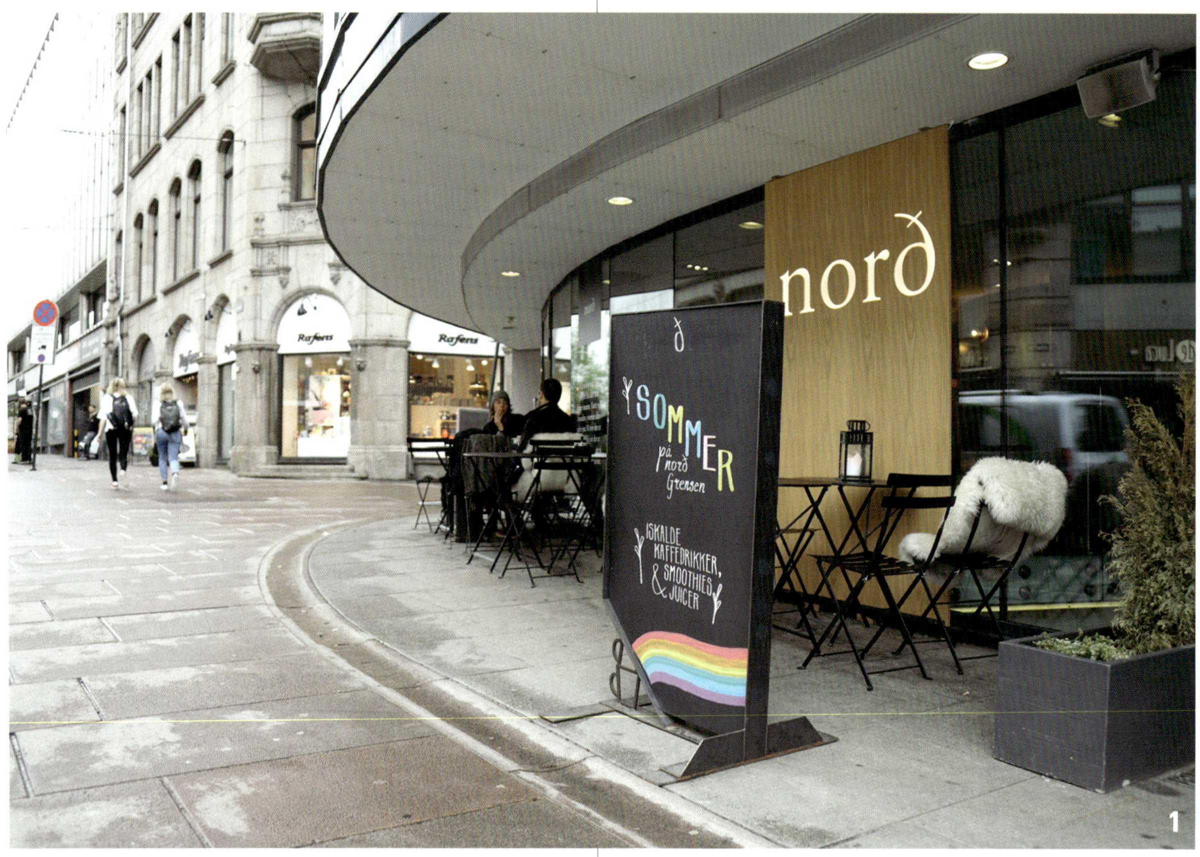

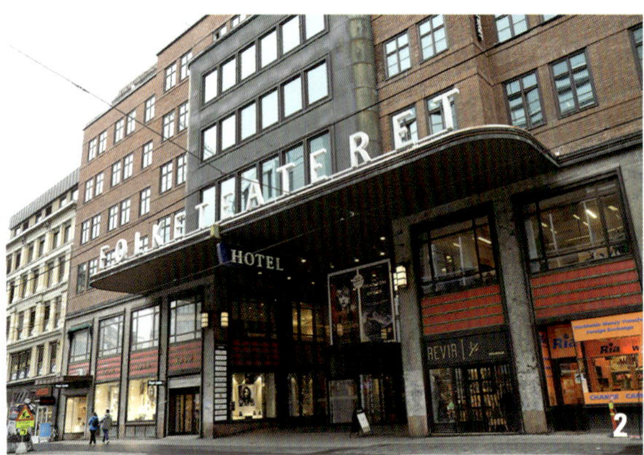

1, 2, 3 타이포그래피적인 구성과 독특한 형태를 보여주는 입체 사인과
단순한 채널문자 타입 사인, 그리고 고전적인 느낌의 철판재질을 가공하여
제작한 수공예 돌출사인에 이르기까지 다양함이 공존하는곳이 바로
오슬로의 거리문화라는 생각이 든다.

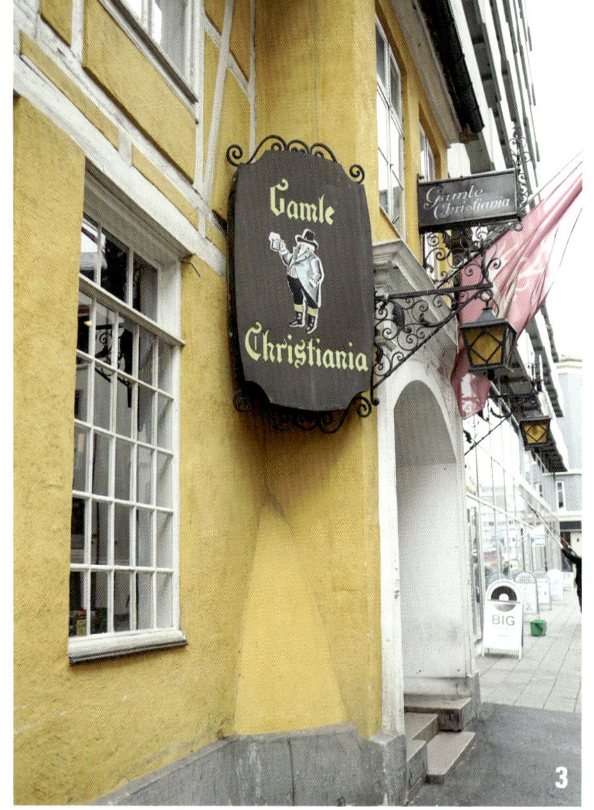

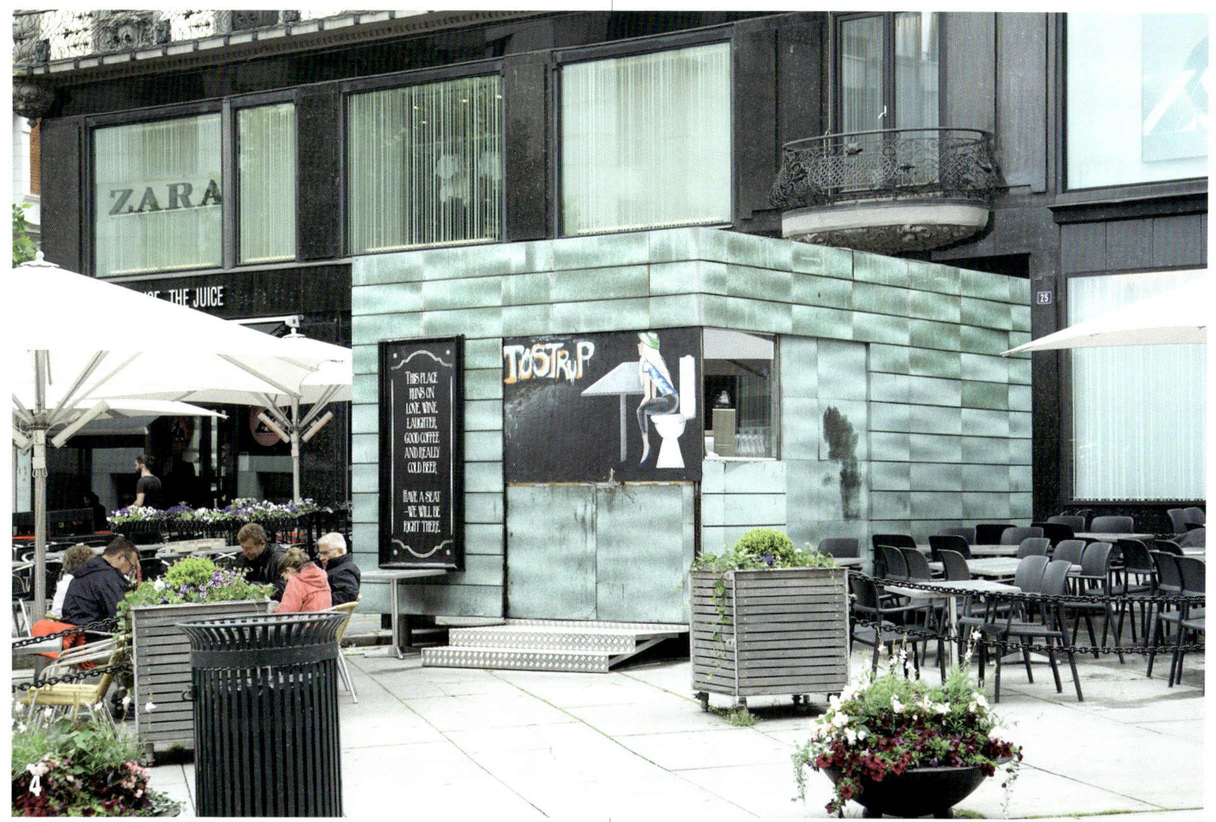

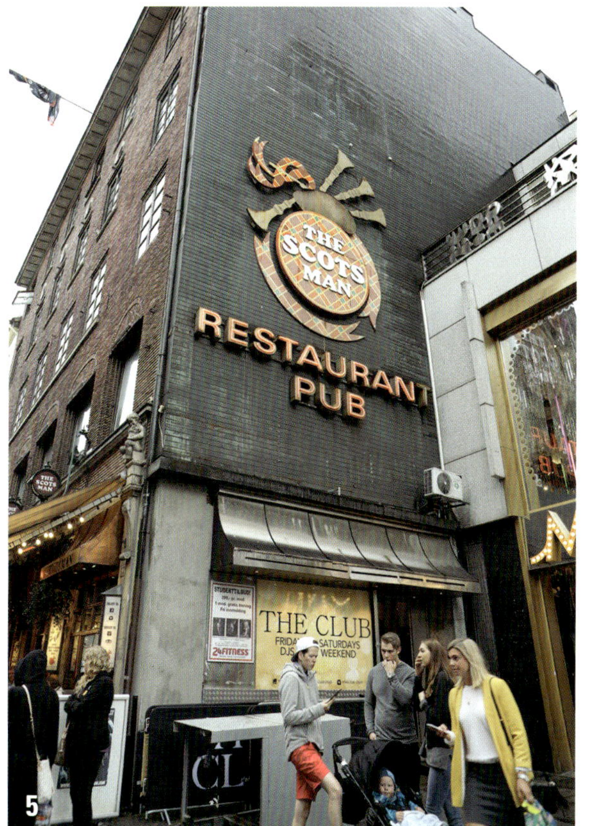

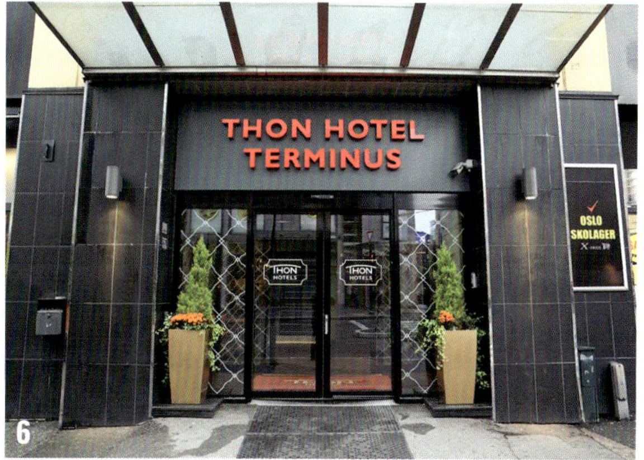

4, 5, 6 오슬로 시내 곳곳에서 본 다양한 재질과 이미지의 사인들로 그 업소의 업종과 개성을 잘 표현하고 있다. 북유럽의 사인들이 서유럽이나 동유럽과 다른점은 분명히 존재하지만, 그 차이점도 도시나 거리마다 건축적인 환경과 무관하지 않게 서로 연관을 가지고 디자인되고 있다는 느낌이다.